ULRICH VON SCHÖNFELD

Die Staatenimmunität im amerikanischen und englischen Recht

Schriften zum Internationalen Recht

Band 28

Die Staatenimmunität im amerikanischen und englischen Recht

Von

Dr. Ulrich von Schönfeld

DUNCKER & HUMBLOT / BERLIN

CIP-Kurztitelaufnahme der Deutschen Bibliothek

Schönfeld, Ulrich von:
Die Staatenimmunität im amerikanischen und englischen Recht / von Ulrich von Schönfeld. — Berlin: Duncker und Humblot, 1983.
(Schriften zum internationalen Recht ; Bd. 28)
ISBN 3-428-05373-7
NE: GT

Gedruckt 1983 bei Buchdruckerei A. Sayffaerth - E. L. Krohn, Berlin 61
Printed in Germany

ISBN 3 428 05373 7

Vorwort

Die vorliegende Schrift ist im Sommersemester 1982 von der Rechts- und Staatswissenschaftlichen Fakultät der Universität Bonn als Dissertation angenommen worden. Das Manuskript habe ich im Mai 1982 fertiggestellt.

Besonderen Dank schulde ich meinem Doktorvater, Herrn Professor Dr. Jochen Schröder, der das Thema angeregt und die Arbeit betreut hat. Zu danken habe ich ferner Herrn Professor Dr. J. Pietzcker, der im Promotionsverfahren das Zweitgutachten übernommen hat, sowie insbesondere Herrn Professor Dr. Dres. h. c. G. Beitzke, der mein Interesse an internationalrechtlichen Fragen geweckt hat.

Die Arbeit ist weitgehend während eines Aufenthalts in London am Institute of Advanced Legal Studies der dortigen Universität entstanden. Zur Finanzierung dieses Studienaufenthaltes hat der Deutsche Akademische Austauschdienst durch die Gewährung eines Doktorandenstipendiums beigetragen.

Bonn, im März 1983 *U. v. S.*

Inhaltsübersicht

Abkürzungsverzeichnis

A.C.	=	Appeal Cases
AcP	=	Archiv für die civilistische Praxis
A.D.	=	Annual Digest and Reports of Public International Law Cases
a.E.	=	am Ende
A. & E.	=	Admiralty and Ecclesiastical Cases
aff'd	=	affirmed
AG	=	Aktiengesellschaft
A.J.I.L.	=	The American Journal of International Law
All E.R.	=	All England Law Reports
Alt.	=	Alternative
A.M.C.	=	American Maritime Cases
Anm.	=	Anmerkung
Ann. franc.	=	Annuaire Français de Droit International
Ann. suisse	=	Annuaire Suisse de Droit International
Antitrust L.J.	=	Antitrust Law Journal
App. Div.	=	Appellate Division
ArchVR	=	Archiv des Völkerrechts
BBankG	=	Bundesbankgesetz
B.C.Indus. & Comm.L.Rev.	=	Boston College Industrial and Commercial Law Review
Bd.	=	Band
BerDGesVR	=	Berichte der Deutschen Gesellschaft für Völkerrecht
BG	=	Bundesgericht (Schweiz)
BGBl.	=	Bundesgesetzblatt
BGH	=	Bundesgerichtshof
Brooklyn J.Int'l L.	=	Brooklyn Journal of International Law
Brooklyn L.R.	=	Brooklyn Law Review
Bull.	=	Bulletin
Bus. Law.	=	Business Lawyer
BVerfGE	=	Entscheidungen des Bundesverfassungsgerichts, amtliche Sammlung
B.Y.I.L.	=	British Yearbook of International Law
C.A.	=	Court of Appeal(s)
C.A.Cal.	=	Court of Appeal(s) California
C.A.Col.	=	Court of Appeal(s) Colorado
Cal.	=	California
Camb. L.J.	=	Cambridge Law Journal
Can. Bar Rev.	=	The Canadian Bar Review
Cas.	=	Cases
cert.	=	certiorari

Ch.	=	Chancery, Chancery Cases
Cir.	=	Circuit
Clunet	=	Journal du Droit International
Col.	=	Colorado
Colum.J.Transnat'l L.	=	Columbia Journal of Transnational Law
Colum. L.R.	=	Columbia Law Review
Comm. L.J.	=	Commercial Law Journal
Comp. L.Yb.	=	Comparative Law Yearbook
Cornell Int'l L.J.	=	Cornell International Law Journal
Cornell L.Q.	=	Cornell Law Quarterly
Ct.App.	=	Court of Appeals
D.	=	District, District Court
D.C.	=	District Court, District of Columbia
Del.	=	Delaware
den.	=	denied
De Paul L.R.	=	De Paul Law Review
Dept.	=	Department
Diss.	=	Dissertation
diss.op.	=	dissenting opinion
dist.	=	district
ed.	=	edition
EK	=	Europäische Konvention
Europ. T.S.	=	European Treaty Series
Expl.Rep.	=	Explanatory Reports
F.2d	=	Federal Reporter, 2nd Series
Fla.	=	Florida
FN	=	Fußnote
Fordh. L.R.	=	Fordham Law Review
FRCP	=	Federal Rules of Civil Procedure
F.R.D.	=	Federal Rules Decisions
FS	=	Festschrift
FSIA	=	Foreign Sovereign Immunities Act
F.Supp.	=	Federal Supplement
G	=	Gesetz
Ga.J.Int'l & Comp.L.	=	Georgia Journal of International and Comparative Law
GG	=	Grundgesetz für die Bundesrepublik Deutschland
GVG	=	Gerichtsverfassungsgesetz
Harv.Int.L.J.	=	Harvard International Law Journal
Harv. L.R.	=	Harvard Law Review
H.L.	=	House of Lords; House of Lords Appeals
H.R.Rep.	=	House of Representatives Report
ICLQ	=	International and Comparative Law Quarterly
IDI	=	Institut de Droit International
ILM	=	International Legal Materials
ILR	=	International Law Reports
Inc.	=	Incorporated
Indian J.Int'l L.	=	Indian Journal of International Law

Int. Law.	=	The International Lawyer
i.S.d.	=	im Sinne des/der
J.	=	Judge, Justice, Journal
jew.	=	jeweils
J.Int'l L. & Econ.	=	The Journal of International Law and Economics
J. Mar. L. & Comm.	=	Journal of Maritime Law and Commerce
JIR	=	Jahrbuch für internationales und ausländisches öffentliches Recht
Jur.Bl.	=	Juristische Blätter
J. World Trade L.	=	Journal of World Trade Law
JZ	=	Juristenzeitung
K.B.	=	King's Bench
La.	=	Louisiana
LG	=	Landgericht
L.J.	=	Lord Justice of Appeal
Lloyd's Rep.	=	Lloyd's List Law Report
LMCLQ	=	Lloyd's Maritime and Commercial Law Quarterly
L.N.T.S.	=	League of Nations Treaty Series
Lou.	=	Louisiana
Loyola U.L.J.	=	Loyola University of Chicago Law Journal
L. & Pol'y Int'l Bus.	=	Law and Policy in International Business
L.Q.R.	=	The Law Quarterly Review
L.R.	=	Law Reports
Ltd.	=	Limited
Md.	=	Maryland
mem.	=	memorandum
MDR	=	Monatsschrift für Deutsches Recht
Mich. L.R.	=	Michigan Law Review
Minn. L.R.	=	Minnesota Law Review
Misc.	=	Miscellaneous Reports
M.L.R.	=	The Modern Law Review
M.R.	=	Master of the Rolls
Nachw.	=	Nachweise
N.J.	=	New Jersey
NJW	=	Neue Juristische Wochenschrift
N.L.J.	=	New Law Journal
N.Y.City Ct.	=	New York City Court
N.Y.I.L.	=	Netherlands Yearbook of International Law
N.Y.U.J. Int'l L. & Pol.	=	New York University Journal of International Law and Politics
N.Y.S.2d	=	New York Supplement, Second Series
N.Y.U.L.Rev.	=	New York University Law Review
Nw.U.L.R.	=	Northwestern University Law Review
O.	=	Order
OGH	=	Oberster Gerichtshof (Österreich)
OLG	=	Oberlandesgericht
ÖZöR	=	Österreichische Zeitschrift für öffentliches Recht und Völkerrecht

P.	=	Probate Division
Pa.	=	Pennsylvania
P.C.	=	Privy Council
P.D.	=	Probate Division
Proc.Am.Soc'y Int'l L.	=	Proceedings of the American Society of International Law
Q.B.	=	Queen's Bench
r.	=	rule
RabelsZ	=	Rabels Zeitschrift für ausländisches und internationales Privatrecht
Rdnr.	=	Randnummer
Recueil	=	Recueil des Cours (Académie de Droit International)
Rev. trim. droit Europ.	=	Revue trimestrielle de droit européen
RGBl.	=	Reichsgesetzblatt
RIW/AWD	=	Recht der Internationalen Wirtschaft/Außenwirtschaftsdienst des Betriebs-Beraters
R.S.C.	=	Rules of the Supreme Court
Rspr.	=	Rechtsprechung
Rut. Cam. L.J.	=	Rutgers Camden Law Journal
S.	=	Satz, Seite
S.D.N.Y.	=	Southern District New York
sec.	=	section
S. I.	=	Statutory Instrument
SIA	=	State Immunity Act
StIGH	=	Ständiger Internationaler Gerichtshof
St. John's L.Rev.	=	St. John's Law Review
Sup. Ct.	=	Supreme Court
Sw.L.J.	=	Southwestern Law Journal
Sw.U.L.R.	=	Southwestern University Law Review
Syr.J.Int'l L. & Com.	=	Syracuse Journal of International Law and Commerce
Tex.	=	Texas
T.I.A.S.	=	Treaties and other International Acts Series
Tul.L.R.	=	Tulane Law Review
U.N.T.S.	=	United Nations Treaty Series
U.S.	=	United States, United States Reports
U.S.C.	=	United States Code
U.S.C.A.	=	United States Code Annotated
U.S.T.	=	United States Treaties and Other International Agreements
v.	=	versus
Va.	=	Virginia
Vand. J.Transnat'l L.	=	Vanderbilt Journal of Transnational Law
VersR	=	Versicherungsrecht
vgl.	=	vergleiche
Virginia J.Int.L.	=	Virginia Journal of International Law
W.L.R.	=	Weekly Law Reports
WM	=	Wertpapiermitteilungen

Wis.	=	Wisconsin
Yale L.J.	=	The Yale Law Journal
Yale St.W.P.O.	=	Yale Studies in World Public Order
ZaöRV	=	Zeitschrift für ausländisches öffentliches Recht und Völkerrecht
ZZP	=	Zeitschrift für Zivilprozeß

Erläuterung

Paragraphenangaben ohne Zusatz verweisen auf den Foreign Sovereign Immunities Act (FSIA, Appendix A), Angaben von sections auf den State Immunity Act (SIA, Appendix B), Artikelangaben auf die Europäische Konvention über Staatenimmunität vom 16. Mai 1972 (EK, Europ. T.S. No. 74 = ILM 11 (1972) 470).

§ 1: Problemaufriß und Begriffsbestimmung

In den vergangenen Jahrzehnten haben die einzelnen Staaten fast weltweit die von ihnen wahrgenommenen Aufgaben ausgeweitet und dabei zum Teil auf Bereiche erstreckt, die vormals Privaten vorbehalten waren. Gleichzeitig wächst das Bewußtsein, daß grundsätzlich jedwedes Staatshandeln rechtsunterworfen ist und häufig auch dem einzelnen gegenüber rechtlich verantwortet werden muß. Infolgedessen mehren sich die Fälle, in denen der einzelne mit dem Staat in Berührung kommt und der staatlichen Tätigkeit subjektive Rechte entgegensetzen kann.

Zur Durchsetzung seiner Rechte gegen einen Staat bieten sich für den einzelnen im wesentlichen drei Wege an: Zunächst kann er versuchen, sich an die Institutionen desjenigen Staates zu wenden, von dem ihm die Rechtsverletzung droht. Er kann beispielsweise dessen Behörden angehen und Gegenvorstellungen erheben oder dessen Gerichte anrufen, sofern sich der betreffende Staat seiner eigenen Gerichtsbarkeit überhaupt unterwirft. Selbst dann jedoch, wenn der Staat den Rechtsweg gegen sich selbst eröffnet, wird vor allem der Ausländer bisweilen (begründete oder unbegründete) Zweifel daran hegen, ob er in einem Rechtsstreit gegen den Forumstaat von Seiten der Gerichte eine faire Behandlung erwarten kann. Er wird daher überlegen, statt dessen seinen Heimatstaat um diplomatischen Schutz zu ersuchen. Auch dieser Weg verbürgt jedoch nicht einen effektiven — und insbesondere keinen zügigen — Rechtsschutz. Zwar steht außer Frage, daß der Heimatstaat völkerrechtlich berechtigt ist, die Interessen seiner Angehörigen gegenüber fremden Staaten wahrzunehmen und zu diesem Zweck im Falle eines Völkerrechtsverstoßes äußerstenfalls sogar Repressalien einzusetzen.[1] Das Völkerrecht gewährt dem einzelnen jedoch gegen seinen Heimatstaat keinen Anspruch auf ein derartiges Vorgehen,[2] und auch das

[1] Vgl. Mavrommatis-Entscheidung des StIGH, Ser. A Nr. 2 S. 12 (1924); Dahm, § 94 II 1 (S. 524); Oppenheim/Lauterpacht, § 381 (S. 786); Wengler, S. 594 ff.

[2] Vgl. Dahm, § 94 II 2 (S. 525); Doehring, S. 11 ff.; Geck, ZaöRV 17 (1956/57) 512; Kimminich (Zweitbearb.), BK Art. 16 Rdnr. 52; Oppenheim/Lauterpacht (FN 1); Wengler (FN 1); and. Auffassg.: Katzarov, ÖZöR 8 (1957/58) 443 ff. — Die in diesem Zusammenhang bisweilen angeführten Entscheidungen des schweiz. BG (E 52 II 235, 259 ff. und 58 II 463, 475 ff.) erörtern nur einen Anspruch aus schweiz. Landesrecht sowie einen Anspruch des Verletzten aus Völkerrecht unmittelbar gegen den ausländischen Verletzerstaat.

innerstaatliche Recht unterwirft die weitgehend durch politische Opportunitätserwägungen bestimmte Entscheidung des Heimatstaates über Ob und Wie eines Einschreitens in aller Regel keiner oder einer nur sehr beschränkten richterlichen Kontrolle.[3] Selbst wenn im übrigen der Private die zuständigen Organe seines Heimatstaates davon zu überzeugen vermag, daß sein Anspruch gegenüber dem fremden Staat begründet und die Ausübung des völkerrechtlichen Schutzrechts opportun ist, garantiert dies noch keineswegs den Erfolg etwaiger daraufhin eingeleiteter diplomatischer oder sonstiger Bemühungen.

Diese Schwierigkeiten können den Rechtsschutzsuchenden dazu veranlassen, zusätzlich oder ausschließlich einen dritten Weg einzuschlagen und den betreffenden Staat vor den Gerichten eines anderen Staates zu verklagen. Der Ausländer, der ohnehin der Gerichtsbarkeit fremder Staaten häufig nur beschränktes Vertrauen entgegenbringt,[4] wird die Gerichte seines Heimatstaates umso mehr dann anzurufen geneigt sein, wenn die Durchsetzung seiner Rechte gegenüber einem fremden Staat auf dem Spiel steht. Indes können praktische Zwänge oder taktisches Kalkül auch dazu führen, den Rechtsstreit in einem Drittstaat anhängig zu machen. Aber auch ein Angehöriger eines Staates, von dem die Rechtsverletzung droht, kann die gerichtliche Hilfe eines fremden Staates in Anspruch nehmen wollen, sei es, weil er aus besonderen Gründen der Rechtspflege seines Heimatstaates prinzipiell mißtraut, sei es, weil ausschließlich ein ausländischer Gerichtsstand gegeben ist oder sonstige besondere Umstände (günstiges Recht, Beweisnähe, Vollstreckungsaussichten) die Führung des Rechtsstreits im Ausland ratsam erscheinen lassen.

Alle diese Fälle der dritten Kategorie werfen zunächst die Frage auf, ob der verklagte fremde Staat überhaupt der Gerichtsbarkeit des Forumstaates unterliegt oder kraft seiner Souveränität von ihr ausgenommen (immun) ist. Unter den Gegenbegriffen Gerichtsbarkeit und Immunität verbirgt sich die Problematik, inwiefern der Respekt vor der Person eines fremden Staates dem Forum verbietet, ein diesen betreffendes Gerichtsverfahren durchzuführen. Die Fragestellung lautet: Unterliegt die Person oder das Vermögen des fremden Staates trotz dessen Stellung als eigenständiger Hoheitsträger der Gerichtsgewalt des Forumstaates? Davon zu unterscheiden ist die weitere bei jedwedem Fall mit Auslandsberührung der gerichtlichen Sachprüfung vor-

---

[3] Vgl. Lalive, Recueil 84 (1953 III) 221 und 265; Wengler, S. 668 f. — Rechtsvergleichender Überblick insbes. bei Doehring, S. 47 ff. und Katzarov (FN 2) S. 435 ff. Speziell zum deutschen Recht auch Geck (FN 2) S. 476 ff. sowie Kimminich (FN 2) Rdnrn. 51 f.; zur amerikan. Praxis auch Bilder, A.J.I.L. 56 (1962) 660—662.

[4] Allg. zu legitimen und illegitimen Parteiinteressen an der Durchführung des Prozesses im Heimatstaat: Schröder, S. 182—184.

gelagerte Frage nach der internationalen Zuständigkeit. Die Fragestellung lautet hier: Hat die Streitsache irgendeine Beziehung zum Forumstaat, die das Tätigwerden seiner Gerichte zu rechtfertigen vermag? Während es im Rahmen der Immunität um das Spannungsverhältnis zwischen der Hoheitsgewalt des Forumstaates und der Souveränität des betroffenen Staates geht, regelt die internationale Zuständigkeit die Kompetenz-Konkurrenz zwischen der Gerichtsbarkeit des Forumstaates und derjenigen aller anderen Staaten.[5] Auch wenn die Unterscheidung zwischen Gerichtsbarkeit und internationaler Zuständigkeit nicht allen Rechtsordnungen geläufig ist,[6] so ist sie doch sachlich gerechtfertigt und wissenschaftlicher Erkenntnis förderlich. Gerade im Bereich der Klagen gegen ausländische Staaten empfiehlt es sich, die Problemkreise der Immunität (Gerichtsbarkeit) und der erforderlichen Beziehung zum Forumstaat (internationale Zuständigkeit) gesondert zu betrachten.[7] Der insbesondere im angloamerikanischen Rechtskreis geläufige Begriff der Jurisdiktion (jurisdiction) wird als Oberbegriff verwandt, der sowohl die Aspekte der Gerichtsbarkeit als auch die der internationalen Zuständigkeit umfaßt.

Ungeachtet der bekanntermaßen schwierigen Konzeption des Verhältnisses von Völkerrecht und nationalem Recht[8] läßt sich die Problematik der Jurisdiktion gegenüber fremden Staaten auf zwei verschiedenen Ebenen erörtern. Insbesondere hinsichtlich der Gerichtsbarkeit kann zum einen gefragt werden, ob und in welchem Umfang das Völkerrecht die Ausübung rechtsprechender Gewalt über fremde Staaten gestattet. Davon zu unterscheiden ist die andere Frage, inwieweit einzelne nationale Rechtsordnungen fremde Staaten ihrer Gerichtsbarkeit unterwerfen. Das Völkerrecht, so viel ist bei aller Ungewißheit im Detail gewiß, verpflichtet den Forumstaat (nur) in gewissem Rahmen zur Gewährung von Immunität.[9] Nationales Recht und Völkerrecht sind

[5] Näher zur Abgrenzung zwischen Gerichtsbarkeit und internationaler Zuständigkeit insbes.: Habscheid, BerDGesVR 8 (1968) 163—166; Heldrich, S. 78—86; Neuhaus, RabelsZ 20 (1955) 207 ff.; Pagenstecher, RabelsZ 4 (1930) 713 und RabelsZ 11 (1937) 342 ff. — Ferner auch Drobnig, S. 316; Riezler, S. 201—203 und 230—244; Schwimann, S. 13 f.; Walchshöfer, ZZP 80 (1967) 168—182.

[6] Vgl. etwa Habscheid, BerDGesVR 8 (1968) 166 bei und in FN 14 f. sowie Heldrich, S. 91—102. Zu der z. T. auch nur abw. Terminologie auch Ehrenzweig/Jayme, S. 5—7.

[7] Ebenso Schaumann, BerDGesVR 8 (1968) 83—88 sowie These 29 der 2. Studienkommission der Deutschen Gesellschaft für Völkerrecht, BerDGesVR 8 (1968) 290.

[8] Einen Überblick über die — ebenso diffizile wie ertraglose — Monismus/Dualismus-Diskussion geben etwa Rudolf, S. 128 ff. sowie (aus angloamerikanischer Sicht) Brownlie, S. 33 ff.

[9] Zu Herleitung und Umfang der völkerrechtlich gebotenen Immunität insbes.: Gmür, passim; Lalive, Recueil 84 (1953 III) 205 ff.; Lauterpacht, B.Y.

theoretisch deckungsgleich, wenn das nationale Recht bezüglich der Immunität fremder Staaten auf Völkerrecht verweist,[10] wie dies etwa das bundesdeutsche Recht tut.[11] Divergenzen entstehen dann, wenn das nationale Recht eigene Regeln aufstellt und entweder — was völkerrechtlich zulässig ist[12] — fremden Staaten über das völkerrechtlich gebotene Minimum hinaus Immunität einräumt und die völkerrechtliche Verpflichtung damit übererfüllt oder umgekehrt im Interesse eines weitgehenden Rechtsschutzes für den Privaten den völkerrechtlichen Mindeststandard unterschreitet und dem fremden Staat Immunität selbst dort verweigert, wo das Völkerrecht sie verlangt. In gleicher Weise kann die Problematik der internationalen Zuständigkeit vom Standpunkt entweder des Völkerrechts oder des nationalen Rechts beleuchtet werden.[13]

Die folgende Untersuchung beschäftigt sich mit der Behandlung der Staatenimmunität im nationalen Recht der USA und Englands. Zusätzlich wird das jeweilige Recht der internationalen Zuständigkeit eingeblendet, soweit das Immunitätsrecht die Fragen der Gerichtsbarkeit und des die Jurisdiktion rechtferigenden Bezugs zum Forumstaat miteinander verknüpft. Infolgedessen behandelt die Untersuchung auch die jeweiligen nationalen Sonderregeln über die internationale Zuständigkeit gegenüber ausländischen Staaten.[14] Speziell das amerikanische und das englische Recht verdienen aus doppeltem Grund besonderes Interesse. Zum einen sind beide Länder in erhöhtem Maße inter-

---

I.L. 28 (1951) 220 ff.; Schaumann, BerDGesVR 8 (1968) 5 ff.; Sucharitkul, Recueil 149 (1976 I) 87 ff.

[10] Zur Technik der Verweisung auf Völkerrecht: Wengler, S. 77—80 sowie insbes. S. 467 ff. — Praktisch können Inkongruenzen allerdings dadurch entstehen, daß das berufene staatliche Gericht das Völkerrecht mißversteht — eine Gefahr, die vor allem bei der hier in Betracht kommenden Verweisung auf das nur schwer feststellbare und subtilen Schwankungen unterworfene Völkergewohnheitsrecht besteht.

[11] Dort bestimmt sich der Umfang der Staatenimmunität entweder bereits nach § 20 GVG (so etwa OLG Hamburg, MDR 1953, 109; LG Frankfurt, NJW 1976, 1044, 1045 = Die AG 1976, 47 m. Anm. Mertens = ArchVR 17 (1977/78) 448, 452 f.; OLG Frankfurt RIW/AWD 1980, 874, 876) oder ausschließlich gem. Art. 25 S. 1 GG (so etwa Aubin, JZ 1954, 118; Drobnig, S. 317 sub c; Gramlich, RabelsZ 45 (1981) 550; Habscheid, BerDGesVR 8 (1968) 167 f.) nach den „allgemeinen Regeln des Völkerrechts".

[12] Vgl. Lalive, Recueil 84 (1953 III) 253; Schaumann, BerDGesVR 8 (1968) 18 f., 71—73, 77.

[13] Speziell zur Frage, inwieweit das Völkerrecht der Inanspruchnahme internationaler Zuständigkeit durch die nationalen Rechtsordnungen Schranken setzt, insbes. Heldrich, S. 136—143; Schröder, S. 83, 234, 766—770 sowie Mann, Recueil 111 (1964 I) 73—81. Ferner auch Brownlie, S. 298 f.; Dahm, S. 256; Ehrenzweig/Jayme, S. 7; Neuhaus, RabelsZ 20 (1955) 214 und Grundbegriffe, S. 410; Schlosser, ZZP 79 (1966) 176; Wengler, S. 947.

[14] Zur teilweisen Verknüpfung von internationaler Zuständigkeit und Gerichtsbarkeit im amerikan. und engl. Recht unten § 3 E.

national verflochten und daher besonders anfällig dafür, Austragungsort von Streitigkeiten zwischen Privaten und ausländischen Staaten zu werden. Zum anderen haben die USA und Großbritannien jüngst das Immunitätsrecht erstmalig umfassend kodifiziert. Beide Kodifikationen üben daher einen beträchtlichen Einfluß auf die Ausgestaltung des Immunitätsrechts in anderen Ländern und insbesondere auf die weitere Entwicklung des Völkerrechts aus.

Nicht zum Gegenstand dieser Arbeit gehören Fragenbereiche, die mit der Staatenimmunität teils in Ursprung und Zielsetzung verwandt sind, teils mit ihr in einzelnen Fällen zusammenhängen, sich jedoch historisch als eigenständige Rechtskomplexe herausgebildet haben. Das betrifft namentlich die Immunität ausländischer Staaten in anderweitigen Verfahren wie beispielsweise den Verwaltungsverfahren und die Immunität gegenüber materiellrechtlichen Geboten wie beispielsweise der Steuerpflicht[15] sowie die Act of State-Doktrin[16]. Ferner gehören nicht hierher die Immunität internationaler Organisationen[17] sowie die der Diplomaten[18]. Ebenfalls nicht näher behandelt werden im übrigen auch rein verfahrenstechnische Vorschriften, die — wie etwa besondere Zustellungsbestimmungen oder die Regeln der örtlichen oder sachlichen Zuständigkeit — bei gehöriger Beachtung den Ausgang eines Rechtsstreits nicht beeinflussen oder doch rechtsvergleichend von minderem Interesse sind.

---

[15] Zum engl. Recht insoweit sec. 11 SIA.

[16] Zur Wechselbeziehung zwischen Immunität und Act of State-Doktrin und der künftigen Rolle der Act of State-Doktrin in Klagen gegen ausländische Staaten jedoch unten § 3 F.

[17] Hierzu aus völkerrechtlicher Sicht Lalive, Recueil 84 (1953 III) 291 ff. — In den USA: International Organizations Immunities Act (1945) und FSIA § 1611 (a). In Großbritannien: International Organisations Act 1968 sowie Einzelbestimmungen in und aufgrund von Spezialgesetzen wie dem International Finance Corporation Act 1955, dem International Development Association Act 1960, dem Arbitration (International Investment Disputes) Act 1966, dem Commonwealth Secreteriat Act 1966 sowie dem International Monetary Fund Act 1979.

[18] USA: Diplomatic Relations Act 1978, 22 U.S.C. §§ 254 a ff.; Großbritannien: Diplomatic Privileges Act 1964.

§ 2: Die Entwicklung von der absoluten zur beschränkten Immunität

A. USA

Die erste amerikanische Entscheidung, die die Immunität ausländischer Staaten als eigene Problematik erkannte und eingehend behandelte, war ein Urteil des Supreme Court aus dem Jahre 1812.[1] In diesem Verfahren beanspruchten die Kläger den Besitz eines im Hafen von Philadelphia liegenden Schiffes der französischen Kriegsmarine und behaupteten hierzu, es handele sich in Wirklichkeit um den amerikanischen Schoner Exchange, der von Frankreich gemäß einem napoleonischen Dekret auf hoher See völkerrechtswidrig beschlagnahmt und als Kriegsschiff umgerüstet worden sei. Der Supreme Court wies die Klage einstimmig mit der Begründung ab, Kriegsschiffe einer befreundeten Macht unterlägen nicht seiner Jurisdiktion.

Diese Entscheidung mitsamt der vergleichsweise reichhaltigen theoretischen Fundierung in ihren Urteilsgründen sollte sich als für die amerikanische Entwicklung richtungsbestimmend erweisen. In der Folgezeit gewährten die Gerichte fremden Staaten und deren Eigentum regelmäßig Immunität und stützten sich dabei häufig mehr schablonenhaft wahlweise auf Begriffe wie die „perfect equality and absolute independence of sovereigns", „convenience", „comity of nations", „dignity of sovereigns" und „international law".[2] In nicht geringem Maß kam den ausländischen Staaten auch die in dem Rechtssatz „The King can do no wrong" verwurzelte Immunität der USA selbst und ihrer Bundesstaaten zugute, die die Gerichte bisweilen ohne nähere Bedenken auf die Person ausländischer Staaten übertrugen. Aber auch dort, wo diese Analogie nicht explizit gezogen wurde, trug doch die Vorstellung von der Unbelangbarkeit des eigenen Staates dazu bei, die Immunität der ausländischen Staaten nicht als Anomalie zu empfinden.[3] Diese

---

1 The Schooner Exchange v. McFaddon, 11 U.S. (7 Cranch) 116 (1812); zu ersten Ansätzen aus der davorliegenden Zeit: Alexy, Diss., S. 16—19; Weber, Yale St.W.P.O. 3 (1976) 54 FN 16.

2 Nachw. bei Alexy, ZaöRV 22 (1962) 663 ff. sowie Diss., S. 22 ff.

3 Vgl. Alexy, ZaöRV 22 (1962) 671—676 sowie Diss., S. 35—47; Lalive, Recueil 84 (1953 III) 231; Staehelin, S. 63, 69—89; Sucharitkul, Immunities, S. 7 und 125.

Entwicklung erreichte ihren Höhepunkt im Jahre 1926 in einer Entscheidung des Supreme Court über eine Klage gegen das dem italienischen Staat gehörende und zu reinen Handelszwecken benutzte Schiff Pesaro. Die Mehrheit der Richter lehnte es ab, Immunität nur dann zu gewähren, wenn der beklagte Staat im Kernbereich seiner hoheitlichen Tätigkeit betroffen werde. Dementsprechend wurde die auf einen privatrechtlichen breach of contract gestützte Klage ohne Sachprüfung abgewiesen. Eine entscheidende Passage lautet:

„We think the principles [of immunity] are applicable alike to all ships held and used by a Government for a public purpose, and that when, for the purpose of advancing the trade of its people or providing revenue for its treasury, a Government acquires, mans and operates ships in the carrying trade, they are public ships in the same sense that war ships are. We know of no international usage which regards the maintenance and advancement of the economic welfare of a people in time of peace as any less a public purpose than the maintenance and training of a naval force."[4]

Damit legte sich der Supreme Court auf den Grundsatz der allumfassenden („absoluten") Immunität fest, der die Gewährung von Immunität ungeachtet der Art der in Rede stehenden staatlichen Betätigung verlangt. Die Entscheidung verwirft damit Ansätze unterer Gerichte[5] sowie des State Department[6], die Immunität vor allem in den immer zahlreicher werdenden Fällen zu verweigern, in denen ausländische Staaten auf der Ebene der Gleichordnung mit amerikanischen Bürgern Handel trieben. Die vom Supreme Court dadurch verfolgte Linie war durch die ein Kriegsschiff betreffende Exchange-Entscheidung noch keineswegs notwendig vorgezeichnet,[7] verfestigte sich jedoch in mehreren bald darauf ergangenen Folgeentscheidungen.[8] Auch wenn die Starrheit dieser Rechtsprechung in Randbereichen etwa dadurch aufgelockert wurde, daß staatlich kontrollierten Organisationen mit eigener Rechtspersönlichkeit in der Regel keine Immunität zuteil wurde, ist der Supreme Court doch zu keiner Zeit von seiner Pesaro-Entscheidung abgerückt. Noch im Jahre 1976 konnten daher vier dissentierende Richter des Supreme Court in einer die Act of State-Doktrin betreffenden Frage ihre abweichende Auffassung mit gewissem Recht auch darauf stützen, daß die sog. Theorie der beschränkten Immunität vom Supreme Court bisher nicht übernommen worden sei.[9]

---

[4] Berizzi Bros. v. The S.S. Pesaro, 271 U.S. 562, 574 (1926); Leitsätze auch in A.D. 1925—6, Case No. 135.

[5] Beispielhaft die Vorinstanz: 277 F. Supp. 473 (S.D.N.Y. 1921).

[6] Im einzelnen: Hackworth, S. 429, 437, 439—441.

[7] Ebenso Alexy, ZaöRV 22 (1962) 663; Lalive, Recueil 84 (1953 III) 231 f.; Sinclair, Recueil 167 (1980 II) 122; Staehelin, S. 69.

[8] Nachweise etwa bei Sucharitkul, Immunities, S. 74 FN 25 und S. 183 FN 82.

Dennoch wäre es verfehlt zu behaupten, daß die Vereinigten Staaten bis in die jüngste Vergangenheit hinein am Prinzip der absoluten Immunität festgehalten hätten. Die Wende wurde jedoch weniger durch die Gerichte als vielmehr durch die Exekutive vollzogen. In aller Regel wandten sich nämlich ausländische Staaten, sobald sie von einem gegen sie gerichteten Verfahren Kenntnis erhielten, mit einer Protestnote zunächst an das amerikanische State Department. Dieses nahm in derlei Fällen seit jeher für sich das Recht in Anspruch, dem zuständigen Gericht in der Form einer „suggestion" seine eigene Auffassung zur Immunitätsfrage darzulegen.[10] Die Gerichte nahmen die suggestion zur Kenntnis, ohne sich jedoch zunächst an die Exekutive gebunden zu fühlen.[11] Vor allem in der Zeit nach dem Ersten Weltkrieg verstand es das State Department jedoch, seinen Einfluß auf die Willensbildung der Gerichte zunehmend zu verstärken. Immer mehr setzte sich die Anschauung durch, daß die Gewährung von Immunität für ausländische Staaten nicht eine den Gerichten überlassene rechtliche, sondern eine von der Exekutive zu beantwortende (außen)politische Frage sei. Im Zuge dieser Entwicklung entschied schließlich der Supreme Court, daß die Gerichte an eine die Immunität befürwortende suggestion gebunden seien.[12] Die Entwicklung gipfelte in einem Dictum von Chief Justice Stone in Republic of Mexico v. Hoffman aus dem Jahre 1945, in der dieser die Gerichte hinsichtlich der Immunitätsfrage im positiven wie im negativen der Entscheidung des State Department unterwarf:

> „It is therefore not for the courts to deny an immunity which our government has seen fit to allow, or to allow an immunity on new grounds which the government has not seen fit to recognize. The judicial seizure of the property of a friendly state may be regarded as such an affront to its dignity and may so affect our relations with it, that it is an accepted rule of substantive law governing the exercise of the jurisdiction of the courts that they accept and follow the executive determination that the vessel shall be treated as immune ...
>
> But recognition by the courts of an immunity upon principles which the political department of government has not sanctioned may be equally em-

[9] Alfred Dunhill of London, Inc. v. Republic of Cuba, 425 U.S. 682, 725 (1976); ebenso die diss. opinion von J. Bryan in Flota Maritima Browning de Cuba v. Motor Vessel Ciudad de la Habana, F. 2d 619, 629 (4th Cir. 1964): Pesaro (FN 4) bindet; ferner diss. opinion von JJ. Douglas und Black in Ioannou v. New York, 371 U.S. 30, 31 (1962); siehe auch die Einschätzung der amerikanischen Gerichte durch BVerfGE 16, 27, 48 f. und 51.

[10] Hierzu und zum folgenden bereits etwa Alexy, ZaöRV 22 (1962) 676—694 sowie Diss., S. 48—82.

[11] Die Entscheidung in The Schooner Exchange (FN 1) entsprach dem Vorschlag des Außenamtes, die Pesaro-Entscheidung (FN 4) gewährte Immunität entgegen einer negativen suggestion.

[12] Vgl. Ex Parte Republic of Peru, 318 U.S. 578 (1943) und bereits Compania Espanola de Navigacion Maritima, S.A. v. Spanish Steamship Navemar, 303 U.S. 68, 74 (1938).

barrassing to it in securing the protection of our national interests and their recognition by other nations."[13]

Infolge dieser richterlichen Selbstbeschränkung wurde die Entscheidung der Immunitätsfrage als political question der Exekutive zugewiesen und die weitere Entwicklung daher im wesentlichen dem State Department überantwortet. Das State Department seinerseits offenbarte seine künftige Haltung in der Behandlung der Immunität im sog. Tate-letter vom 5. Mai 1952[14]. Die Verlautbarung gibt zunächst einen Überblick über die Immunitätspraxis in anderen Ländern, um sodann die von den meisten Ländern getroffene Unterscheidung zwischen Akten iure imperii und solchen iure gestionis[15] zu übernehmen und anzukündigen, daß Immunität in Zukunft nur noch im Bereich hoheitlicher (iure imperii) Tätigkeit des fremden Staates gewährt werde. Fortan sollte vor allem jede ihrer Natur nach kommerzielle Betätigung fremder Staaten vom Immunitätsprivileg ausgenommen werden. Damit war die Hinwendung zum Prinzip der restriktiven Immunität zumindest theoretisch vollzogen.

Damit fingen die praktischen Schwierigkeiten jedoch erst an. Das eigentliche Problem bestand nunmehr darin, die Bereiche iure imperii und iure gestionis voneinander abzugrenzen. Dabei ließen die im Tate-letter nur sehr vage angedeuteten Abgrenzungskriterien in der Mehrzahl der Fälle verschiedene Deutungen zu.[16] Dies veranlaßte die betroffenen Staaten verständlicherweise, auf das State Department größtmöglichen politischen Druck auszuüben, um die Entscheidung der Immunitätsfrage in ihrem Sinne zu beeinflussen. Aus ihrer Sicht war das mit der Pflege der auswärtigen Beziehungen betraute Exekutivorgan das geradezu ideale Forum, um neben juristischen Argumenten politische Druckmittel ins Feld zu führen. Es überrascht kaum, daß sich das State Department angesichts dessen nicht versagte, jeweils die außenpolitischen Konsequenzen seiner Entscheidung mitzubedenken. Ungeachtet seiner Beteuerungen, jeden einzelnen Fall gemäß dem Tate-letter

[13] Republic of Mexico v. Hoffman, 324 U.S. 30, 35 f. (1945); kritisch bereits damals: Jessup, A.J.I.L. 40 (1946) 168 ff. — Später formulierte der Supreme Court denn auch vorsichtiger: „Its [the State Department's] failure or refusal to suggest such immunity has been accorded significant weight by this Court", siehe National City Bank of New York v. Republic of China, 348 U.S. 356, 360 (1955).

[14] Brief des amtierenden Legal Adviser des State Department, Jack B. Tate, an Philip B. Perlman, amtierenden Attorney General, Dept. of State Bull. 26 (1952) 984 = JIR 7 (1957) 403, großenteils auch bei Whiteman, S. 569; hierzu aus damaliger Sicht: Bishop, A.J.I.L. 47 (1953) 93 ff.

[15] Zu diesen beiden Kategorien statt aller: Brownlie, S. 330—332.

[16] Einen Überblick über 110 Entscheidungen des State Department in der Zeit zwischen dem Tate-letter und dem Inkrafttreten des FSIA geben Sandler/Vagts/Ristau, loc. cit.

nach den Maßstäben des internationalen Rechts zu entscheiden, wurden daher in Wirklichkeit die rechtlichen Erwägungen häufig unverkennbar von politischen Überlegungen überlagert und verdrängt.[17] Infolgedessen war die Entscheidung des State Department für private Kläger nur schwer vorherzusehen. Darüber hinaus bot auch das behördliche Verfahren wenig Gewähr für eine im rechtlichen Sinne richtige Entscheidung.[18] Zwar ging das State Department bald dazu über, auf Antrag einer der Parteien schriftsätzlich vorbereitete Anhörungstermine durchzuführen, bei denen die beteiligten Anwälte zugelassen wurden. Das Verfahren hatte jedoch insgesamt einen mehr summarischen Charakter. Da keine Beweisaufnahmen durchgeführt werden konnten, erging die Entscheidung insbesondere häufig auf einer streitigen Tatsachengrundlage. Ein Rechtsmittel bestand nicht.[19] Diese Unzuträglichkeiten des Verfahrens erhöhten noch die schon wegen der Unsicherheit des sachlichen Entscheidungsmaßstabs bestehende Schwierigkeit, den Ausgang eines Immunitätsstreits einigermaßen verläßlich vorauszuberechnen. Da sich die Gerichte weiterhin an eine die Immunität bejahende Entscheidung des State Department gebunden fühlten und umgekehrt in aller Regel die Immunität verneinten, wenn das State Department die Immunitätseinrede des beklagten Staates nicht aktiv befürwortete,[20] waren die Erfolgschancen eines Prozesses für den privaten Kläger kaum abzuschätzen.[21]

Darüber hinaus fehlten dem Kläger häufig prozessuale Wege, um seine Klage überhaupt anhängig zu machen. Sofern ein in rem-Verfahren[22] in der Schiffahrtsgerichtsbarkeit in Betracht kam, konnte der Kläger wie gegen andere Beklagte auch durch Arrestierung des betreffenden Schiffes ein solches Verfahren einleiten, sobald sich das

---

[17] Vgl. Leigh/Atkeson, Bus. Law. 22 (1966) 17—23; Leigh, A.J.I.L. 68 (1974) 288 f.; Note, Nw. U.L.R. 69 (1974) 311—317; Richard, Harv. Int.L.J. 15 (1974) 168; Brower, A.J.I.L. 71 (1977) 445, 448 f. Martin, Harv. Int.L.J. 18 (1977) 436 bei und in FN 37; Simmons, Ford. L.R. 46 (1977) 548 f.

[18] Einzelheiten über das Verfahren wurden vom State Department überhaupt erstmals in A.J.I.L. 64 (1970) 650—652 veröffentlicht, nachdem die Redaktion um Aufschluß gebeten hatte (!).

[19] Näher zum Verfahren: Lowenfeld, N.Y.U.L.Rev. 49 (1974) 391 f.; Sandler/Vagts/Ristau, S. 1018 f.

[20] Vgl. Martin, Harv.Int.L.J. 18 (1977) 435; Note, Nw.U.L.R. 69 (1974) 317—322 jew.m.w.Nachw.

[21] Das infolge der Rechtsunsicherheit anzustellende taktische Kalkül auf Seiten des Klägers bzw. des beklagten Staates illustrieren jeweils aus anwaltlicher Sicht Brower, A.J.I.L. 71 (1977) 438 ff. und Lowenfeld, N.Y.U.L. Rev. 49 (1974) 377 ff.

[22] Zur Unterscheidung von in personam, in rem und quasi in rem-Klagen im amerikanischen Recht: American Jurisprudence 2d, vol. 1, Stichwort „Actions", §§ 39—41; ferner auch Shaffer v. Heitner, 433 U.S. 186, 199 (1977) sowie James/Hazard, S. 628—630. Der Unterschied der Klagearten hat sich auf die Immunitätsproblematik nicht ausgewirkt.

Schiff in amerikanischen Hoheitsgewässern befand.[23] Im Hinblick auf in personam-Verfahren resultierte jedoch eine für den Kläger unüberwindliche Hürde aus dem angloamerikanischen System der Zustellungszuständigkeit, das die Jurisdiktion von einer wirksamen Zustellung der Klageschrift abhängig macht:[24] Da weder eine Zustellung an den Botschafter des betreffenden States für zulässig erachtet wurde noch etwa Rule 4 der Federal Rules of Civil Procedure (FRCP) eine anderweitige Zustellung ermöglichte,[25] ließ sich eine solche Klage gegen einen ausländischen Staat nur (in dem seltenen Fall) erheben, wenn dieser sich zuvor bereits der amerikanischen Jurisdiktion unterworfen hatte. Der einzige Ausweg für den Kläger, der nicht zufällig gerade eine in rem-Klage gegen ein anwesendes Schiff erheben konnte, bestand daher darin, ein im Inland belegenes Vermögensobjekt des betreffenden Staates aufzuspüren und zu versuchen, durch dessen Arrestierung (prejudgment attachment) eine quasi in rem-jurisdiction des Gerichts zu begründen.[26] Selbst nach Inkrafttreten des Tate-letter noch erklärte jedoch das State Department jedwede Beschlagnahme fremden Staatsvermögens für unzulässig. Auch hierin folgten die Gerichte der Auffassung der Exekutive. Die im Tate-letter vollzogene Hinwendung der Vereinigten Staaten zur beschränkten Immunität stand daher zunächst weitgehend auf dem Papier: Zwar war der betreffende Staat unter Umständen nicht immun, es fehlte aber bereits an einem Weg, außerhalb der Schiffahrtsgerichtsbarkeit überhaupt ein Verfahren gegen ihn in Gang zu bringen.[27] Diese Absurdität dauerte bis 1959 an.

[23] So geschehen beispielsweise in The Schooner Exchange v. McFaddon (FN 1); Berizzi Bros. v. The S.S. Pesaro (FN 4); Ex Parte Republic of Peru (FN 12); Republic of Mexico v. Hoffman (FN 13).

[24] Vgl. Schröder, S. 89—92.

[25] Siehe näher etwa Richard, Harv.Int.L.J. 15 (1974) 163 f.; Martin, Harv. Int.L.J. 18 (1977) 442 f.; Miller, 46 F.R.D. 121 f. (1969); Jacobson/Snyder, Law & Pol.Int.Bus. 6 (1974) 191 f.; Carl, Sw.L.J. 33 (1979) 1013; Staehelin, S. 64 f.

[26] Allg. zu diesem Zuständigkeitsgrund: Schröder, S. 391—396. — Seither allerdings eine gewisse Neuorientierung unter due process-Gesichtspunkten durch Shaffer v. Heitner, 433 U.S. 186 (1977) = ILM 16 (1977) 885 und hierzu aus dem Schrifttum insbes.: Leflar, S. 40—43; Lowenfeld, N.Y.U.L.Rev. 53 (1978) 102—124; Silberman, N.Y.U.L.Rev. 53 (1978) 33—101; Smit, Brooklyn L.Rev. 53 (1978) 102—124; Weintraub, §§ 4, 27 und 4, 28 (S. 190—201).

[27] Vgl. etwa New York and Cuba Mail Steamship Company v. Republic of Korea, 132 F.Supp. 684 (S.D.N.Y. 1955): Beim Entladen von Reis war das klägerische Schiff durch einen assistierenden Kahn der Beklagten beschädigt worden. Die Klägerin versuchte, durch Beschlagnahme von Konten der Beklagten bei New Yorker Banken quasi in rem-Zuständigkeit zu begründen. Das State Department entschied, daß kein Anlaß bestehe, der Beklagten für das Erkenntnisverfahren Immunität zu gewähren, die Beschlagnahme jedoch unzulässig sei. Dementsprechend hob das Gericht die Beschlagnahme auf. Dadurch wurde die Klägerin rechtsschutzlos gestellt, obgleich ihr vom State Department bescheinigt worden war, daß die Beklagte hinsichtlich des eingeklagten Schadensersatzanspruchs keine Immunität genieße; siehe auch die Anm. von Zilber, Mich.L.R. 54 (1956) 1008 ff.

Erst in diesem Jahr entschied das State Department erstmalig, daß eine Arrestierung von zu kommerziellen Zwecken dienendem Staatseigentum zulässig sei, um eine quasi in rem-Zuständigkeit für eine Klage zu begründen, hinsichtlich derer der beklagte Staat keine Immunität beanspruchen könne.[28] Es ist zwar einigermaßen grotesk, die Zustellung einer Klage an den Botschafter des zu verklagenden Staates aus Furcht vor einem Völkerrechtsverstoß zu annullieren und statt dessen die Beschlagnahme von Staatsvermögen zuzulassen. Immerhin bestand aber nunmehr für den privaten Kläger eine wirkliche Möglichkeit, ein Verfahren in die Wege zu leiten — sofern er nur Vermögensobjekte des betroffenen Staates ausfindig zu machen verstand. Nach 1959 wurden daher die Verfahren gegen ausländische Staaten regelmäßig durch die Beschlagnahme von Bankkonten eingeleitet,[29] eine Praxis, die abgesehen von dem mit ihr verbundenen Aufwand allerdings umso weniger befriedigen konnte, als sie zwangsläufig auch den betroffenen Staat irritieren mußte.

Selbst wenn der Kläger schließlich sämtliche Hindernisse überwunden und ein obsiegendes Urteil erstritten hatte, war damit seine Befriedigung allerdings keineswegs gewährleistet. Im Hinblick auf eine etwaige Zwangsvollstreckung gewährten die Vereinigten Staaten nämlich bis zuletzt ausnahmslos (absolute) Immunität, gleichviel, ob das ergriffene Vollstreckungsobjekt hoheitlichen oder nicht-hoheitlichen Zwecken diente.[30] Die im Tate-letter übernommene Theorie der beschränkten Immunität blieb auf den Bereich des Erkenntnisverfahrens beschränkt. Paradoxerweise ließ das State Department nicht einmal die Befriedigung aus zur Erlangung von quasi in rem-jurisdiction bereits arrestiertem Vermögen zu: Die entsprechenden Beschlagnahmeverfügungen wurden nach Abschluß des Erkenntnisverfahrens unabhängig von dessen Ausgang wieder aufgehoben.[31]

[28] Vgl. Stephen v. Zivnostenska Banka, National Corporation, 15 A.D. 2d 111, 222 N.Y.S. 2d 128, 134 aff'd 12 N.Y. 2d 781, 235 N.Y.S. 2d (Ct.App. 1962); angedeutet auch schon in der Entscheidung des State Department in Weilamann v. Chase Manhattan Bank (unten FN 31); kurz vor Zivnostenska bereits Harris & Co. Advertising, Inc. v. Republic of Cuba, 127 So. 2d 687, 692 (Fla. Dist. Ct. App. 1961): zulässige Beschlagnahme kubanischer Konten bei Banken in Florida.

[29] Vgl. Lowenfeld, N.Y.U.L.Rev. 49 (1974) 385 f.; Martin (FN 25).

[30] Dexter & Carpenter v. Kunglig Jarnvagsstyrelsen, 43 F. 2d 705 (2d Cir. 1930), cert. den. 282 U.S. 896 (1930); siehe auch Bradford v. Chase Manhattan Bank, 24 F.Supp. 28, 38 (S.D.N.Y. 1938), aff'd sub nom. Berger et al. v. Chase National Bank, 105 F. 2d 1001 (2d Cir. 1939); ferner Flota Maritima Browning de Cuba v. Motor Vessel Ciudad de la Habana, 335 F. 2d 619, 626 (4th Cir. 1964).

[31] Siehe Brief des Legal Adviser des State Department Loftus E. Becker an den amtierenden Attorney General William P. Rogers v. 9. 3. 1959 im Verfahren Weilamann v. Chase Manhattan Bank, 192 N.Y.S. 2d 469 (Sup. Ct. 1959). Der Brief wird in dem Urteil selbst nicht wiedergegeben, aber abge-

Insgesamt war daher die Lage in den Vereinigten Staaten bis zum Inkrafttreten des Foreign Sovereign Immunities Act (FSIA) am 19. Januar 1977 durch mehrere Mißstände gekennzeichnet. Erstens ließen sich statt der normalen in personam-Verfahren nur in rem- und quasi in rem-Verfahren durchführen, die jeweils durch eine vorangehende Beschlagnahme eingeleitet werden mußten. Weiterhin war der Umfang der den ausländischen Staaten zukommenden Immunität nebulös und die jeweilige Entscheidung des State Department unvorhersehbar und häufig politisch motiviert. Schließlich mußte der Kläger darauf hoffen, daß der beklagte Staat im Falle seines Unterliegens das gegen ihn ergangene Urteil freiwillig honorieren würde.

B. England

Das Recht der Staatenimmunität hat sich in England mehr noch als in anderen Staaten aus der Konzeption über die persönliche Immunität der Fürsten entwickelt. Dabei ist im Gegensatz zur Praxis in den USA in der Geschichte Englands zu keiner Zeit in Zweifel gezogen worden, daß es sich bei der Immunitätsproblematik um eine rechtliche und allein von den Gerichten zu entscheidende Fragestellung handelt. Die erste in diesem gerafften Rückblick nennenswerte Entscheidung stammt aus dem Jahre 1873.[32] Ein zum Seehandel eingesetztes Schiff des Khediven von Ägypten, die Charkieh, hatte eine Kollosion auf der Themse verursacht. Die Eigentümer des in dem Zusammenstoß beschädigten Schiffes erhoben gegen die Charkieh eine Klage in rem.[33] Das von dem Khediven daraufhin vorgebrachte Immunitätsbegehren wurde von dem Gericht zwar schon deshalb zurückgewiesen, weil Ägypten eine Provinz des osmanischen Reiches und der Khedive folglich kein souveräner Fürst sei. Der seinerzeit gerade als Internationalrechtler hochangesehene Richter, Sir Robert Phillimore, stützte sein Urteil jedoch zusätzlich darauf, daß unabhängig von der nicht souveränen Stellung des Khediven auch deshalb keine Immunität gewährt werden könne, weil das Schiff nicht hoheitlichen, sondern rein kommerziellen Zwecken diene. Die Begründung führt weit über den zu entscheidenden Fall einer Klage gegen ein staatliches Handelsschiff hinaus:

---

druckt bei Whiteman, Bd. 6, 709—712 (711 f.) und (auszugsweise) in A.J.I.L. 54 (1960) 641—643 (643).

[32] Zu noch vor diesem Datum ergangenen Entscheidungen etwa Sinclair, Recueil 167 (1980 II) 122—125.

[33] Zur in rem-Klage im englischen Recht etwa Cheshire/North, S. 84—87 und 644—649; Wolff, S. 64 f.; speziell im Zusammenhang mit Klagen gegen ausländische Staaten auch Sonnenberger, AcP 162 (1963) 493 f.

„No principle of international law, and no decided case, and no dictum of jurists of which I am aware, has gone so far as to authorise a sovereign prince to assume the character of a trader, when it is for his benefit; and when he incurs an obligation to a private subject to throw off, if I may so speak, his disguise, and appear as a sovereign, claiming for his own benefit, and to the injury of a private person, for the first time, all the attributes of his character."[34]

Diesen Ausführungen liegt bereits deutlich die Vorstellung einer für die Immunitätsproblematik erheblichen Differenzierung zwischen spezifisch fürstlichen (hoheitlichen) und sonstigen (nicht-hoheitlichen, privaten) Tätigkeiten zugrunde: Der ausländische Fürst soll keine Immunität beanspruchen können, sofern der Rechtsstreit eine lediglich private, insbesondere kommerzielle Betätigung tangiert. Dieses Urteil ist das wohl erste richterliche Zeugnis einer Konzeption, die erst Jahrzehnte später den Namen „Doktrin der restriktiven Immunität" erhalten sollte.

Die weitere Entwicklung der englischen Rechtsprechung verlief allerdings zunächst in anderen Bahnen. Bereits sechs Jahre nach The Charkieh erhielt der Court of Appeal Gelegenheit, sich zur Immunitätsproblematik zu äußern. The Parlement Belge war eine zwischen Ostende und Dover verkehrende Postfähre des belgischen Königs, deren Besatzung von der königlich belgischen Marine gestellt wurde. Neben dem eigentlichen Postgut transportierte sie auch Passagiere und sonstige Güter. Nach einem Zusammenstoß im Hafen von Dover wurde eine Klage in rem gegen sie angestrengt. Der Court of Appeal stellte folgenden Grundsatz auf:

„... as a consequence of the absolute independence of every sovereign authority, and of the international comity which induces every sovereign state to respect the independence and dignity of every other sovereign state, each and every one declines to exercise by means of its Courts any of its territorial jurisdiction over the person of any sovereign ... of any other state, or over the public property of any state which is destined to public use ..."[35]

In der Anwendung dieses Rechtssatzes auf den zu entscheidenden Fall ging das Gericht geradezu selbstverständlich davon aus, daß ein Postschiff öffentlichen Belangen diene, und führte schließlich aus, daß der nur untergeordnete Einsatz des Schiffes für Handelszwecke demgegenüber unschädlich sei.[36] Demzufolge wurde die Klage abgewiesen.

Auf der Grundlage dieses Urteils wies der Court of Appeal wenig später eine in personam-Klage gegen einen ausländischen Fürsten ab.[37]

---

[34] The Charkieh (1873) L.R. 4 A. & E. 59, 99 f.

[35] The Parlement Belge (1880) 5 P.D. 197, 214 f. per Brett, L.J.

[36] (FN 35) S. 219 f.

[37] Mighell v. Sultan of Johore [1894] 1 Q.B. 149.

Das Gericht zweifelte so wenig an der Geltung des Prinzips der Unzulässigkeit von in personam-Klagen gegen ausländische Souveräne, daß es nicht einmal in Erwägung zog, die Klage ausnahmsweise deshalb zuzulassen, weil der betreffende Souverän eindeutig nicht in seiner Eigenschaft als Hoheitsträger verklagt worden war.[38] Zahlreiche weitere Klagen gegen ausländische Staatsschiffe wurden ebenfalls unter Berufung auf The Parlement Belge abgewiesen.[39] Insgesamt herrschte die Tendenz vor, ausländischen Staaten ohne große Bedenken Immunität zu gewähren. Dabei mag auch eine Rolle gespielt haben, daß das differenzierende Urteil von Sir Robert Phillimore in The Charkieh dadurch in gewissem Grade diskreditiert worden war, daß derselbe Richter auch im Falle des Parlement Belge in erster Instanz der Klage trotz des Immunitätseinwandes stattgegeben hatte[40] und sein Urteil vom Court of Appeal aufgehoben worden war. Die Entwicklung zugunsten einer schrankenlosen Immunität gipfelte in einem Urteil aus dem Jahre 1920. Darin entschied der Court of Appeal über eine auf die erfolgreiche Durchführung von Bergungsarbeiten gestützte Klage in rem gegen die Porto Alexandre, die von der portugiesischen Regierung requiriert worden war und von ihr ausschließlich zum Transport von Handelsgütern eingesetzt wurde. Trotz des rein kommerziellen und profitorientierten Gebrauchs des Schiffes sowie des seiner Natur nach „privaten" Klageanspruchs fühlten sich sämtliche Richter durch die Entscheidung in The Parlament Belge gebunden, gewährten dem Schiff demzufolge Immunität und wiesen die Klage ab.[41]

Rückblickend läßt sich mit gutem Grund die These aufstellen, daß die Annahme des Gerichts, durch seine frühere Entscheidung in The Parlement Belge gebunden zu sein, verfehlt war und The Porto Alexandre wegen des rein kommerziellen Einsatzes des Schiffes frei — und anders — hätte entschieden werden können und sollen.[42] Das Urteil stellte jedoch für die weitere Entwicklung insofern die Weichen, als es alle Ansätze, die Immunität auf Rechtsstreite mit Bezug zu einer hoheitlichen Tätigkeit des beklagten Staates zu beschränken, kurzerhand verwarf. Damit war die Regel der absoluten Immunität für in perso-

[38] Eingeklagt war ein Heiratsversprechen, das der unter dem Decknamen Albert Baker aufgetretene Sultan der Klägerin angeblich gegeben hatte.

[39] Nachweise bei Sucharitkul, S. 61 ff.

[40] (1879) 4 P.D. 129, 146—151 mit der Begründung, daß das Schiff in erheblichem Umfang privaten Handel treibe und deshalb nicht als public ship anzusehen sei.

[41] [1920] P. 30.

[42] Vgl. die Kritik der Lords Thankerton und Maugham, in: The Cristina [1938] A.C. 485, 496 bzw. 519 f. (H.L.); wohl auch I Congreso del Partido [1981] 3 W.L.R. 328, 335 per Lord Wilberforce (H.L.); The Philippine Admiral [1977] A.C. 373, 392, 394 und 402 (P.C.); ferner Sucharitkul, S. 66 f.; Mann, B.Y.I.L. 50 (1979) 44; Sinclair, ICLQ 22 (1973) 256 f.

nam- und in rem-Verfahren im englischen Recht endgültig etabliert. Das Brüsseler Abkommen über Staatshandelsschiffe vom 10. 4. 1926[43], das für einen begrenzten Bereich die Theorie der eingeschränkten Immunität kodifizierte, wurde vom Vereinigten Königreich zwar unterzeichnet, aber vorerst nicht ratifiziert.[44] Den kompromißlosen Standpunkt des englischen Rechts faßte Lord Atkin in einer Entscheidung des House of Lords aus dem Jahre 1938 treffend in zwei Prinzipien zusammen:

„... two propositions of international law engrafted into our domestic law which seem to me to be well established and to be beyond dispute. The first is that the courts of a country will not implead a foreign sovereign, that is, they will not by their process make him against his will a party to legal proceedings whether the proceedings involve process against his person or seek to recover from him specific property or damages.

The second is that they will not by their process, whether the sovereign is a party of the proceedings or not, seize or detain property which is his or of which he is in possession or control. There has been some difference in the practice of nations as to possible limitations of this second principle as to whether it extends to property only used for the commercial purposes of the sovereign or to personal private property. In this country it is in my opinion well settled that it applies to both."[45]

In der Folgezeit ergingen zahlreiche Entscheidungen, die jeweils rigide an der uneingeschränkten Immunität ausländischer Staaten festhielten.[46] Auch wenn einzelne Richter mitunter deutlich ihr Unbehagen mit dem geltenden Rechtszustand erkennen ließen,[47] blieben die Gerichte, unterstützt durch die stare decisis-Regel, im Ergebnis starr der absoluten Immunität verhaftet. Auch die englische Regierung empfand allerdings die geltende Rechtslage im Zeitalter zunehmender inter-

---

[43] L.N.T.S. 176, 199 ff.; RGBl. 1927 II, S. 483.

[44] Zu den etwas obskuren Gründen: Mann, B.Y.I.L. 50 (1979) 45.

[45] Compania Naviera Vascongado v. Steamship „Cristina" [1938] A. C. 485, 490; allerdings äußerten 3 der Law Lords (Thankerton, Macmillan, Maugham, S. 494—496, 498 und 518—523) Zweifel an der Berechtigung der Immunität für Klagen aus Handelsstreitigkeiten; diese Bedenken bezogen sich jedoch, wie Beckett (Ann. I.D.I. 44 I (1952) 73 und 75) zutreffend bemerkt hat, allein auf das in rem-Verfahren. — Näher zu dieser Entscheidung: Jaenicke, ZaöRV 9 (1939/40) 354—363; Mann, M.L.R. 2 (1938) 57—62; Steinberger, Wörterbuch des Völkerrechts I, S. 302 f.

[46] Krajina v. Tass Agency [1949] 2 All E.R. 274 (C.A.); Kahan v. Pakistan Federation [1951] 2 K.B. 1003 (C.A.); United States and France v. Dollfus Mieg et Cie S.A. and Bank of England [1952] A.C. 582 (H.L.); Juan Ysmael & Co. Inc. v. Government of the Republic of Indonesia [1955] A.C. 72 (P.C.); Bacchus S.R.L. v. Servicio Nacional del Trigo [1957] 1 Q.B. 438 (C.A.); Rahimtoola v. Nizam of Hyderabad [1958] A.C. 379 (H.L.); Swiss Israel Trade Bank v. Government of Salta and Banco Provincial de Salta [1972] 1 Lloyd's Rep. 497; Thai-Europe Tapioca Service Ltd. v. Government of Pakistan [1975] 1 W.L.R. 1485 (C.A.).

[47] Zusammenstellung bei Sinclair, Recueil 167 (1980 II) 147—153.

nationaler Verflechtungen und sich weltweit ausbreitender Staatstätigkeiten offenbar als wenig befriedigend. Ein von ihr eingesezter Ausschuß zur Begutachtung der Immunitätsproblematik ging jedoch angesichts der Meinungsverschiedenheiten innerhalb dieses Gremiums wieder auseinander, ohne sich auf Empfehlungen irgendeiner Art einigen zu können.[48] Dem weltweit geläufigen Trend zum Trotz bestand daher bis in die 70er Jahre hinein keine Aussicht, von englischen Gerichten Rechtsschutz gegen ausländische Staaten zu erhalten.

Es bedurfte zweier gerichtlicher Gewaltakte, um die durch eine über Jahrzehnte hindurch gleichförmige Rechtsprechung eingetretene Verkrustung aufzubrechen. Das erste Urteil, das schließlich offen mit der bisherigen Tradition brach, war die Entscheidung des Privy Council in The Philippine Admiral aus dem Jahre 1975.[49] Es ließ eine Klage in rem gegen ein der Republik der Philippinen gehörendes Schiff zu, weil es sich bei diesem lediglich um ein normales Handelsschiff handelte. Damit verwarf das Gericht die Entscheidung des Court of Appeal in The Porto Alexandre,[50] ließ jedoch das Prinzip der uneingeschränkten Immunität gegenüber in personam-Verfahren ausdrücklich unangetastet.[51] Kurz darauf ergriff der Court of Appeal in Trendtex Trading Corporation v. Central Bank of Nigeria die sich ihm bietende Gelegenheit, umfassend zur Immunitätsproblematik im Zusammenhang mit Klagen in personam Stellung zu nehmen.[52] Um allerdings die Immunitätsproblematik überhaupt frei überdenken zu können, mußte der Court of Appeal zunächst die Bindung an die entgegenstehenden Präjudizien aus dem Wege räumen. Zu diesem Zweck entwickelte er den Rechtssatz, die stare decisis-Regel gelte nicht für den Bereich des Völ-

[48] Dazu Mann, B.Y.I.L. 50 (1979) 45 f.

[49] Philippine Admiral (Owners) v. Wallem Shipping (Hong Kong) Ltd. [1977] A.C. 373; [1976] 2 W.L.R. 214; ILM 15 (1976) 133. Zu dieser Entscheidung insbes. Higgins, A.J.I.L. 71 (1977) 424 f. und N.Y.I.L. 10 (1979) 37 f.; fernerhin auch Ress, ZaöRV 40 (1980) 236—240; Schreuer, RIW/AWD 1979, 157 f. und Comp.L.Yb. 2 (1978) 224 f.; Sinclair, Recueil 167 (1980 II) 154 f.

[50] Das Gericht gab hierfür vier Gründe an: Erstens habe sich der Court of Appeal in The Porto Alexandre zu Unrecht durch The Parlement Belge gebunden gefühlt. Zweitens hätten 3 der Law Lords in The Cristina Vorbehalte gegenüber einer absoluten Immunität auch bei in rem-Verfahren angemeldet. Drittens gehe die Tendenz auch in anderen Ländern zugunsten der beschränkten Immunität. Und viertens halte es das Gericht selbst für falsch, bei in rem-Verfahren uneingeschränkt Immunität zu gewähren.

[51] (FN 49), [1977] A.C. 402 f.

[52] [1977] Q.B. 529; [1977] 2 W.L.R. 356; ILM 16 (1977) 471. Aus der Lit. hierzu insbes. Crawford, B.Y.I.L. 48 (1976/77) 353—362; Higgins, A.J.I.L. 71 (1977) 425—430 und N.Y.I.L. 10 (1979) 38 f.; White, ICLQ 26 (1977) 674 ff.; ferner Markesinis, Camb.L.J. 36 (1977) 211 ff.; Marston, J.World Trade L. 11 (1977) 280—283; Schanze, Die AG 1977, 81 ff.; Kerr, M.L.R. 41 (1978) 15—17; Nwogugu, N.Y.I.L. 10 (1979) 184—188; Schreuer, RIW/AWD 1979, 158 f. und Comp.L.Yb. 2 (1978) 225—227; Shaw, N.L.J. 128 (1978) 983—986; Ress (FN 49) 240—245; Sinclair (FN 49) 155—157; Gramlich, RabelsZ 45 (1981) 557 f.

kerrechts, so daß er einer etwaigen insoweit eingetretenen Änderung der Rechtslage selbständig Rechnung tragen könne.[53] Dieser juristische Kunstgriff eröffnete ihm die Möglichkeit, sodann in der Immunitätsfrage eine Änderung des Völkerrechts in Richtung auf eine Beschränkung der Immunität festzustellen und demzufolge die Immunität zu verweigern, weil der Staat „als Händler" verklagt war.[54] Damit war zum ersten Mal ein ausländischer Staat einem gegen ihn persönlich gerichteten Verfahren unterworfen.

Die Kühnheit dieses Urteils zeigt sich nicht zuletzt auch darin, daß der High Court sich wenig später in einem Rechtsstreit gegen die Regierung Ugandas mit einander widersprechenden Präjudizien konfrontiert sah[55] und sich verpflichtet fühlte, der früheren, uneingeschränkte Immunität gewährenden Entscheidung Folge zu leisten.[56] Trendtex selbst ist außergerichtlich verglichen worden, bevor das Verfahren das House of Lords erreicht hat. Auch eine weitere Entscheidung des Court of Appeal, die eine grundsätzliche Stellungnahme zur Immunität bei in personam-Verfahren gefordert hätte,[57] ist vier Wochen vor dem Termin beim House of Lords außergerichtlich bereinigt worden. Im Hinblick auf in rem-Verfahren fand jedoch das House of Lords noch Gelegenheit, die durch den Privy Council vollzogene Hinwendung zur beschränkten Immunität ausdrücklich gutzuheißen.[58] Da sich die Entscheidung in Bezug auf in personam-Verfahren ausdrücklich nicht festlegte, kann nur darüber spekuliert werden, ob die Law Lords auch bereit gewesen wären, bei in personam-Klagen von der überkommenen Doktrin der absoluten Immunität abzurücken.[59] In der kurzen Übergangsphase vor Inkrafttreten des britischen State Immunity Act (SIA) am 22. November 1978 ist daher nicht mehr letztlich geklärt worden, ob durch die Entscheidung des Court of Appeal in Trendtex bereits ein endgültiger Durchbruch zugunsten der beschränkten Immunität erreicht worden wäre.

---

[53] So im Ergebnis übereinstimmend Lord Denning, M.R., (S. 553 f.) und Shaw, L.J., (S. 576—579); dagegen jedoch Stephenson, L.J., (S. 566—572).

[54] Eingeklagt war ein Anspruch aus Akkreditiv. Der Streitgegenstand entsprach demjenigen, der LG Frankfurt, NJW 1976, 1044 zugrundelag.

[55] Thai-Europe Tapioca (FN 46) einerseits, Trendtex (FN 52) andererseits.

[56] The Uganda Co. (Holdings) Ltd. v. The Government of Uganda [1979] 1 Lloyd's Rep. 481 m. krit. Anm. Higgins, A.J.I.L. 73 (1979) 465 ff.; kritisch auch Crawford, B.Y.I.L. 50 (1979) 218—221.

[57] Hispano America Mercantil S.A. v. Central Bank of Nigeria [1979] 2 Lloyd's Rep. 277.

[58] I Congreso del Partido [1981] 3 W.L.R. 328; [1981] 2 Lloyd's Rep. 536; ebenso im Ausgangspunkt beide Vorinstanzen: [1978] Q.B. 500 bzw. [1980] 1 Lloyd's Rep. 23 (C.A.). Zur Entscheidung des House of Lords vgl. auch die Besprechung von Fox, L.Q.R. 98 (1982) 94—108.

[59] Nach dem Duktus der Entscheidung darf das allerdings als wahrscheinlich gelten, siehe insbes. [1981] 3 W.L.R. 335 per Lord Wilberforce.

§ 3: Grundlagen der gesetzlichen Regelung

A. Gesetzgebungszweck und grundlegende Neuerungen gegenüber der Rechtslage nach Common Law

I. USA

Die Vorarbeiten der amerikanischen Regierung bis zur Einbringung des FSIA haben mehrere Jahre beansprucht. Sie wurden in Angriff genommen, nachdem sich immer deutlicher abgezeichnet hatte, daß der bestehende Zustand in mancher Hinsicht international einzigartig und für keinen der Beteiligten auch nur annähernd befriedigend war. Dementsprechend verfolgt das Gesetz das Ziel, die Behandlung der Immunitätsfrage in den Vereinigten Staaten der Regelung anderer Länder anzupassen und im Interesse der Beteiligten einige der früheren Mißstände zu beseitigen.

Daher galt es zunächst, den Rechtsschutz für private Kläger zu verbessern. Zu diesem Zweck eröffnet das Gesetz ihm das in personam-Verfahren. § 1608 bietet verschiedene und in allen in Betracht kommenden Fällen ausreichende Möglichkeiten, ausländischen Staaten eine Klageschrift zuzustellen und enthebt den Kläger damit der Notwendigkeit, zum Zweck der Zuständigkeitsbegründung kommerziell genutztes und somit arrestierbares Inlandsvermögen des betreffenden Staates aufzutun.[1] Weiterhin versucht das Gesetz, anders als der Tate-letter[2] im einzelnen zu spezifizieren, unter welchen Umständen ausländische Staaten Immunität genießen bzw. der amerikanischen Gerichtsbarkeit unterliegen.

Von besonderer Bedeutung ist im übrigen § 1602 S. 3 FSIA. Er bestimmt, daß die Immunitätseinrede des beklagten Staates künftig nicht mehr vom State Department, sondern von dem mit der Sache befaßten Gericht entschieden wird. Damit wird von Gesetzes wegen den Gerichten eine Kompetenz rückübertragen, die diese gut drei Jahrzehnte vorher im Zuge richterlicher Selbstbeschränkung freiwillig aufgegeben hatten. Diese Zuständigkeitsverlagerung ist für den Kläger von großem Vorteil. Sie gewährt ihm eine an rechtlichen Maßstäben und Präjudi-

[1] Siehe oben § 2 bei FN 22—29.

[2] § 2 FN 14.

zien orientierte Entscheidungsfindung sowie ein ordentliches Verfahren. Zusammen mit der näheren gesetzlichen Regelung, in welchen Konstellationen die Immunität entfällt, macht dies die Chancen eines Rechtsstreits einigermaßen überschaubar. Die Abschaffung der Entscheidungsprärogative des State Department war daher auch im amerikanischen Schrifttum seit geraumer Zeit gefordert worden[3] und wird auch in den Stellungnahmen zu dem neuen Gesetz mehrheitlich prinzipiell begrüßt.[4] Ein weiteres Kernstück der gesetzlichen Neuregelung ist § 1610. Er ersetzt den im Bereich der Zwangsvollstreckung bisher geltenden Grundsatz der absoluten durch den der beschränkten Immunität und gestattet daher dem Kläger erstmals, einen gegen den ausländischen Staat erwirkten Titel unter bestimmten Voraussetzungen durchzusetzen.

Im Interesse der ausländischen Staaten als potentiellen Beklagten räumt das Gesetz mit einem weiteren Mißstand auf, indem es die bisherige Praxis der Beschlagnahme vor Urteilserlaß eliminiert. Rechtstechnisch wird das dadurch erreicht, daß § 1610 unter bestimmten Voraussetzungen Zwangsmaßnahmen *nach* Urteilserlaß gestattet und § 1609 jeden sonstigen Zwang für unzulässig erklärt.[5] Damit beseitigt der FSIA die Möglichkeit, wie bisher durch Arrestierung von Staatsvermögen quasi in rem jurisdiction zu begründen. Da das Gesetz jedoch auf der anderen Seite nunmehr in personam-Klagen ermöglicht, ist diese Einbuße für den Kläger zu verschmerzen. Darüber hinaus schließt § 1605 (b) sogar die mit einer Beschlagnahme verbundenen in rem-Klagen gegen Staatsschiffe aus und ersetzt sie in einer für einen Common Law Staat einzigartigen Weise durch ein besonderes in personam-Verfahren.[6] Das hierdurch verfolgte Anliegen, den betroffenen Staat nicht wie bisher jeweils bereits bei Beginn eines Rechtsstreits einer Beschlagnahme auszusetzen, ist zweifellos im Ansatz berechtigt.[7]

---

[3] Jessup, A.J.I.L. 40 (1946) 168 ff.; Timberg, Nw.U.L.R. 56 (1961) 109 ff.; Note, Minn.L.R. 53 (1968) 394—397; Belman, Proc.Am.Soc'y of Int'l L. 63 (1969) 184; Leigh, ebenda 192; Boynton, Tul.L.R. 46 (1972) 844—848; dagegen allerdings insbes. Cardozo, Cornell L.Q. 48 (1963) 461 ff. und bereits Harv.L.R. 67 (1954) 608 ff.

[4] Vgl. etwa Leigh, A.J.I.L. 68 (1974) 280 ff.; ders., Am.Soc'y Int'l L. 74 (1980) 71—73; Richard, Harv.Int.L.J. 15 (1974) 170; Note, Nw.U.L.R. 69 (1974) 322—325; Maier, Proc.Am.Soc'y Int'l L. 70 (1976) 48—52; Timberg, Tex.L.R. 55 (1976) 13 f. und Rev. suisse du droit international de la concurrence 6 (1979) 12 f.; von Mehren, Colum.J.Transnat'l L. 17 (1978) 65 f.; Delaume, A.J.I.L. 71 (1977) 399; Weber, Yale St.W.P.O. 3 (1976) 38 f.; Dellapenna, Comm. L.J. 85 (1980) 233; Smit, Proc.Am.Soc'y Int'l L. 74 (1980) 70; anders aber wiederum Cardozo, Int.Law. 8 (1974) 443 sowie auch Heller, Proc.Am.Soc'y Int'l L. 70 (1976) 48 und Carl, Sw.L.J. 33 (1979) 1063—1067.

[5] Eine vermutlich selten praktisch werdende Ausnahme enthält § 1610 (d), dazu unten § 6 A II bei FN 39.

[6] Dazu näher unten § 5 B I 6.

Ob der FSIA allerdings mit dem fast vollständigen Auschluß von Beschlagnahmen vor Urteilserlaß nicht etwas zu weit gegangen ist, wird weiter unten zu erörtern sein.[8]

Die für den Kläger so wichtige Zurückdrängung der Exekutive basiert freilich ihrerseits nicht so sehr auf einer Gerechtigkeitserwägung als vielmehr auf politischem Kalkül. Da die Immunitätsstreitigkeiten vor dem State Department in aller Regel erfolgreich politisiert wurden, war die Regierung bei ihrer Entscheidung oftmals erheblichem Druck ausgesetzt. Eine die Immunität verneinende Entscheidung mußte von dem betroffenen Staat als unfreundlicher Akt verstanden werden. Während in allen anderen westlichen Ländern, in denen die Gerichte inzident über den Immunitätseinwand mitentschieden, die Außenämter den auf diplomatischem Wege protestierenden Staat bedauernd auf ihre Inkompetenz und die richterliche Unabhängigkeit hinweisen konnten, stand die amerikanische Regierung im Zentrum des Streits. Die seinerzeitige Zuständigkeitsverlagerung, die gerade auch erfolgt war, um außenpolitischen Bedürfnissen der Vereinigten Staaten Rechnung tragen zu können,[9] bewirkte damit das genaue Gegenteil des angestrebten Effekts: Die außenpolitischen Komplikationen wurden durch die Zuständigkeitsverlagerung auf die Exekutive nicht gemindert, sondern erhöht. Die Gesetzesmotive machen deutlich, daß daher gerade die Exekutive zur außenpolitischen Entlastung der USA die Wiedereinführung des gerichtlichen Immunitätsentscheids betrieb und hierin die eigentliche Triebfeder der Kodifikationsbestrebungen lag.[10]

II. England

Auch das englische Gesetz ist aus der Überzeugung geboren, daß der frühere Rechtszustand nicht zu überzeugen vermochte und insbesondere den Rechtsschutzerfordernissen des modernen Wirtschaftsverkehrs nicht genügte. Da unter dem englischen Common Law allerdings in der Immunitätsproblematik ganz andersartige Schwierigkeiten bestanden als in der amerikanischen Praxis, verfolgte die Kodifikation dementsprechend unterschiedliche Anliegen.

---

[7] Wie kaum anders zu vermuten, hat diese Praxis offenbar auch zu erheblichen außenpolitischen Komplikationen geführt.

[8] Sub § 5 B I 6 und § 6 A II.

[9] „That principle is that courts may not so exercise their jurisdiction ... as to embarrass the executive arm of the government in conducting foreign relations", Ex Parte Republic of Peru, 318 U.S. 578, 588 (1943).

[10] Siehe insbes. den eine frühere Gesetzesvorlage begleitenden gemeinsamen Brief des Attorney General und des Secretary of State an den Senat v. 22. Jan. 1973, abgedruckt in ILM 12 (1973) 118, 120; ferner auch H.R.Rep. 7 = ILM 15 (1976) 1402.

Zunächst sollte das zu schaffende Gesetz den Beitritt des Vereinigten Königreichs zur Europäischen Konvention über Staatenimmunität vom 16. 5. 1972[11] und zum Brüsseler Abkommen über Staatshandelsschiffe vom 10. 4. 1926[12] ermöglichen. Beide Verträge hat das Vereinigte Königreich mittlerweile ratifiziert. Wäre es allerdings lediglich um den Beitritt zu diesen Übereinkommen gegangen, so hätte es genügt, diese jeweils nur mit Wirkung für und gegen die Vertragsstaaten in englisches Recht umzusetzen. Statt dessen regelt der SIA die Immunitätsproblematik in Bezug auf sämtliche Staaten, auch sofern sie den Abkommen nicht angehören. Der eigentliche Zweck des Gesetzes liegt daher darin, allgemein das Prinzip der absoluten Immunität abzuschaffen und sowohl hinsichtlich Erkenntnis- als auch hinsichtlich Vollstreckungsverfahren durch ein System der beschränkten Immunität mit einem möglichst detaillierten Katalog von Immunitätsausnahmen zu ersetzen. Dieses Ziel, mit einem Schlag ein umfassendes und berechenbares Konzept auf der Grundlage der beschränkten Immunität einzuführen, erklärt auch, warum das Vorhaben weiter vorangetrieben wurde, obwohl während des Gesetzgebungsverfahrens die Trendtex-Entscheidung erging[13] und damit offenbar wurde, daß die Rechtsprechung möglicherweise auch aus eigener Kraft jeweils von Fall zu Fall die Lehre der beschränkten Immunität würde verwirklichen können.

Die Unzufriedenheit mit dem geltenden Rechtszustand rührte in gewissem Maße daher, daß man die geltende absolute Immunität als Anachronismus empfand. Die Regierung hatte auch registriert, daß einzelne Richter und namhafte Stimmen im Schrifttum deutlich ihr Unbehagen mit dem in der Immunitätsfrage versteinerten englischen Recht zum Ausdruck gebracht hatten. Eines der Ziele der Kodifikation bestand daher darin, das englische Recht der in allen anderen westlichen Ländern geltenden Rechtslage anzugleichen und so den Rechtsschutz für private Gläubiger zu verbessern. Neben diesen mehr rechtspolitischen Erwägungen haben jedoch wirtschaftspolitische Argumente eine vermutlich entscheidende Rolle gespielt: Die Londoner City befürchtete offenbar, daß ein spürbarer Teil des internationalen Handels mit ausländischen Staaten von London nach den USA abwandern würde, weil nach Inkrafttreten des FSIA die privaten Vertragspartner dort anders als in England die Gewähr hatten, Ansprüche gegen Staaten und Staatsunternehmen notfalls einklagen zu können. Den von der Lobby

---

[11] Europ.T.S. No. 74 = ILM 11 (1972) 470 ff. und hierzu insbes. die Expl. Rep. des Europarats. Aus dem Schrifttum: Sinclair, ICLQ 22 (1973) 254 ff.; Vallée, Rev.trim.droit Europ. 9 (1973) 205 ff.; Wiederkehr, Ann.Franc. 20 (1974) 924 ff.; ferner auch Knierim, Colum.J.Transnat'l L. 12 (1973) 130 ff.

[12] L.N.T.S. 176, 199 ff.; RGBl. 1927 II, S. 483 ff.

[13] Siehe § 2 FN 52.

der Geschäftswelt vorgetragenen Argumenten hat sich die Regierung nicht verschlossen. In einer Ausschußsitzung im Zuge des Gesetzgebungsverfahrens bemerkte der Lord Chancellor:

> „There is also strong pressure for early legislation because the United Kingdom is now ... at a distinct disadvantage compared with the United States, which has recently passed the Foreign Sovereign Immunities Act, 1976. This is particularly apparent in financial and commodity markets. It has been urged on the Government that bankers and traders who deal with States want to have the assurance that any dispute will be capable of litigation in the courts. They now have the assurance in the United States, but will not have it in the United Kingdom until the Bill is passed. Meanwhile I am advised that important business could pass from London to New York."[14]

Die damit verfolgte Politik spiegelt sich auch in der Bestimmung wider, wonach ausländische Zentralbanken oder Währungsbehörden in der Zwangsvollstreckung und im Verfahren des einstweiligen Rechtsschutzes absolute Immunität genießen.[15] Von dieser einen Ausnahme abgesehen haben sich jedoch die Bestrebungen der Rechtspolitiker und der Wirtschaftskreise zu einer für alle privaten Gläubiger segensreichen Allianz verbunden.

B. Die Trennung zwischen Erkenntnis- und Vollstreckungsverfahren

Sowohl das amerikanische als auch das englische Recht betrachten die Immunität im Erkenntnisverfahren und die Immunität gegenüber Maßnahmen des Gerichtszwangs als zwei getrennte Komplexe. In beiden Stadien des gerichtlichen Verfahrens muß die Immunität jeweils selbständig und anhand eigener Bestimmungen geprüft werden. Weder führt die Zulässigkeit eines Erkenntnisverfahrens automatisch zur Zulässigkeit von Vollziehungsmaßnahmen, noch hat umgekehrt die Belegenheit eines zur zwangsweisen Befriedigung geeigneten Vermögensobjekts im Forumstaat die Jurisdiktion für das Erkenntnisverfahren zur Folge. Diese strikte Trennung der Immunität im Erkenntnis- und derjenigen im Volstreckungsverfahren entspricht sowohl der Rechtslage nach Common Law[16] als auch der völkerrechtlichen Doktrin[17].

---

[14] Parliamentary Debates (Hansard), House of Lords, vol. 389 (1977—78) col. 1502; siehe auch die Bemerkungen des früheren Gouverneurs der Bank of England, Lord O'Brien of Lothbury, ebenda col. 1507 f.; ferner die ähnliche Formulierung des Solicitor-General bei der 2. Lesung, Parliamentary Debates (Hansard), House of Commons, vol. 949 (1977-78) col. 412.

[15] Dazu unten § 6 B I 3 sowie § 6 B II bei FN 62.

[16] Zum amerikanischen Recht oben § 2 bei FN 30 f. In der englischen Praxis ist es zu einem Vollstreckungsverfahren nie gekommen.

C. Das Regel-Ausnahme-Verhältnis von Immunität und Jurisdiktion

Amerikanisches und englisches Recht stimmen auch darin überein, daß sie jeweils zunächst im Grundsatz die Immunität eines ausländidischen Staates in Erkenntnis- und Vollstreckungsverfahren statuieren[18] und diesen Grundsatz sodann einer Reihe von Ausnahmen unterwerfen. Die Gesetze stehen damit in der Tradition der Lehre von der beschränkten Immunität, die im Verlauf der vergangenen Jahrzehnte dadurch entstanden ist, daß sie nach und nach bestimmte Bereichsausnahmen gegenüber dem ursprünglichen Konzept einer allumfassenden, „absoluten“ staatlichen Immunität herausbildete. Allerdings ist in der völkerrechtlichen Diskussion auch von namhafter Seite vorgeschlagen worden, das Regel-Ausnahme-Verhältnis umzukehren, von einer prinzipiellen Unterworfenheit eines Staates unter die Gerichtsbarkeit eines anderen Staates auszugehen und von diesem entgegengesetzten Ausgangspunkt aus Fallgruppen herauszuarbeiten, in denen ausnahmsweise Immunität zu gewähren ist.[19] Ob eine solche Umkehr des Immunitätsprinzips der derzeitigen Lage des Völkerrechts entspricht oder auch nur sinnvoll ist, mag in diesem Zusammenhang auf sich beruhen. Die nationalen Gesetzgeber der USA und Großbritanniens jedenfalls haben an die bisherige Entwicklung angeknüpft und sich um die Formulierung von Ausnahmen gegenüber der zum Prinzip erhobenen Immunität bemüht. Selbst wer im übrigen die Umkehr des Prinzips propagiert, wird den nationalen Gesetzgebern diese eher konservative Grundhaltung kaum verübeln können. Die Fortschreibung der Lehre der beschränkten Immunität im traditionellen Sinne bot sich zum einen als der praktisch einfachere Weg an. Weiterhin sind einige der Immunitätsausnahmen mittlerweile völkerrechtlich einigermaßen abgesichert, so daß sie als Grundlage der Ausübung von Jurisdiktion weniger leicht Anstoß erregen und zu diplomatischen Verwicklungen führen können als die Postulierung eines international alles andere als anerkannten prinzipiellen Vorrangs der Jurisdiktionshoheit. Und schließlich können in Anbetracht des großen Konfliktpotentials im Verhältnis zwischen einzelnen und Staaten und der bisher geringen Erfahrung mit der Lehre der beschränkten Immunität leicht Fallkonstellationen auftreten, die im Gesetzgebungsverfahren nicht bedacht und in dem aufzustellenden Ausnahmekatalog nicht berücksichtigt worden sind; die USA und Großbritannien erachten es daher wohl zu Recht als Gebot (rechts-)

[17] Vgl. etwa Schaumann, BerDGesVR 8 (1968) 134 f.; neuestens Riedinger, RabelsZ 45 (1981) 450 und Gramlich, RabelsZ 45 (1981) 591 f.

[18] §§ 1604, 1609 FSIA, sections 1 (1), 13 (2) SIA.

[19] Vgl. insbes. Lauterpacht, B.Y.I.L. 28 (1951) 236—241; Lalive, Recueil 84 (1953 III) 251 ff.; Sinclair, Recueil 167 (1980 II) 214—217.

politischer Klugheit, für solche Situationen vorsichtshalber die Immunität und nicht die Immunitätslosigkeit als Prinzip zu verankern.

Eine ganz andere Frage ist jedoch die, inwieweit aus der Festlegung der Regelimmunität als dem rechtlichen Grundsatz Schlußfolgerungen für die praktische Anwendung der Gesetze zu ziehen sind. Das betrifft zunächst die Frage, ob die Tatbestände der Immunitätslosigkeit „als Ausnahme" eng ausgelegt werden müssen. Die bisher vorliegende amerikanische Judikatur läßt nicht erkennen, daß die Gerichte in Zweifelsfragen schematisch zugunsten des Staates entscheiden würden. Auch hinsichtlich des englischen Rechts besteht keine Notwendigkeit, die Immunitätsausnahmen durchweg eng auszulegen.[20] Es spricht daher viel dafür, die einzelnen Bestimmungen, die die Jurisdiktion eröffnen, ohne Rücksicht auf ihren rechtstechnischen Ausnahmecharakter nach den jeweiligen allgemeinen Interpretationsregeln auszulegen. Speziell bei der Auslegung des SIA, der auch zum Zwecke des Beitritts zur Europäischen Konvention über Staatenimmunität und zum Brüsseler Abkommen über Staatshandelsschiffe geschaffen worden ist, können ergänzend diese Abkommen herangezogen werden.[21]

Weiterhin wäre es verfehlt, aus der Festlegung der Immunität als Regel Schlußfolgerungen für die Frage zu ziehen, ob diese Verteidigung verfahrensrechtlich von Amts wegen oder nur auf Einrede des beklagten Staates hin gewährt werden muß und wer in Bezug auf das Vorliegen einer Immunitätsausnahme die Beweislast trägt. Die amerikanischen Gerichte stehen traditionell auf dem Standpunkt, daß die Immunität als Einwendung von dem betroffenen Staat vorgebracht werden muß. In diesem Sinne spricht auch die Section-by-Section Analysis zum FSIA von einer „affirmative defense which must be specially pleaded".[22] Rechtstechnisch wird das dadurch erreicht, daß jede vorbehaltlose Einlassung zur Sache als Immunitätsverzicht gilt.[23] Dem folgt das neue englische Recht.[24] Vorbehalte machen beide Rechte jedoch demgegen-

---

[20] Vgl. Mann, B.Y.I.L. 50 (1979) 50.

[21] Zur Statthaftigkeit, bei der Auslegung von englischen Gesetzen, die internationale Übereinkommen innerstaatlich umsetzen, auch die Übereinkommen selbst zu Rate zu ziehen: Edgar, S. 132; Langan, S. 183, jew.m.w. Nachw. — Der Hinweis von Mann (FN 20), wonach die Immunitätsausnahmen der EK schon deshalb nicht eng auszulegen seien, weil sie in Art. 1—14 und der allgemeine Immunitätstatbestand erst in Art. 15 enthalten sind, vermag allerdings kaum zu überzeugen, so zu Recht auch Sinclair, Recueil 167 (1980 II) 257.

[22] H.R.Rep. 17 = ILM 15 (1976) 1407.

[23] Siehe unten § 5 A I bei FN 6, 21 f. — Zu Unrecht zweifelnd, ob das Gericht eine etwa bestehende Immunität nicht dennoch auch von Amts wegen berücksichtigen muß oder zumindest kann, demgegenüber Smit, Proc.Am. Soc'y Int'l L. 74 (1980) 53 f., insbes. in FN 21.

[24] Siehe unten § 5 A II bei FN 56—59.

über im Versäumnisverfahren. Im amerikanischen Recht kann ein Versäumnisurteil gegen einen ausländischen Staat nur ergehen, wenn der Kläger die Begründetheit seines Anspruchs „mit hinreichender Sicherheit nachweist".[25] In diesem Rahmen prüfen die Gerichte auch, ob eine der Immunitätsausnahmen eingreift.[26] Noch deutlicher stellt das englische Gesetz ausdrücklich fest, daß die Immunität von Amts wegen zu berücksichtigen ist, wenn der betroffene Staat nicht erscheint.[27] Im Versäumnisverfahren muß der Kläger daher vortragen und glaubhaft machen, daß eine der Immunitätsausnahmen vorliegt.

Hinsichtlich der Beweislast im streitigen Verfahren heben die Materialien zum amerikanischen FSIA hervor, daß nicht der Kläger das Eingreifen einer Immunitätsausnahme als Grundlage der Jurisdiktion, sondern der betroffene Staat seine Immunität nachweisen muß.[28] Das Regel-Ausnahme-Verhältnis begründet folglich für die Beweislastverteilung keine Vermutung zugunsten des ausländischen Staates. Der Beklagte (ggf. eine eigenständige staatliche Organisation mit persönlicher Immunität) muß nicht nur seine persönliche Stellung als Immunitätsträger, sondern auch das Nichteingreifen der Immunitätsausnahme nachweisen. Der somit erforderliche Negativbeweis bringt naturgemäß Schwierigkeiten mit sich. Beispielsweise die Tatsache, daß ein Immunitätsverzicht *nicht* erklärt worden ist, läßt sich überhaupt nur dann beweisen, wenn der Kläger mitwirkt und bestimmte Umstände anführt, in denen ein Verzicht zu sehen sein soll. Zu diesem Zweck verfeinern die Gesetzesmaterialien ihren Ausgangspunkt durch ein etwas künstlich ausgeklügeltes System mit zweifachem Beweislastumschwung. Danach muß zunächst der Staat prima facie nachweisen, daß der Rechtsstreit einen seiner Hoheitsakte betrifft. Daraufhin muß der Kläger Beweis für das Vorliegen zumindest einer der Immunitätsausnahmen erbringen und schließlich der Beklagte diesen Beweis entkräften.[29] Die Gerichte folgen dieser Regel.[30] Trotz ihrer auf den

[25] § 1608 (e); analog die Voraussetzungen eines Versäumnisurteils gegen die USA in FRCP, Rule 55 (e).

[26] Ipitrade International, S.A. v. Federal Republic of Nigeria, 465 F.Supp. 824 (D.C.D.C. 1978); International Association of Aerospace Workers, (IAM), v. Organization of Petroleum Exporting Countries, (OPEC), 477 F.Supp. 533 (D.C.Cal. 1979), aff'd 649 F.2d 1354 (C.A.Cal. 1981); de Letelier v. Republic of Chile, 488 F.Supp. 665 (D.C.D.C. 1980).

[27] Sec. 1 (2); entspr. Art. 15 EK.

[28] H.R.Rep. 17 = ILM 15 (1976) 1407; ebenso die Beweislast hinsichtlich einer Act of State-Einrede, vgl. Alfred Dunhill of London, Inc. v. The Republic of Cuba, 425 U.S. 682, 691 (1976).

[29] H.R.Rep. 17 = ILM 15 (1976) 1407.

[30] Siehe Jet Line Services, Inc. v. M/V Marsa El Hariga 462 F.Supp. 1165, 1171 f. (D. Md. 1978); Arango v. Guzman Travel Advisors Corp., 621 F.2d 1371, 1378 (5th Cir. 1980); de Sanchez v. Banco Central de Nicaragua, 515 F.Supp. 900, 903 (E.D.Lou. 1981).

ersten Blick etwas anspruchsvollen Dialektik entspricht sie letztlich den Anforderungen, die das deutsche Zivilprozeßrecht an die Führung eines Negativbeweises stellt.[31]

Im englischen Recht ist die Frage der Beweislastverteilung ungeklärt. Die Ansichten im Schrifttum sind geteilt.[32] Aus einzelnen Beweislastregelungen wird man kein durchgehendes Prinzip ableiten können.[33] Es darf jedoch als wahrscheinlich gelten, daß die Gerichte hier im Anschluß an die gesetzliche Regel-Ausnahme-Systematik anders als nach amerikanischem Recht den Beweis für das Vorliegen einer der Immunitätsausnahmen dem Kläger aufgeben werden.

D. Dispositivität der Immunitätsbestimmungen?

Die einzelnen Immunitätsausnahmen des FSIA und des SIA fußen auf der Grundkonzeption, daß ein Staat (nur) im Hinblick auf bestimmte Arten von Streitgegenständen keine Immunität verdient. Wollen die Parteien darüber hinaus im Einzelfall übereinstimmend eine gerichtliche Sachentscheidung ihres Streits herbeiführen, so ist dies unproblematisch dadurch möglich, daß der Staat vorprozessual oder noch während des Prozesses auf seine Immunität verzichtet.[34] Größere Schwierigkeiten bereitet der umgekehrte Fall, in dem die Parteien von dem gesetzlichen Regelungsmodell zugunsten des Staates abweichen und Immunität verabreden, wo ansonsten kraft Gesetzes Jurisdiktion gegeben wäre. Kann so wie der Staat auf seine Immunität der Private auf seinen Rechtsschutzanspruch verzichten?

Im englischen Recht stehen einige der Immunitätsausnahmen ausdrücklich unter dem Vorbehalt einer anderweitigen schriftlichen Vereinbarung zwischen den Parteien. Hiervon sind alle Immunitätsausnahmen betroffen, die an eine Vertragsbeziehung zwischen Privatem und Staat anknüpfen und daher für eine abweichende Parteiüberein-

---

[31] Dort gilt bekanntlich der Grundsatz, daß die beweisbelastete Partei nicht ein negativum nachzuweisen, sondern das von dem Gegner vorzutragende positivum zu widerlegen hat, so vor allem RG, Recht 1911 Nr. 3077; JW 1926, 2843; BGH, NJW 1958, 1188; VersR 1966, 1021; NJW 1981, 577.

[32] Einerseits Lewis, Immunity, 3.25 sowie ders., LMCLQ 1980, 2; andererseits Mann, B.Y.I.L. 50 (1979) 62 (auf S. 58 allerdings unverständlicherweise gegenteilig im Bereich von sec. 10 SIA).

[33] Das gilt entgegen Mann (FN 32) auch für sec. 6 (4) a.E., die im übrigen vorrangig nicht die Beweislast, sondern den erforderlichen Nachweisgrad und vor allem nicht eine Immunitäts*ausnahme*, sondern eine Immunitäts*voraussetzung* betrifft (hierzu näher unten § 5 B II 7). Als Ausfluß eines allgemeinen Grundsatzes käme daher eher noch sec. 13 (5) in Betracht.

[34] Dazu im einzelnen unten § 5 A.

kunft praktisch in erster Linie in Betracht kommen.[35] Das beruht auf entsprechenden Bestimmungen in der Europäischen Konvention.[36] Demzufolge können die Parteien die in dieser Weise eingeschränkten Immunitätsausnahmen abbedingen, indem sie durch privatschriftlichen Vertrag beispielsweise einzelne oder pauschal sämtliche Immunitätsausnahmen des SIA ausschließen oder sogar eigens Immunität vereinbaren. Eine derartige unter Beachtung des Formerfordernisses der Schriftlichkeit getroffene Abrede ist offenbar ohne weiteres wirksam, ohne daß sie vom Gericht etwa auf ihre Angemessenheit hin überprüft werden könnte. Angesichts der oftmals wirtschaftlich überlegenen Stellung des Staates gegenüber dem Einzelnen ist die Gewährung uneingeschränkter Parteiautonomie ohne jegliche gerichtliche Mißbrauchskontrolle in diesem Bereich rechtspolitisch nicht unbedenklich.

Das amerikanische Gesetz schweigt sich über die Möglichkeit einer vertraglichen Abbedingung der Immunität aus. Gewiß scheint nur, daß die Vereinbarung eines außeramerikanischen Vertragsstatuts die Maßgeblichkeit des FSIA nicht berührt.[37] Alles weitere harrt richterlicher Klärung. Aufgrund des Umstandes, daß die Gerichte im allgemeinen im Bereich der internationalen Zuständigkeit Derogationsklauseln mit gewisser Skepsis begegnen,[38] wird man allerdings die Prognose wagen dürfen, daß sie auch entsprechende Immunitätsabreden nicht ohne weiteres und jedenfalls nicht ohne Vorliegen eines sie rechtfertigenden „vernünftigen Grundes" anerkennen werden.

E. Immunität und internationale Zuständigkeit

Sowohl das amerikanische als auch das englische Recht enthalten in den einzelnen Immunitätsausnahmen jeweils Merkmale, die einen räumlichen Bezug zum Gerichtsstaat voraussetzen.[39] Auf diese Weise werden die Aspekte der Gerichtsbarkeit und der internationalen Zuständigkeit miteinander verbunden. Für Klagen gegen ausländische Staaten gelten infolgedessen eigene Regeln über die internationale Zuständigkeit. Daß der Gesetzgeber sein Augenmerk auch auf die Frage der erforderlichen Verknüpfung des Streits mit seinem Staatsgebiet richtet, liegt nahe; denn die Ausübung der Jurisdiktion über

---

[35] Sections 3 (2), 4 (2)(c), 8 (2), 9 (2).

[36] Artt. 4 (2)(b), 5 (2)(c), 6 (2), 7 (2), 12 (1).

[37] So auch Brower/Bistline/Loomis, A.J.I.L. 73 (1979) 206 f.

[38] Siehe hierzu Leflar, S. 100 f. und Schröder, S. 435—449, jew.m.w.Nachw. auf die weitläufige Judikatur.

[39] Eine Ausnahme im amerikanischen Recht bildet die Regel über den Immunitätsverzicht. Zu den dadurch entstehenden Problemen siehe unten § 5 A I bei FN 27 ff.

andere Staaten kann außenpolitische Komplikationen gleichermaßen deshalb hervorrufen, weil der betroffene Staat die Unterwerfung unter ein gerichtliches Verfahren schlechthin oder wegen der besonderen Art des streitigen Rechtsverhältnisses als Verletzung seiner Würde und Souveränität empfindet oder weil er das Vorliegen eines die internationale Zuständigkeit rechtfertigenden Umstandes leugnet und die Inanspruchnahme von Jurisdiktion aus diesem Grund für anmaßend erachtet.

Obwohl in beiden Gesetzen daher Merkmale der internationalen Zuständigkeit in die einzelnen Immunitätsausnahmen eingebaut sind, besteht in dieser Hinsicht doch ein bedeutsamer Unterschied zwischen englischem und amerikanischem Recht. Im englischen Recht lassen die Immunitätsausnahmen die allgemeinen Bestimmungen über die internationale Zuständigkeit unberührt. Die Zuständigkeitsanknüpfungen innerhalb des SIA sind daher jeweils zusätzlich zu den allgemeinen Zuständigkeitsregeln zu prüfen.[40] Im Gegensatz dazu besteht nach amerikanischem Recht gem. § 1330 (b) FSIA immer dann Jurisdiktion, wenn eine der Immunitätsausnahmen eingreift und die Klage nur ordnungsgemäß[41] zugestellt worden ist. Die Gesetzesmaterialien heben hervor, daß der FSIA zugleich eine Federal long-arm statute darstellt.[42] Das amerikanische Gesetz behandelt daher abschließend auch die Problematik der internationalen Zuständigkeit. Ist eine der Immunitätsausnahmen erfüllt, so steht die Jurisdiktion der amerikanischen Gerichte fest. Allein offen und richterlich zu klären ist die Frage, ob die Gerichte die ihnen durch Gesetz verliehene Zuständigkeit annehmen müssen oder ob sie deren Ausübung im Einzelfall nach den Grundsätzen des forum non conveniens[43] ablehnen können.[44]

---

[40] Das ist der Sinn von sec. 12 (7) a.E.; die Formulierung erklärt sich aus dem englischen System der Zustellungszuständigkeit (siehe Schröder, S. 89—92), wonach internationale Zuständigkeit gegeben ist, wenn nach den RSC eine Zustellung der Klage im Ausland bewilligt werden kann.

[41] D.h. gem. den Zustellungsbestimmungen in § 1608.

[42] H.R.Rep. 13 = ILM 15 (1976) 1405; allg. zu den sog. long-arm statutes, mit denen die Einzelstaaten jeweils ihre internationale Zuständigkeit geregelt haben, etwa Hay, RabelsZ 35 (1971) 431; Leflar, S. 65—68; Schröder, S. 91 bei und in FN 49.

[43] Zu dieser Doktrin grundsätzlich und allgemein: Schröder, S. 486—504; zu ihrer Bedeutung in den USA: Leflar, S. 97—100; Weintraub, § 4.33 (S. 205—212).

[44] Für die Anwendbarkeit von forum non conveniens etwa Carl, Sw.L.J. 33 (1979) 1066; tendenziell auch Delaume, A.J.I.L. 71 (1977) 407; ders., J.Mar. L. & Comm. 8 (1977) 358 f.; ders., Clunet 105 (1978) 198; ders., A.J.I.L. 74 (1980) 650. Dagegen spricht eine Stelle in den Gesetzesmaterialien, wonach „claimants will clearly benefit from ... the certainty that section 1330 (b) of the bill confers personal jurisdiction over a foreign state in Federal and State courts as to every claim for which the foreign state is not entitled to immunity", H.R.Rep. 27 = ILM 15 (1976) 1412. — Eine Anwendung der forum

F. Immunität und Act of State

Die Act of State-Doktrin verbietet den Gerichten, Hoheitsakte, die ein anerkannter ausländischer Staat innerhalb seines Staatsgebietes vorgenommen hat, auf ihre Gültigkeit und Gesetzmäßigkeit hin zu überprüfen. Die Doktrin ist bekanntlich ein fester Bestandteil des amerikanischen Rechts.[45] Im englischen Recht hat sie hingegen nur in sehr beschränktem Maße Fuß gefaßt.[46]

Sobald ein ausländischer Staat verklagt ist, kommt die Act of State-Doktrin regelmäßig neben der Immunitätsproblematik ins Spiel. Der beklagte Staat wird sich häufig nicht nur auf seine Immunität berufen und damit a limine die Jurisdiktion bestreiten, sondern sich zusätzlich damit verteidigen, daß seine angeblich Rechte des Klägers verletzenden Handlungen Hoheitsakte darstellen, deren Rechtmäßigkeit zu beurteilen dem Gericht nach der Act of State-Doktrin verwehrt ist. Trotz geringfügiger Unterschiede in der theoretischen Herleitung und dogmatischen Einordnung der beiden Rechtsinstitute[47] führen eine erfolgreiche Immunitäts- und eine erfolgreiche Act of State-Einrede in Verfahren gegen ausländische Staaten zu demselben praktischen Ergebnis, daß der Kläger rechtsschutzlos gestellt wird. Darüber hinaus sind auch die Voraussetzungen der Act of State-Doktrin und der Immunität gerade auf der Grundlage der Lehre der eingeschränkten Immunität weitgehend deckungsgleich: Ob ein Act of State vorliegt bzw. ob der Staat hoheitlich gehandelt hat und damit ratione materiae Immunität genießt, muß man sinnvollerweise nach denselben Kriterien entschei-

non conveniens-Regeln speziell bei Klagen von Ausländern befürwortet die Note, in: Yale L.J. 90 (1981) 1871—1879.

[45] Eingehend Folz, passim. Seither insbes. Alfred Dunhill of London, Inc. v. The Republic of Cuba, 425 U.S. 682 (1976) = ILM 15 (1976) 737. Aus dem seitherigen Schrifttum: Leigh/Sandler, Virginia J.Int.L. 16 (1975/76) 685 ff.; Friedman/Blau, St. John's L.Rev. 50 (1976) 666 ff.; Williams, Vand.J.Transnat'l L. 9 (1976) 735 ff.; Bohmann, B.C.Indust. & Comm.L.Rev. 18 (1977) 318 ff.; Golbert/Bradford, Sw.U.L.R. 9 (1977) 1 ff.; Gordon, Rut.CamL.J. 8 (1977) 595 ff.; Jacobs/King/Rodriguez, Harv.Int.L.J. 18 (1977) 677 ff., Wolfe, Fordh. L.R. 46 (1977) 295 ff.; Cooper, Loyola U.L.J. 11 (1980) 193 ff.; Krane, N.Y.U.J. Int'l L. & Pol. 12 (1980) 599 ff.; Mathias, L. & Pol. Int'l Bus. 12 (1980) 369 ff.; Dellapenna, Comm.L.J. 86 (1981) 442 ff. Zur Act of State-Doktrin speziell in Verfahren auf Anerkennung eines Schiedsspruchs: Pavlis, N.Y.U.J. Int'l L. & Pol. 14 (1981) 77 ff.

[46] Siehe Buttes Gas and Oil Co. v. Hammer [1975] Q.B. 557, 572—574 (per Lord Denning, M.R.), 578—580 (per Roskill, L.J.); siehe aber auch die Oberhausentscheidung in dems. Verfahren, [1981] 3 W.L.R. 787, 803 ff. (per Lord Wilberforce) m.Anm. Collier, Camb.L.J. 41 (1982) 18—21; vgl. im übrigen Dicey/Morris I, S. 94 ff. m.w.Nachw. sowie Singer, A.J.I.L. 75 (1981) 283 ff., insbes. 284—296 und 302—310.

[47] Hierzu etwa Sinclair, Recueil 167 (1980 II) 198 f. und 213 f.; Schaumann, BerDGesVR 8 (1968) 68—71; Strebel, RabelsZ 44 (1980) 68—71. Zum Teil allerdings stark vergröbernd auch Hill, RabelsZ 46 (1982) 120, 123—125.

den.[48] Es ist daher nicht verwunderlich, daß amerikanische Gerichte in der Vergangenheit bei der Entscheidung über einen Act of State-Einwand bisweilen auch immunitätsrechtliche Präjudizien und umgekehrt bei der Entscheidung einer Immunitätseinrede auch Act of State-Entscheidungen herangezogen haben, um privates und hoheitliches Staatshandeln voneinander abzugrenzen.

All dies bereitet die Antwort auf die Frage vor, inwieweit ein Staat künftig neben der Immunität die Act of State-Doktrin noch als eigenständige Verteidigung geltend machen kann. Die einzig richtige Lösung besteht darin, bei Eingreifen einer der Immunitätsausnahmen auch die Anwendbarkeit der Act of State-Doktrin zu verneinen. Zwar hat der FSIA — und erst recht der SIA — die Act of State-Doktrin nicht zum Thema. Was jedoch immunitätsrechtlich als „private act" nicht immun ist, kann nicht gleichzeitig ein hoheitlicher Act of State sein. Es wäre überdies widersinnig, zunächst Jurisdiktion zu bejahen, weil sich der betreffende Staat der Gerichtsbarkeit unterworfen hat oder der Rechtsstreit einen der Jurisdiktion unterliegenden Sachverhalt betrifft, dann jedoch wegen eines angeblichen Act of State eine Sachprüfung abzulehnen. Die hier befürwortete Gleichschaltung von Immunitätsrecht und Act of State-Doktrin ist im übrigen keine neuartige Idee: In der Supreme Court-Entscheidung Dunhill v. Cuba haben vier der neun Richter ausdrücklich dafür gehalten, daß immer dann, wenn eine Immunitätsausnahme eingreift, nach dem Sinn der Immunitätsausnahmen auch eine Ausnahme vom Anwendungsbereich der Act of State-Doktrin angenommen werden müsse.[49] Auch eine Stelle in den Materialien zum FSIA greift diesen Gedanken auf und ermutigt die Gerichte dazu, die in den Immunitätsausnahmen liegenden Rechtsschutzgarantien einzulösen und sie nicht über die Act of State-Doktrin zu unterlaufen:

> „The committee has been advised that in some cases, after the defense of sovereign immunity has been denied or removed as an issue, the act of state doctrine may be improperly asserted in an effort to block litigation ... For example, in the Supreme Court's recent decision in Dunhill v. Republic of Cuba ... the respondent having brought suit (and thus clearly having waived the defense of sovereign immunity) attempted to assert

---

[48] Die Grundthese von Hill (FN 47), S. 120, 123 f., wonach die Immunität ratione personae an den Status des Beklagten, die Act of State-Doktrin jedoch ratione materiae an dessen Verhalten anknüpfe, trifft in dieser allgemeinen Form allenfalls für das Regime der absoluten, nicht aber für das der gerade nach der Art der Staatstätigkeiten differenzierenden beschränkten Immunität zu; der angebliche weitere Unterschied, daß es bei der Act of State-Doktrin anders als im Rahmen der Immunität wesentlich auf die Natur der betreffenden Tätigkeit ankomme (S. 124), erledigt sich schon durch einen Blick in die zentrale Immunitätsbestimmung des § 1603 (d) FSIA, zu dieser unten § 5 B I 1 a.

[49] aaO (FN 45) 695 ff., insbes. 705.

that a refusal to pay a commercial obligation was not reviewable because it was an „act of state".

The committee has found it unnecessary to address the act of state doctrine in this legislation since decisions such as the Dunhill case demonstrate that our courts already have considerable guidance enabling them to reject improper assertions of the act of state doctrine. For example, it appears that the doctrine would not apply to the cases covered by H. R. 11315[50], whose touchstone is a concept of „commercial activity" involving significant juisdictional contacts with this country. The conclusions of the committee are in concurrence with the position of the government in its amicus brief to the Supreme Court in the Dunhill case where the Solicitor General stated:

„[U]nder the modern restrictive theory of sovereign immunity, a foreign state is not immune from suit on its commercial obligations. To elevate the foreign state's commercial acts to the protected status of ‚acts of state' would frustrate this modern development by permitting sovereign immunity to reenter through the back door under the guise of the act of state doctrine." (Amicus Brief of United States, p. 41)."[51]

Nach alledem darf richtigerweise die Act of State-Doktrin in Klagen gegen ausländische Staaten keine Rolle mehr spielen.[52] Das schließt allerdings nicht aus, daß einzelne Gerichte fälschlich dennoch auf die unkodifizierte und konturenlose Act of State-Doktrin zurückgreifen, um beispielsweise in politisch brisanten Fällen eine bestimmte Staatstätigkeit als nicht nachprüfbar hinnehmen und damit einer Sachprüfung aus dem Wege gehen zu können. Ein Beispiel hierfür ist die Berufungsentscheidung über eine Klage gegen die OPEC-Staaten wegen wettbewerbswidriger Preisabsprachen, in der das Gericht die immunitätsrechtliche Problematik offenließ und die Preisabsprachen kurzerhand zu Acts of State erklärte, um nicht zur Sache Stellung nehmen zu müssen.[53]

---

[50] Bezeichnung der Vorlage des FSIA im Repräsentantenhaus.

[51] H.R.Rep. 20 = ILM 15 (1976) 1408.

[52] Ebenso in der Rspr.: National American Corporation v. Federal Republic of Nigeria, 448 F.Supp. 622, 640 (S.D.N.Y. 1978), aff'd 597 F.2d 314 (2d Cir. 1979), wonach der FSIA und die Act of State-Doktrin „in tandem" auszulegen sind; Outboard Marine Corporation v. Pezetel, 461 F.Supp. 384, 398 (D.Del. 1978), wonach die Act of State-Doktrin künftig „im Lichte" des FSIA zu würdigen ist; weiterhin de Letelier v. Republic of Chile, 488 F.Supp. 665, 674 (D.D.C. 1980). Wie hier in der Literatur: Bohmann, B.C. Indust. & Comm. L.Rev. 18 (1977) 339—346; Rich, Virg.J.Int'l L. 19 (1979) 687—689; wohl auch Martin, Harv.Int. L.J. 18 (1977) 455 FN 134 und Weber, Yale St.W.P.O. 3 (1976) 3; vgl. ferner Singer, A.J.I.L. 75 (1981) 299—301 und 319—323 sowie Henkin/Pugh/Schachter/Smit, S. 516 f.

[53] International Association of Machinists and Aerospace Workers, (IAM), v. Organization of Petroleum Exporting Countries, (OPEC), 649 F.2d 1354, 1359 f. (9th Cir. 1981); näher zu diesem Fall unten § 5 B I 1 bei FN 86—88, 124; ähnlich bereits Meal/Trachtman, Harv.Int.L.J. 20 (1979) 642—644 und 656—660. Ferner die erstinstanzliche und insgesamt oberflächliche Entscheidung Libyan American Oil Corporation v. Socialist People's Libyan Arab

G. Immunitätsgesetze und internationale Abkommen

Gem. §§ 1604, 1609 tritt der FSIA zurück, sofern ein internationales Abkommen zwischen den USA und dem beklagten Staat die Immunität abweichend von den allgemeinen Bestimmungen des FSIA regelt. Dieser Vorbehalt war notwendig, um dem Umstand Rechnung tragen zu können, daß die USA mit zahlreichen Staaten bilaterale Freundschaftsverträge eingegangen sind, die jeweils auch Klauseln über die Behandlung der Immunität enthalten.[54] Die Klauseln in diesen in der Zeit nach dem 2. Weltkrieg geschaffenen Verträgen sind in Sprache und Tragweite nicht auf die Immunitätsausnahmen des FSIA abgestimmt, so daß zwischen FSIA und einem derartigen Vertrag nicht einfach zu lösende Konkurrenzprobleme entstehen können.[55] Dabei entscheidet jeweils die Auslegung des einschlägigen Vertrages darüber, ob dieser eine vom FSIA abweichende und somit diesem vorgehende Regelung enthält.

Im englischen Recht kann die Krone gem. sec. 15 (1) (b) SIA durch Verordnung die nach dem SIA bestehende Immunität für bestimmte Staaten erweitern, wenn das Vereinigte Königreich durch völkerrechtlichen Vertrag zu einer weitergehenden Immunitätsgewährung verpflichtet ist. Eine entsprechende Verordnung, die gegenüber sec. 10 in rem-Klagen gegen Staatsschiffe einschränkt, ist im Verhältnis zur Sowjetunion ergangen.[56]

H. Zulässige Rechtsfolgenentscheidungen gegen den Staat

Greift die Immunitätseinrede nicht durch und bestehen auch sonst keine prozessualen Hindernisse, so entscheidet das Gericht zur Sache

---

Jamahirya, 482 F.Supp. 1175 (D.C.D.C. 1980) und hierzu mit Recht kritisch Pavlis, N.Y.U.J. Int'l L. & Pol. 14 (1981) 65 ff. Siehe aber auch die angesichts der Weite des § 1607 (Immunitätsverlust gegenüber Widerklagen; dazu unten § 5 A I bei FN 13 ff.) noch zu verstehende Entscheidung Empresa Cubana Exportadora de Azucar y Sus Derivados v. Lamborn & Company, Inc., 652 F.2d 231, 238 f. (2d Cir. 1981): neben § 1607 ist Act of State-Doktrin weiter anwendbar.

[54] Derartige Verträge verbinden die USA mit Dänemark, der Bundesrepublik Deutschland, Griechenland, Haiti, Iran, Irland, Israel, Italien, Japan, Kolumbien, Republik Korea, Nikaragua, Niederlande, Uruguay. Zusammenstellung mit Fundstellen bei Atkeson/Perkins/Wyatt, A.J.I.L. 70 (1976) 309 in FN 46 sowie bei Weber, Yale St.W.P.O. 3 (1976) 79 in FN 113.

[55] Das belegen auch die gegenteiligen Entscheidungen Behring International, Inc. v. Imperial Iranian Air Force, 475 F.Supp. 383, 393—395 (D.C.N.J. 1979) und Reading & Bates Corporation v. National Iranian Oil Company, 478 F.Supp. 724, 728 f. (S.D.N.Y. 1979). Vgl. im übrigen auch Atkeson/Perkins/Wyatt, A.J.I.L. 70 (1976) 308 f.

[56] The State Immunity (Merchant Shipping) (Union of Soviet Socialist Republics) Order 1978, S.I. 1978 No. 1524.

wie gegen private Beklagte. Das anwendbare materielle Recht bestimmt sich nach internationalem Privatrecht. Ist die Klage ganz oder zum Teil begründet, wird der beklagte Staat dementsprechend verurteilt. Beide hier besprochenen Rechte schränken jedoch die Arten der gegen einen Staat festsetzbaren Rechtsfolgen ein.

Nach englischem Recht kann das Gericht den Staat nicht zur Herausgabe von beweglichen oder unbeweglichen Sachen, zur Vertragserfüllung, zur Vornahme einer Handlung oder zu einer Unterlassung verurteilen.[57] Eine — mehr theoretische — Ausnahme ist für den Fall vorgesehen, daß der Staat schriftlich auf dieses Privileg verzichtet hat.[58] Durch diese Bestimmung wird der Bereich der gegen einen Staat praktisch in Betracht kommenden Leistungsurteile auf Zahlungsurteile reduziert. Statt auf Herausgabe, Erbringung einer vertraglich geschuldeten Primärleistung, Tun oder Unterlassen zu erkennen, kann das Gericht als Rechtsfolge lediglich Schadensersatz in Geld zusprechen. Dem liegt offenbar die Vorstellung zugrunde, daß die Gerichte — insbesondere auch im Hinblick auf eine spätere Vollstreckung — zwar unter bestimmten Voraussetzungen das Vermögen eines ausländischen Staates antasten, aber nicht dessen Verhalten sollen reglementieren können. Dieses Privileg kommt daher auch nur dem verhältnismäßig engen Kreis von Immunitätsträgern zu, denen das englische Recht die volle Immunität eines Staates zuerkennt. Gegen die sog. selbständigen Einheiten als Immunitätsträger zweiter Ordnung[59] kann das Gericht beliebige Rechtsfolgen festsetzen. Die selbständigen Einheiten werden nur dann wie die Staaten selbst behandelt, wenn sie nach der Art des Streitgegenstandes immun gewesen wären, das Verfahren jedoch infolge eines („konstitutiven") Immunitätsverzichts zulässig geworden ist.[60]

Nach amerkanischem Recht ist das Gericht hinsichtlich des Inhalts seiner Entscheidung im Erkenntnisverfahren demgegenüber frei. Lediglich Schadensersatz mit Strafcharakter (punitive damages)[61] darf das Gericht nicht gegen Staaten zuerkennen, wohl aber gegen die ansonsten auch als Staat geltenden Behörden und Einrichtungen.[62] Hiervon abgesehen kann das Gericht den Staat zu jedweder Leistung, also insbesondere auch zur Herausgabe, zur Vornahme oder zur Unterlassung einer Handlung verurteilen. Unklar ist hingegen, inwieweit derartige

[57] Sec. 13 (2)(a). Das ist analog der Regel über Verfahren gegen die Krone in sec. 21 (1)(a) Crown Proceedings Act 1947.

[58] Sec. 13 (3).

[59] Zum Begriff unten § 4 B.

[60] Sections 13 (2)(a), 14 (1) und (3).

[61] Hierzu etwa Prosser, S. 9—14.

[62] § 1606. Zum Begriff der Behörden und Einrichtungen unten § 4 A.

Anordnungen vollstreckbar sind. Die Schwierigkeiten rühren daher, daß die Vollstreckungsbestimmungen des FSIA nur die zwangsweise Befriedigung aus bestimmten Arten von Vermögen behandeln. Unproblematisch ist daher insofern nur die Vollziehung eines Herausgabetitels: Eine Vollstreckung ist zulässig, sofern der betreffende Gegenstand nach den allgemeinen Ausnahmen von der Vollstreckungsimmunität nicht-immunes Vermögen darstellt. Urteile oder Beschlüsse, die auf Vornahme oder Unterlassen eines bestimmten Tuns lauten (mandatory bzw. prohibitory injunctions), werden jedoch im amerikanischen Recht generell im Wege eines eigenen Contempt of Court-Verfahrens durchgesetzt.[63] Ein strafrechtliches Contempt of Court-Verfahren würde unter Umständen die Vollstreckungsimmunität nach FSIA umgehen und dürfte daher generell unstatthaft sein. Allein in Betracht kommt daher ein ziviles Contempt of Court-Verfahren mit dem Ziel, dem Schuldnerstaat wegen der Mißachtung der gerichtlichen Anordnung eine Geldbuße aufzuerlegen und diese in Vermögen zu vollstrecken, das nach dem FSIA keine Immunität genießt. Ob die Gerichte bereit sein werden, derartige Verfahren durchzuführen, läßt sich nicht beurteilen. Die Gesetzesmaterialien äußern sich ausweichend.[64] Das Schrifttum ist, soweit es die Problematik überhaupt anreißt, skeptisch.[65] Die Frage ist insbesondere im Hinblick auf Unterlassungsklagen im Wettbewerbsrecht von nicht unerheblicher Bedeutung, zumal nach amerikanischem Recht auch den in Staatsbesitz befindlichen Handelsunternehmen Immunität zukommt.

---

[63] Näheres etwa in American Jurisprudence 2d, vol. 17, Stichwort „Contempt".

[64] H.R.Rep. 22 = ILM 15 (1976) 1410.

[65] Vgl. Carl, Sw.L.J. 33 (1979) 1046; Simmons, Ford.L.R. 46 (1977) 570.

§ 4: Immunitätsträger

Jedes Immunitätskonzept muß entscheiden, welchen Rechtspersonen im einzelnen Immunität gewährt werden soll. Wohl alle modernen Flächenstaaten haben die von ihnen wahrgenommenen Aufgaben teilweise dezentralisiert oder dekonzentriert und dabei häufig auf rechtlich selbständige Einheiten übertragen. Das wirft die Frage auf, ob der Forumstaat Immunität von vornherein nur dem ausländischen Zentralstaat als solchem oder in gewissem Umfang auch dessen sonstigen Einrichtungen bis hin zu von ihm beherrschten Wirtschaftsunternehmen gewähren will.

A. USA

Das amerikanische Recht zieht den Kreis der Immunitätsträger weit. Gemäß § 1603 (a) umfaßt der Begriff des Staates i. S. d. FSIA neben dem Zentralstaat als solchem zunächst dessen politische Gebietskörperschaften (political subdivisions). Entgegen dem bisher schwankenden Rechtszustand[1] genießen damit beispielsweise Provinzen, Gliedstaaten, Kantone und örtliche Verwaltungseinheiten ebenfalls Immunität. Als Staat gilt außerdem jede Behörde oder Einrichtung (agency or instrumentality) eines fremden Staates. Dieser Begriff ist seinerseits denkbar weit gefaßt. Nach der Legaldefinition in § 1603 (b) kommt hierfür zunächst jedwede Einheit mit eigener Rechtspersönlichkeit in Betracht, also insbesondere auch eine privatrechtlich gegründete Gesellschaft.[2] Um diese Einheit einem ausländischen Staat zurechnen zu können, müssen zwei Voraussetzungen erfüllt sein. Die Einheit muß

i) entweder ein Organ des betreffenden Staates sein oder in dessen Mehrheitsbesitz stehen[3] und

---

[1] Einerseits Schneider v. City of Rome, 193 Misc., 180, 181 f., 83 N.Y.S.2d 756 (N.Y. City Ct. 1948); andererseits Sullivan v. State of Sao Paulo, 122 F.2d 355, 358—360 (2d Cir. 1941); Johns-Manville International Corporation v. Insul-Fil Corporation, 41 Misc. 2d 233, 245, N.Y.S.2d 14 (Sup.Ct. N.Y. City 1963), aff'd 21 A.D.2d 764, 250, N.Y.S.2d 445 (App.Div., 1st Dep. 1964). — Zur entsprechenden Problematik innerhalb der Act of State-Doktrin: Carl Zeiss Stiftung v. V.E.B. Carl Zeiss, Jena, 293 F.Supp. 892 (S.D.N.Y. 1968), aff'd 433 F.2d 686 (2d Cir. 1970).

[2] Ob die Einheit eigene Rechtspersönlichkeit besitzt, richtet sich nach dem jeweiligen Gründungsstatut.

[3] § 1603 (b)(2).

ii) nach dem Recht des Staates gegründet sein, dessen Immunität sie beansprucht, und ihren Sitz außerhalb der USA haben[4].

Die erste dieser beiden Voraussetzungen orientiert sich deutlich an den beiden Grundformen staatlicher Organisation westlicher Prägung: ihre erste Alternative soll alle Behörden und sonstige Hoheitsträger erfassen, die der Staat aus welchen Gründen auch immer mit eigener Rechtsfähigkeit ausgestattet hat; die zweite ist auf privatrechtliche Vereinigungen zugeschnitten, in denen der Staat mehr als 50 % der Anteile hält. — Die zweite Voraussetzung soll diejenigen Einheiten von der Immunität ausnehmen, deren Schwerpunkt sich nicht im Gebiet ihres Trägerstaates befindet. Sie spiegelt in ihrer grundsätzlichen Anknüpfung an das Gründungsrecht das im anglo-amerikanischen internationalen Recht maßgebliche Gesellschaftsstatut. Der Grund dieser Einschränkung liegt darin, daß nach der Vermutung des Gesetzgebers die von einem Staat nach dem Recht eines fremden Staates errichteten juristischen Personen regelmäßig zu kommerziellen und privatrechtlichen Zwecken eingesetzt werden.[5] Entsprechend der Konzeption des amerikanischen Rechts, die Immunität auf hoheitliche (iure imperii) Aktivitäten fremder Staaten zu beschränken, wurden solche Personen von vornherein von der Immunität ausgenommen. Dieselbe ratio steht hinter der Klausel, daß die betreffende Einheit ihren Sitz nicht in den USA haben darf. Infolgedessen büßt z. B. ein Staatshandelsunternehmen seine Immunität ein, wenn es den Vertrieb am amerikanischen Markt durch eine eigene Tochtergesellschaft durchführt, die nach dem Recht eines der Bundesstaaten gegründet ist oder ihre Hauptniederlassung in den USA hat.

Mit dieser Begriffsbestimmung verwirft das amerikanische Recht andere Kriterien, die alternativ oder zusätzlich hätten in Betracht kommen können und in der völkerrechtlichen Diskussion eine gewisse Rolle gespielt haben. So ist insbesondere unerheblich, wie nahe die betreffende juristische Person mit der politischen Führung ihres Staates verbunden ist und ob sie überhaupt mit Hoheitsfunktionen betraut ist. Die gesetzliche Konzeption besteht darin, allen staatlich kontrollierten und von außerhalb der USA aus operierenden Organisationen zunächst ratione personae Immunität zuzugestehen und dann in einem zweiten Schritt durch Ausnahmen ratione materiae die zu gewährende Immunität auf den Bereich der hoheitlichen Staatstätigkeit zurückzuschneiden. Das führt dazu, daß im Ausgangspunkt staatliche Organisationen mit den verschiedensten Tätigkeiten als Behörden oder Einrichtungen an der Staatsimmunität teilhaben; u. a. wurden in der bisher zu § 1603 (a)

---

[4] §§ 1603 (b)(3), 1332 (c).

[5] Siehe H.R.Rep. 15 = ILM 15 (1976) 1406.

ergangenen Rechtsprechung als Immunitätsträger anerkannt: staatliche Außenhandels-[6] bzw. Nahrungsmitteleinfuhrorganisationen,[7] Flug-[8] und Schiffahrtsgesellschaften,[9] Ölgesellschaften,[10] ein Industrieunternehmen,[11] ein Ministerium für Zivile Luftfahrt,[12] Organisationen zur Förderung von Kultur[13] und Fremdenverkehr,[14] Energieversorgungsunternehmen,[15] die sowjetischen Nachrichtenagenturen TASS und Novosti Press[16] sowie ein Geheimdienst[17]. Aus deutscher Sicht genießen sämtliche Behörden von Bund, Ländern und Gemeinden als selbständige Einheiten Immunität, ferner beispielsweise die Bundespost, die einzelnen Flughafengesellschaften, die Lufthansa und die Salzgitter AG. Knapp unterhalb einer Staatsbeteiligung von 50 % und damit gerade außerhalb des Kreises der Immunitätsträger liegen etwa die Veba und die Volkswagen AG.[18]

---

6 East Europe Domestic International Sales Corp. v. Terra, 467 F.Supp. 383 (S.D.N.Y. 1979) = ILM 18 (1979) 977, aff'd 610 F.2d 806 (2d Cir. 1979); Outboard Marine Corporation v. Pezetel, 461 F.Supp. 384 (D.Del. 1979).

7 Gemini Shipping v. Foreign Trade Organization For Chemicals and Foodstuffs, 647 F.2d 317 (2d Cir. 1981) = ILM 20 (1981) 650, erstinstanzlich 496 F.Supp. 256 (S.D.N.Y. 1980).

8 Arango v. Guzman Travel Advisors Corporation, 621 F.2d 1371, 1378 (C.A.Fla. 1980); Herman v. El Al Israel Airlines, Ltd., 502 F.Supp. 277 (S.D. N.Y. 1980); Sugarman v. Aeromexico, Inc, 626 F.2d 270 (3rd Cir. 1980).

9 Jet Line Services, Inc. v. M/V Marsa El Hariga, 462 F.Supp. 1165 (D.Md. 1978); Amoco Overseas Oil Co. v. Compagnie Nationale Algerienne de Navigation, 459 F.Supp. 1242 (S.D.N.Y. 1978) = ILM 18 (1979) 109, aff'd 605 F.2d 648 (2d Cir. 1979); Paterson, Zochonis (U.K.) Ltd. v. Compania United Arrow, S.A., 493 F.Supp. 621 (S.D.N.Y. 1980); China National Chemical Import & Export Corp. v. M/V Lago Hualaihue, 504 F.Supp. 684 (D.Ma. 1981); Ruggiero v. Compania Peruana de Vapores „Inca Capac Yupanqui", 639 F.2d 872 (2d Cir. 1981); In the Matter of Rio Grande Transport, Inc., 515 F.Supp. 1155 (S.D.N.Y. 1981).

10 Carey v. National Oil Corporation, 453 F.Supp. 1097 (S.D.N.Y. 1978) = ILM 17 (1978) 1180, aff'd 592 F.2d 673 (2d Cir. 1979); Reading & Bates Corporation v. National Iranian Oil Company, 478 F.Supp. 724 (S.D.N.Y. 1979) = ILM 18 (1979) 1398.

11 Ohntrup v. Firearms Center Incorporated, 516 F.Supp. 1281 (D.C.Pa. 1981).

12 Upton v. Empire of Iran, 459 F.Supp. 264 (D.D.C. 1978) = ILM 18 (1979) 103 und Upton v. Department of Civil Aviation, 76 Civ. 2914 (S.D.N.Y. 1976).

13 United Euram Corp. v. Union of Soviet Socialist Republics, 461 F.Supp. 609 (S.D.N.Y. 1978); Gittler v. German Information Center, 408 N.Y.S.2d 600 (Sup.Ct.N.Y. City 1978)

14 Harris v. VAO Intourist, Moscow, 481 F.Supp. 1056 (S.D.N.Y. 1979).

15 Geveke & Co. International, Inc. v. Kompania Di Awa i. Elektrisidad Di Korsou, N.V., 482 F.Supp. 660 (S.D.N.Y. 1979).

16 Yessenin-Volpin v. Novosti Press Agency, Tass, 443 F.Supp. 849 (S.D. N.Y. 1978) = ILM 17 (1978) 720.

17 De Letelier v. Republic of Chile, 488 F.Supp. 665 (D.D.C. 1980) = ILM 19 (1980) 409.

18 Quelle: Commerzbank-Handbuch ‚Wer gehört zu wem', 14. Aufl., Frankfurt 1982.

Im großen und ganzen sind die Kriterien des § 1603 (b) relativ klar umrissen und dementsprechend leicht zu handhaben. Unsicherheiten treten allerdings im Verhältnis zu solchen Staaten auf, deren Gesellschafts- und Wirtschaftsordnung in einer Weise verfaßt ist, die sich von dem in § 1603 (b) zugrunde gelegten westlichen Modell unterscheidet. Das gilt namentlich für Staaten mit weitgehend staatlicher Wirtschaft. Etwa rechtlich verselbständigte Wirtschaftseinheiten aus Ländern des RGW scheinen auf den ersten Blick allesamt persönliche Immunität zu genießen. Anhand der Fassung des Gesetzes läßt sich dies jedoch nicht ohne weiteres begründen.[19] Da sie im allgemeinen nicht als Staatsorgane eingestuft werden können, sind sie ihrem Staat nur dann zuzurechnen, wenn sie in seinem „Mehrheitsbesitz" stehen. Dieses Abgrenzungsmerkmal ist auf privatrechtliche Gesellschaften abgestimmt, deren Beherrschung durch einen Staat sich anhand seiner Aktien oder Gesellschaftsanteile auf einfache Weise rechnerisch feststellen läßt, paßt jedoch nicht recht auf andere Formen staatlicher Wirtschaftsorganisation. Von den bisher vorliegenden Urteilen haben zwei die Problematik in bezug auf derartige Unternehmen mit Staats- bzw. sozialistischem oder sozialem Eigentum näher erörtert. Die eine Entscheidung gestand der sowjetischen Nachrichtenagentur Novosti Immunität mit der Begründung zu, 63 % der in ihrem Besitz befindlichen Gegenstände stünden in Staatseigentum und sie selbst sei eine wesensmäßig staatliche Organisation.[20] Im Gegensatz dazu wurde ein Elektrizitätserzeugungsunternehmen der jugoslawischen Arbeiterselbstverwaltung nicht als Behörde oder Einrichtung des jugoslawischen Staates angesehen; das Gericht befand, ein Wirtschaftssystem auf der Grundlage von Sozialeigentum genüge für sich genommen noch nicht, um jeder in ihm tätigen Einrichtung nach amerikanischem Recht den Status eines Immunitätsträgers zu verleihen; hinzu kam, daß nach den Feststellungen des Gerichts die Führung des beklagten Unternehmens nicht von den Staatsorganen kontrolliert wurde.[21] Andere juristische Personen Rumäniens, Polens, der UdSSR und Chinas wurden wie selbstverständlich und ohne nähere Begründung als Behörde oder Einrichtung ihrer Heimatstaaten eingestuft.[22] Die Gerichte scheinen daher zumindest prima facie juristische Personen aus sozialistischen Ländern als

---

[19] Siehe insbes. Peterson/Hoyt, Ga.J.Int'l & Comp.L. 9 (1979) 111 ff. und Thompson, Vand.J.Transnat'l L. 12 (1979) 165 ff. — Ferner Brower/Bistline/Loomis, A.J.I.L. 73 (1979) 202 f.; Isenstein/Migdal, Brooklyn J. Int'l L. 5 (1979) 191 ff.; Kahale/Vega, Colum.J.Transnat'l L. 18 (1979) 226 ff.

[20] Siehe o. FN 16.

[21] Edlow International Co. v. Nuklearna Elektrarna Krsko, 441 F.Supp. 827 (D.D.C. 1977).

[22] Siehe East Europe v. Terra (FN 6); Outboard Marine v. Pezetel (FN 6); Harris v. Intourist (FN 14); United Euram v. Union of Soviet Socialist Republics (FN 13); Paterson v. Compania United Arrow (FN 9).

„in Mehrheitsbesitz" des betreffenden Staates stehend zu erachten. Dies entspricht, auch wenn nur mit Mühe anhand der Buchstaben des § 1603 (b) zu belegen, zumindest in der Mehrheit der Fälle dem Geist des FSIA, im Ausgangspunkt alle unter substantiellem staatlichen Einfluß stehenden Einheiten für Immunitätszwecke mit dem hinter ihnen stehenden Staat zu identifizieren. Inwieweit die Gerichte künftig im Einzelfall, wenn eine Partei das Vorliegen staatlichen „Mehrheitsbesitzes" bestreitet, etwa zusätzlich für erheblich halten werden, in welchem Ausmaß die Staatsregierung die Unternehmensleitung steuert oder welche Arten von Tätigkeiten die betreffende Person ausübt, läßt sich nicht verläßlich absehen.

Das amerikanische Recht zeichnet sich dadurch aus, daß grundsätzlich allen Immunitätsträgern in gleichem Umfang Immunität gewährt wird. Auch Behörden und Einrichtungen unterliegen daher demselben Regime wie die Staaten als solche. Hiervon bestehen nur vier Ausnahmen. Gegen Behörden und Einrichtungen werden die Zustellungen erleichtert,[23] die Immunitätsausnahme für Verfahren zur Wiedergutmachung eines Völkerrechtsverstoßes erweitert,[24] das Verbot der Zuerkennung von Schadensersatz mit Strafcharakter (punitive damages) aufgehoben[25] und die Vollstreckung von Urteilen erleichtert[26]. Hiervon abgesehen genießen sie dieselben Vorrechte wie ihre Trägerstaaten.

B. England

Anders als das amerikanische gewährt das englische Recht im Ausgangspunkt nur einem engen Kreis von staatlichen Organen dieselbe Immunität, die auch der Körperschaft Staat als solcher zuteil wird. Gemäß sec. 14 (1) SIA umfaßt der Begriff Staat neben dem Staat als solchem lediglich noch das Staatsoberhaupt, die Regierung sowie die Regierungsorgane (departments of government).

Wann der Beklagte ein Staat bzw. dessen Oberhaupt oder Regierung ist, kann in einigen wenigen Fällen für ein Gericht schwierig zu ermitteln sein. Zu denken ist darüber hinaus an die etwa auftretende Problematik, welcher Staat oder welche Regierung überhaupt als solche anzuerkennen sind. In diesem Zusammenhang denkbare Zweifelsfragen unterliegen jedoch nicht gerichtlicher Erkenntnis: Gemäß sec. 21 (a) befindet hierüber abschließend und bindend eine Bestätigung des englischen Außenministeriums. Das entspricht der früheren Rechtslage[27].

---

[23] § 1610 (b).

[24] § 1605 (a)(3), dazu unten § 5 B I 2.

[25] § 1606, dazu oben § 3 H.

[26] § 1610 (b), dazu unten § 6 A I 2.

Von großer praktischer Bedeutung ist die demgegenüber von den Gerichten zu entscheidende Frage, welche organisatorischen Einheiten noch als departments of government anzusehen sind und damit an der Immunität ihres Trägerstaates teilhaben. Zwar wird einer Partei, die nicht als department of government anerkannt wird, die Berufung auf die Immunität damit noch nicht endgültig abgeschnitten. Sie unterliegt jedoch einem besonderen, den Erfolg der Immunitätseinrede erheblich erschwerenden Regime,[28] so daß die Entscheidung über den Status als department of government in vielen Fällen den Ausgang des Immunitätsstreits präjudiziert. — Der näheren Klärung des Begriffs wegen grenzt sec. 14 (1) die departments of government ab von den sogenannten selbständigen Einheiten (separate entities), die definitionsgemäß

i) parteifähig und (zusätzlich)

ii) von den Exekutivorganen der Regierung getrennt sind.

Von dieser Definition aus läßt sich für die Deutung des Begriffs department of government rückschließen, daß die Rechts- oder Parteifähigkeit eines Regierungsorganes für sich allein genommen immunitätsrechtlich noch nicht schadet. Ein Staat büßt seine Immunität nicht etwa bereits deshalb ein, weil er einzelne Aufgaben durch rechtlich verselbständigte Organe wahrnimmt.[29] Hier kommen vielmehr die beiden kumulativen Abgrenzungsmerkmale der Parteifähigkeit und der Trennung von den Regierungsorganen zum Zuge. Da diese Begriffsbestimmung im wesentlichen der jüngeren Praxis der Gerichte entspricht, werden Präjudizien aus der Zeit kurz vor Inkrafttreten des SIA in diesem Bereich weiterhin von Bedeutung sein.

Das erste dieser beiden Kriterien bereitet keine Schwierigkeiten: ob eine Einheit parteifähig ist, richtet sich nach dem Recht, unter dem sie errichtet worden ist. Die Parteifähigkeit ist allein eine Frage des (meist ausländischen) Rechts[30] und dürfte in aller Regel einigermaßen verläßlich zu ermitteln und unstreitig sein. Sehr viel größere Probleme wirft das weitere Merkmal auf, wonach nur solche Einheiten uneingeschränkt die Immunität ihres Trägerstaats für sich in Anspruch nehmen können, die zu den Exekutivorganen der Regierung gehören. Wann die Verbindung der betreffenden Einheiten zur Regierung eng genug ist, um noch

---

[27] Mighell v. Sultan of Johore [1894] 1 Q.B. 149 (C.A.); The Gagara [1919] P. 95 (C.A.); Duff Development Co. Ltd. v. Government of Kelantan [1924] A.C. 797 (H.L.); Government of the Republic of Spain v. S.S. „Arantzazu Mendi" [1939] A.C. 256, 263—265 (H.L.).

[28] Dazu unten § 5 B II 9 für das Erkenntnis- sowie § 6 B I 2 für das Vollstreckungsverfahren.

[29] So bereits Baccus S.R.L. v. Servicio Nacional del Trigo [1957] 1 Q.B. 438 (C.A.).

[30] Ebenso Lewis, Immunity, 4.11 und LMCLQ 1980, 4.

als departments of government zu gelten, werden die Gerichte wie bisher anhand einer Gesamtschau verschiedener Umstände beurteilen. Die Faktoren, die in die Abwägung einfließen, sind teils rechtlicher, teils tatsächlicher Natur. Eine Rolle spielen insbesondere: die Art der von der Einheit insgesamt wahrgenommenen Aufgaben, ihre Ausstattung mit Hoheitsmacht, das Maß der persönlichen und organisatorischen Verselbständigung, der Umfang der rechtlich zulässigen und tatsächlichen Regierungsaufsicht bzw. umgekehrt der sachlichen Unabhängigkeit und Entscheidungsfreiheit, das Maß der in dem Errichtungsakt zum Ausdruck gekommenen Einbettung in die Regierung, die Benennung der Einheit und ihre nach den Anschauungen des Rechtsverkehrs zu beurteilende äußere Erkennbarkeit als Regierungsorgan.[31] Die diesbezügliche Ansicht der betreffenden ausländischen Regierung, die diese durch ein Zertifikat ihres Botschafters dem Gericht übermitteln kann, fließt ebenfalls in die Gesamtabwägung ein, ohne das Gericht jedoch zu binden.[32] Unter Zugrundelegung dieser Kriterien wurden die nigerianische Zentralbank[33] und das polnische Staatshandelsunternehmen Rolimpex[34] nicht als Regierungsorgane angesehen. Dementsprechend würden sie auch unter sec. 14 (1) als selbständige Einheiten zu gelten haben. Die seinerzeitige, dem Landwirtschaftsministerium unterstehende und Anbau sowie Verteilung von Getreide durchführende spanische Kammer Servicio Nacional del Trigo sowie möglicherweise selbst die sowjetische Nachrichtenagentur Tass wird anders als nach altem Recht[35] heute voraussichtlich als selbständige Einheit einzustufen sein.[36] Insgesamt stellen alle vornehmlich mit Handel betrauten staatlichen Organisationen selbständige Einheiten dar. Alle Staatsunternehmen in der Form von Kapitalgesellschaften sind wegen ihrer organisatorischen und strukturellen Eigenständigkeit nicht mehr als departments of government anzusehen. Aber auch etwa die Deutsche Bundesbank und die deutschen Bundesrundfunkanstalten werden wegen ihrer gesetzlich verankerten Weisungsunabhängigkeit bzw. der gesetzlichen Selbstverwaltungsgarantie[37] nicht den Status eines department of government

---

[31] Vgl. insbes. Trendtex Trading Corporation v. Central Bank of Nigeria [1977] Q.B. 529, 559 f., 563—565, 572—575 (C.A.); C. Czarnikow Ltd. v. Centrala Handlu Zagranicznego Rolimpex [1979] A.C. 351, 364, 367, 369 (H.L.).

[32] Krajina v. Tass Agency [1949] 2 All E.R. 274, bestätigt in Trendtex (FN 31).

[33] In Trendtex (FN 31) per Stephenson und Shaw, LJJ., zweifelnd Lord Denning, M.R.

[34] In Czarnikow v. Rolimpex (FN 31).

[35] Vgl. Baccus (FN 29) und Krajina v. Tass Agency (FN 32).

[36] Ebenso White, M.L.R. 42 (1979) 74; bezgl. Tass auch Dicey/Morris I, S. 162 bei FN 12.

[37] Siehe § 12 S. 2 BBankG für die Deutsche Bundesbank sowie §§ 1 II, 5 II des G über die Errichtung von Rundfunkanstalten des Bundesrechts vom

für sich in Anspruch nehmen können. Auf der Grenze liegen die mit Hoheitsgewalt ausgestatteten selbständigen deutschen Bundesoberbehörden (Art. 87 III 1 GG) wie etwa die Bundesaufsichtsämter für das Kredit- und Versicherungswesen, das Bundeskartellamt oder das Bundesumweltamt, ferner Anstalten wie die Einfuhr- und Vorratsstellen und möglicherweise auch die nur teilrechtsfähige Deutsche Bundesbahn. Zwischen dem Regierungsministerium als Idealtyp eines department of government und der staatlichen Handelsgesellschaft als Idealtyp der selbständigen Einheit besteht weniger ein scharf umrissenes Stufenverhältnis als vielmehr eine schiefe Ebene, auf der die Grenzmarke im Einzelfall schwer auszumachen sein kann. Insgesamt bleibt jedoch neben der Regierung selbst nur ein schmaler Bereich für solche verselbständigten staatlichen Einheiten, die dieselbe Immunität genießen, die auch ihren Trägerstaaten zukommt.

Zu den nur mit minderer Immunität ausgestatteten selbständigen Einheiten rechnet der SIA ausdrücklich die politischen Gliedkörperschaften (constituent territories) eines Staates.[38] Umso weniger genießen die Organe und Einheiten solcher konstituierender Körperschaften die Immunität eines „Staates". Damit unterscheidet sich das englische Recht nicht nur vom amerikanischen, sondern geht auch von dem früher geltenden Zustand ab.[39] Allerdings kann durch Verordnung bestimmt werden, daß solche Gebietskörperschaften bestimmter Staaten denselben Immunitätsstatus genießen wie der Zentralstaat.[40] Dieser Vorbehalt war im Hinblick auf die von Großbritannien ratifizierte Europäische Konvention über Staatenimmunität erforderlich, nach deren Art. 28 (2) Konventionsstaaten durch an den Generalsekretär des Europarates gerichtete Notifikation erklären können, daß entgegen dem Grundsatz des Art. 28 (1) EK das Übereinkommen auch für und gegen ihre Gliedstaaten Geltung haben soll.[41] Nachdem Österreich bei seiner Ratifikation von dieser Möglichkeit Gebrauch gemacht und erklärt hatte, daß seine Länder im Sinne des Abkommens die Rechte und

---

29. 11. 1960 (BGBl. 1960 I, S. 862 ff.) für die Deutsche Welle und den Deutschlandfunk.

[38] Sec. 14 (5), (6).

[39] Vgl. insbes. Mellenger v. New Brunswick Development Corporation [1971] 1 W.L.R. 604; [1971] 2 All E.R. 593; Swiss-Israel Trade Bank v. Government of Salta and Banco Provincial de Salta [1972] 1 Lloyd's Rep. 497.

[40] Sec. 14 (5).

[41] Diese Option war bei den Beratungen des Gutachterausschusses zur Erstellung des Vertragsentwurfs offenbar vor allem von deutscher Seite gefordert worden, zumal die 2. Studienkommission der Deutschen Gesellschaft für Völkerrecht eigens festgehalten hatte, daß Untergliederungen eines Staates, soweit sie staatliche Aufgaben erfüllen, an der Immunität ihres Staates teilnehmen [These Nr. 9, BerDGesVR 8 (1968) 285], vgl. Sinclair, I.C.L.Q. 22 (1973) 280.

Pflichten von Staaten haben sollten,[42] hat das Vereinigte Königreich eine darauf abgestimmte Verordnung erlassen.[43] Außer in bezug auf die Länder Österreichs ist bisher keine derartige Verordnung ergangen.

Damit ist der Kreis der Immunitätsträger abgesteckt, denen in demselben Maße Immunität zukommt wie dem Staat. Einen insofern niedrigeren Rang nehmen die selbständigen Einheiten ein. Darüber, welche Einheiten überhaupt als solche Immunitätsträger zweiter Ordnung in Betracht kommen, macht der SIA keine Angaben. Er grenzt den Begriff der selbständigen Einheiten negativ zu dem Begriff der departments of government hin ab, ohne ihn selbst jedoch näher und positiv zu umschreiben. Da der SIA nach dem Wortlaut von sec. 14 insbesondere keinerlei organisatorische Beziehung zwischen dem Staat und der betreffenden Einheit verlangt, scheint jedwede auch gänzlich private rechtliche Einheit taugliche Trägerin zumindest der gemäß sec. 14 (2), (3) sachlich geminderten Immunität zu sein. Es ist nicht auszuschließen, daß dies auf einem Redaktionsversehen beruht und der Gesetzgeber sich auf die Abgrenzung zu den departments of government hin konzentriert und darüber die Abgrenzung in der anderen Richtung außer acht gelassen hat. Daher ist bereits vorgeschlagen worden, unter selbständigen Einheiten in diesem Sinne nur solche zu verstehen, die in irgendeiner Form dem Staat angehören oder von ihm beherrscht werden.[44] Diese einschränkende Auslegung mit dem Ziel, nicht auch in vollkommen staatsfernen Einheiten mögliche Träger von Immunität sehen zu müssen, mag den gesunden Menschenverstand ansprechen. Sie läßt sich darüber hinaus jedoch durch ein systematisches Argument erhärten: In sec. 14 (6) wird festgelegt, daß für die Zwecke der Absätze (2) und (3) die den Staat konstituierenden Teilgebietskörperschaften als selbständige Einheiten *gelten*. Diese Fiktion soll den Teilgebietskörperschaften einen Status verleihen, der ihnen ansonsten nicht zukäme. Sie wäre entbehrlich gewesen, wenn sich nach der Vorstellung des Gesetzgebers der Begriff der selbständigen Einheiten tatsächlich auf jedwede Einheit hätte erstrecken sollen. Die Einfügung von Absatz (6) läßt sich nur so erklären, daß sec. 14 die Vorstellung zugrundeliegt, nur von dem Zentralstaat kontrollierte Einheiten kämen überhaupt als Inhaber von Staatsimmunität in Betracht, so daß man den eigenständigen Teilgebietskörperschaften im Wege einer Fiktion den Rang eines Immunitätsträgers verleihen müsse. Wenn diese Überlegung zutrifft, ist in der Tat auch die Immunität zweiter Ordnung [nach Maßgabe von sec. 14 (2) und (3)] ratione personae auf von der Regierung des Zentralstaates in irgendeiner Form abhängige Einheiten beschränkt.

---

[42] Österr. BGBl. 1976 Nr. 432 (S. 1840).

[43] S.I. 1979 No. 457.

[44] Dicey/Morris I, S. 158.

Die Frage eines in diesem Sinne einschränkenden Verständnisses des Begriffs der selbständigen Einheiten ist für die Mehrzahl der Rechtsstreitigkeiten gegen solche Einheiten letztlich nicht entscheidungserheblich; denn selbst wenn man nach dem Wortlaut des SIA auch jeder privaten Einheit persönliche Immunität zuspräche, so würde jedenfalls aus sachlichen Gründen eine etwaige Immunitätseinrede in aller Regel scheitern, weil eine rein private Einheit keine hoheitlichen Befugnisse vorweisen und daher nach den besonderen Regeln über die Immunität von selbständigen Einheiten ratione materiae im Erkenntnisverfahren nicht immun sein kann.[45] Die Frage wird jedoch vor allem relevant für eine bestimmte, zahlenmäßig nicht unbedeutende Gruppe denkbarer Immunitätsträger, nämlich die unterhalb der Regierungsebene angesiedelten Stellen und Einheiten der Teilgebietskörperschaften. Da sie nicht der Gewalt der Zentralregierung unterstehen, fallen sie aus dem Kreis der Immunitätsträger heraus. Dieses Ergebnis ist auch systemgerecht: Wenn bereits die Teilgebietskörperschaften selbst lediglich als selbständige Einheiten und damit als Träger einer minderen Immunität gelten, kann man deren Unterorganisationen den Immunitätseinwand gleich völlig abschneiden. Entgegen dem früheren Rechtsstand[46] genießen daher von Teilgebietskörperschaften getragene Organisationen keinerlei Immunität nach dem SIA, selbst wenn ihnen im Einzelfall eine hoheitliche Aufgabe delegiert worden ist.[47]

Die selbständigen Einheiten, die in irgendeiner Form einer Aufsicht der Zentralregierung unterliegen und deshalb als Immunitätsträger in Betracht kommen, können nur unter engeren Voraussetzungen Immunität für sich in Anspruch nehmen. Für sie ist das gesetzliche Regel-Ausnahme-Verhältnis von Immunität und Jurisdiktion umgekehrt. Sie unterliegen — vorbehaltlich der Bestimmungen in sec. 14 (3) und (4) — der englischen Jurisdiktion. Dieser Ausgangspunkt hat prozessual zur Folge, daß anders als Staaten

i) ihre etwaige Immunität nicht von Amts wegen berücksichtigt wird, sondern sie zur Wahrung ihrer Rechte die beanspruchte Immunität im Verfahren geltend machen müssen; und

ii) sie selbst darzutun und erforderlichenfalls unter Beweis zu stellen haben, warum ihnen angesichts des betreffenden Streitgegenstandes Immunität zu gewähren sein soll, die Darlegungs- und Beweislast im Rahmen des Immunitätsstreits also nicht den Kläger, sondern die beklagte Einheit trifft.[48]

---

[45] Zu dem insoweit geltenden Regime sogleich im Text bei FN 49.

[46] Siehe die Entscheidungen o. FN 39.

[47] Ebenso Mann, B.Y.I.L. 50 (1979) 49.

[48] Ebenso Lewis, Immunity, 4.11; zur prozessualen Lage in Bezug auf Staaten siehe o. § 3 C bei FN 32 f.

Die sachlichen Voraussetzungen, unter denen eine selbständige Einheit Immunität beanspruchen kann, sind stark eingeschränkt. Im Erkenntnisverfahren muß sie nachweisen, daß der Rechtsstreit eine iure imperii ausgeübte Tätigkeit betrifft und auch ein Staat an ihrer Stelle immun wäre.[49] Im Verfahren der Vollstreckung und des einstweiligen Rechtsschutzes genießen sie keinerlei Immunität, es sei denn, das vorausgegangene bzw. anhängige oder anhängig zu machende Erkenntnisverfahren sei nur durch einen Immunitätsverzicht ermöglicht worden.[50]

[49] Sec. 14 (2), näher dazu unten § 5 B II 9.

[50] Sec. 14 (3), näher dazu unten § 6 B I 2.

§ 5: Jurisdiktion im Erkenntnisverfahren

Die Bestimmungen, in denen ausländische Staaten einem Erkenntnisverfahren unterworfen werden, lassen sich systematisch in zwei Gruppen aufteilen. Die eine betrifft die Fälle der freiwilligen Unterwerfung durch den Staat, die andere diejenigen der Jurisdiktion kraft der besonderen Art des Streitgegenstandes.

A. Jurisdiktion kraft Unterwerfung

Das Völkerrecht gewährt den Staaten Immunität als verzichtbares Privileg. Ein Staat kann sich seiner Immunität selbst im Hinblick auf solche Sachverhalte begeben, in denen er dem Kläger hoheitlich (iure imperii) entgegengetreten ist.[1] Dem tragen das amerikanische und das englische Recht Rechnung, indem sie — im Ergebnis weitgehend übereinstimmend — nähere Regeln darüber aufstellen, welche Akte eines Staates im einzelnen eine freiwillige Unterwerfung darstellen oder zumindest als solche zu gelten haben.

I. USA

Gemäß § 1605 (a) (1) kann ein Staat ausdrücklich und stillschweigend auf seine Immunität verzichten. Als Beispiel eines ausdrücklichen Verzichts erwähnen die Gesetzesmaterialien Verzichtsklauseln in völkerrechtlichen Verträgen.[2] Gedacht ist damit in erster Linie an die zahlreichen Freundschaftsverträge der Vereinigten Staaten mit verschiedenen Staaten, die jeweils Verzichtsklauseln enthalten.[3] In der Tat kann unproblematisch jeder Staat durch bilateralen Staatsvertrag auch zu Lasten seiner Untergliederungen seine Immunität ganz oder teilweise aufgeben.

Größere Bedeutung hat die Bestimmung jedoch für Verzichtserklärungen, die der Beklagte dem privaten Kläger oder dem Gericht gegenüber im Hinblick auf ein bestimmtes Rechtsverhältnis abgibt. Wer mit einem Staat oder Staatsunternehmen in vertragliche Beziehungen tritt,

---

[1] De lege ferenda zweifelnd jedoch Ress, ZaöRV 40 (1980) 222.

[2] H.R.Rep. 18 = ILM 15 (1976) 1407.

[3] Siehe oben § 3 FN 54.

wird sinnvollerweise bemüht sein, seinen Vertragspartner vorsorglich zu einem Immunitätsverzicht zu bewegen. § 1605 (a) (1) erkennt entsprechende vertragliche Verzichtsklauseln an. Darüber hinaus sanktioniert diese Bestimmung die bisherige Praxis der amerikanischen Gerichte zum Immunitätsverlust kraft stillschweigenden Verzichts. In diesem Bereich werden die früheren Präjudizien weiterhin von Bedeutung sein. Ein konkludenter Verzicht wurde insbesondere gesehen in einer Schiedsabrede,[4] einer Unterwerfung unter die Zwangsvollstreckung bzw. die zur Einleitung eines in rem-Verfahrens erfolgte Beschlagnahme[5] und in jeder vorbehaltlosen gerichtlichen Einlassung zur Sache (general appearance)[6]. Diese Rechtsprechung wird durch den FSIA bestätigt. Im übrigen wird durch § 1330 (c) geklärt, daß eine Einlassung zum Bestreiten der Jurisdiktion keine Unterwerfung darstellt; dies verhindert, daß die in einzelnen Bundesstaaten anzutreffende Regel, derzufolge paradoxerweise ausgerechnet das Bestreiten der internationalen Zuständigkeit als zuständigkeitsverleihende Einlassung gilt,[7] auf das Immunitätsrecht übertragen wird. Einer vorbehaltlosen Einlassung gleich steht allerdings die Erhebung einer Widerklage, es sei denn der Staat erhöbe sie ausdrücklich eventualiter zu seiner Immunitätseinrede.[8]

Nicht leicht zu beantworten ist die andere Frage, ob eine Vereinbarung über das anzuwendende materielle Recht ebenfalls einen konkludenten Verzicht darstellt. Die amerikanischen Gerichte haben Rechtswahlklauseln nach altem Recht nicht als Verzicht gewertet.[9] Diese Ansicht verdient Zustimmung und wird insbesondere auch von der Europäischen Konvention und dem englischen Recht geteilt.[10] Die vertragliche Festlegung auf ein das Streitverhältnis beherrschendes Recht hat mit der prozessualen Problematik der Immunität nichts zu tun. Die Gesetzesmaterialien zum FSIA stellen jedoch zu diesem Punkt lapidar fest, die Gerichte hätten auch bisher schon derartige Vereinbarungen als konkludenten Verzicht ausgelegt — Nachweise auf diese an-

---

[4] Victory Transport Incorporated v. Comisaria General de Abastecimientos y Transportes, 336 F.2d 354, 361, aber auch 362 FN 20 (2nd Cir. 1964); Petrol Shipping Corporation v. Kingdom of Greece, 360 F.2d 103, 110 (2nd Cir. 1966).

[5] Flota Maritima Browning de Cuba, S.A., v. Motor Vessel Ciudad de la Habana, 335 F.2d 619, 628 f. (4th Cir. 1964).

[6] St. Rspr., etwa Richardson, as Treasurer of Porto Rico v. Fajardo Sugar Company, 241 U.S. 44 (1916); Flota Maritima de Cuba Browning, S.A., v. Motor Vessel Ciudad de la Habana, 335 F.2d 619, 625 (4th Cir. 1964).

[7] Nachw. bei Schröder, S. 434.

[8] Mit dieser Maßgabe jedenfalls In the Matter of Rio Grande Transport, Inc., 516 F.Supp. 1155, 1159 (S.D.N.Y. 1981).

[9] Frazier v. Hanover Bank, 119 N.Y.S.2d 319, 323 f. (N.Y. City Sup. Ct. 1953), aff'd 119 N.Y.S.2d 918 (App.Div. 1953); vgl. auch Kahale, N.Y.U.J. Int'l L. & Pol. 14 (1981) 38 f.

[10] Siehe unten FN 39.

gebliche und in Wirklichkeit genau gegenteilige Präjudizienlage führen die Materialien bezeichnenderweise nicht an.[11] Diese bewußt oder unbewußt auf einer unzutreffenden Prämisse aufbauende „amtliche" Auslegung des § 1605 (a) (1) hat bereits mehrere Gerichte dazu bewogen, eine Rechtswahlklausel als stillschweigenden Verzicht anzuerkennen.[12]

Im übrigen begibt sich ein Staat auch dann seiner Immunität, wenn er seinerseits Klage erhebt. Im Falle seines Unterliegens können ihm daher die Kosten des Verfahrens auferlegt werden. Vor allem aber öffnet er sich damit in gewissem Umfang Widerklagen seitens des privaten Beklagten. Der Staat, der die Gerichte anruft, muß hinnehmen, daß sich der Beklagte mit allen prozessualen Mitteln verteidigt. § 1607 zählt drei Typen von Widerklagen auf, für die der klagende Staat keine Immunität beanspruchen kann: Erstens ist eine Widerklage zulässig, die der Beklagte gem. dem FSIA auch als eigenständige Klage hätte erheben können;[13] dieser Typ erweitert nicht die Jurisdiktion über ausländische Staaten, sondern gibt dem Beklagten die Option, seinen Anspruch statt in einem eigenen Prozeß im bereits anhängigen Verfahren miterledigen zu lassen. Zweitens kann der Beklagte konnexe Widerklagen erheben;[14] ein Staat soll nicht amerikanische Gerichte zur Durchsetzung seiner Rechte in Anspruch nehmen können, ohne gleichzeitig für die aus dem eingeklagten Rechtsverhältnis entstandenen Verbindlichkeiten haftbar zu sein. Diese Immunitätsausnahme ist auch im völkerrechtlichen Schrifttum seit jeher anerkannt.[15] Sofern der Beklagte darzutun vermag, daß sein Gegenanspruch auf demselben Geschäft oder Ereignis (transaction or occurence) beruht wie die Hauptklage, kann er daher gegen den Staat selbst dann vorgehen, wenn die Ansprüche hoheitliches Staatshandeln betreffen. Allerdings lassen sich nur schwer Fälle vorstellen, in denen ein Staat auswärtige Gerichte

---

[11] H.R.Rep. 18 = ILM 15 (1976) 1407.

[12] Siehe insbes. Ipitrade International, S.A. v. Federal Republic of Nigeria, 465 F.Supp. 824, 826 (D.C.D.C. 1978) = ILM 17 (1978) 1395; mit der Einschränkung, daß nicht die Wahl eines beliebigen (außeramerikanischen) Rechts genüge, auch die Entscheidungen in Verlinden, Texas Trading & Milling und Chicago Bridge & Iron, unten FN 31. — Hierzu aus dem Schrifttum: Sklaver, Int.Law. 8 (1974) 413; von Mehren, Colum.J. Transnat'l L. 17 (1978) 56 f.; Kahale/Vega, Colum.J. Transnat'l L. 18 (1979) 233 f.; Dellapenna, Comm.L.J. 85 (1980) 229.

[13] § 1607 (a).

[14] § 1607 (b); die Definition der Konnexität („arising out of the transaction or occurrence that is the subject matter of the claim of the foreign state") ist der Unterscheidung zwischen compulsory und permissive counter-claims in Rule 13 FRCP entlehnt. Der Begriff wird weit ausgelegt, siehe In re Oil Spill By „Amoco Cadiz" Off The Coast of France, 491 F.Supp. 161 (D.C.Ill. 1979).

[15] Vgl. etwa Lalive, Recueil 84 (1953 III) 240; Schaumann, BerDGesVR 8 (1968) 30—33; weitere Nachw. bei Malina, S. 65 ff.

bemüht, um ihm iure imperii zustehende Rechte einzuklagen. Umso größere Bedeutung kommt daher dem dritten Typ in § 1607 (c) zu, der Aufrechnungen erlaubt.[16] Danach kann der Beklagte aufrechnen, auch wenn die Aufrechnungsforderung mit der Klageforderung nicht in Zusammenhang steht und für sich allein der Immunitätseinrede ausgesetzt wäre. Mit dieser weitgehenden Bestimmung kodifiziert der FSIA die Entscheidung des Supreme Court in National City Bank v. Republic of China[17]. Der klagende Staat muß daher gewärtigen, unter Umständen mit einer Gegenforderung konfrontiert zu werden, hinsichtlich derer er ansonsten zweifelsfrei immun wäre. So kann der Beklagte etwa mit Schadensersatzforderungen aus malicious prosecution oder libel aufrechnen — Forderungen, denen der FSIA in § 1605 (a) (5) ausdrücklich Immunität zuerkennt. Dieses Beispiel zeigt, wie weitgehend sich die freie Zulassung von Aufrechnungen unabhängig vom Grund der Aufrechnungsforderung in bestimmten Konstellationen auswirken kann. Unter Umständen wird ein Staat daher sehr sorgsam abwägen, bevor er eine Klage erhebt. Die Gefahr, durch eine erfolgreiche Aufrechnung um den wirtschaftlichen Sinn der Klage gebracht zu werden, trifft den Staat wie jeden anderen Kläger. Darüber hinaus jedoch riskiert der Staat unter Umständen, daß der Beklagte eine Forderung einführt, die einen politisch hoch sensiblen Bereich seiner Staatstätigkeit zum Gegenstand eines öffentlichen Gerichtsverfahrens in den Vereinigten Staaten macht.

§ 1605 (a) (1) stellt klar, daß ein einmal erklärter Verzicht den betroffenen Staat bindet. Der FSIA beendet damit die aufgrund einer früher nicht immer einheitlichen Rechtsprechung bestehenden Zweifel, ob Verzichtserklärungen in bestimmten Situationen widerruflich sind.[18] Künftig kann ein Staat trotz ursprünglich erklärten Verzichts nur dann Immunität beanspruchen, wenn er sich den Widerruf vorbehalten hat[19] oder von seinem Vertragspartner — auch konkludent — aus dem Verzicht entlassen worden ist[20]. Die Bindung an den einmal erklärten Ver-

---

[16] Das ist in § 1607 (c) jedenfalls gemeint, auch wenn die Bestimmung ungenau davon spricht, es bestehe keine Immunität gegenüber einem counterclaim „to the extent that the counterclaim does not seek relief exceeding in amount (or differing in kind from) ... that sought by the foreign state" und damit den Eindruck erweckt, es komme auf den Umfang des Hauptklage*antrages* an. Das hätte zur Folge, daß bei zumindest teilweiser Hauptklageabweisung und gleichzeitiger überschießender Begründetheit der Widerklage eine Verurteilung des Staates bis zur Höhe seines eigenen Hauptklageantrages zulässig wäre.

[17] 348 U.S. 356 (1955).

[18] Siehe etwa Dexter & Carpenter v. Kungling Jarnvagsstyrelsen, 43 F.2d 705 (2d Cir. 1930); Rich v. Naviera Cuba, S.A., 197 F.Supp. 710, 722 f. (D.C.Va. 1961), aff'd 295 F.2d 24 (4th Cir. 1961); unzutreffend daher Simmons, Ford. L.R. 46 (1977) 554: Widerruf vor Streitentstehung möglich.

[19] § 1605 (a)(1).

zicht hat nicht nur Bedeutung für den vertraglichen Verzicht, sondern vor allem auch für den stillschweigenden Verzicht durch Einlassung auf die Klage. Da jedwede Einlassung zur Sache einen Verzicht darstellt,[21] muß der Staat die Immunitätseinrede bereits bei seiner ersten Einlassung erheben oder sich zumindest vorbehalten, anderenfalls er sie verliert.[22] Infolgedessen behält auch ein in erster Instanz abgegebener ausdrücklicher oder stillschweigender Verzicht für die Fortsetzung des Verfahrens in einem höheren Rechtszug seine Gültigkeit.

Weder das Gesetz selbst noch seine Materialien äußern sich zu der Frage, inwiefern zur Beurteilung der Wirksamkeit des Verzichts das Recht des beklagten Staates heranzuziehen ist. Kann insbesondere der beklagte Staat einwenden, daß nach seinem Recht ein Verzicht nur von dem zur völkerrechtlichen Vertretung befugten Staatsorgan abgegeben werden kann oder sogar überhaupt unzulässig ist?[23] Unzweifelhaft richtet sich nach amerikanischem Recht, welche Handlungen als expliziter oder stillschweigender Verzicht zu gelten haben. Ebenso sicher ist, daß etwa ein in einem Vertrag enthaltener ausdrücklicher oder in einer Klageeinlassung liegender stillschweigender Verzicht nur von einer Person erklärt werden kann, die generell zum Abschluß von Verträgen bzw. zur Prozeßführung autorisiert ist. Eine weitergehende spezielle Vollmacht zur Erklärung des Immunitätsverzichts haben die Gerichte, soweit ersichtlich, jedenfalls bisher nicht verlangt.[24] Umso weniger wurde untersucht, ob und durch wen das Recht des beklagten Staates einen Verzicht ermöglicht. Daß diese Rechtsprechung praktischen Bedürfnissen entgegenkommt, liegt auf der Hand. Sie läßt sich zusätzlich rechtfertigen angesichts des weiten Kreises der Immunitätsberechtigten im amerikanischen Recht. Es wäre ungereimt, weit über das völkerrechtlich gebotene Maß hinaus sämtlichen rechtlich verselbständigten staatlichen Einheiten bis hin zu staatlich kontrollierten Wirtschaftsunternehmen prinzipiell Immunität zuzugestehen, ohne ihnen im Gegenzug auch eine eigenständige Verzichtsfähigkeit zuzuerkennen. Die Verzichtsfähigkeit ist gleichsam die Kehrseite der Anerkennung als Immunitätsträger. Zumal da nunmehr auch das englische Recht — ba-

[20] Vgl. das Beispiel bei Sklaver, Int.Law. 8 (1974) 413 FN 23: Der Staat widerruft einseitig seinen in einem Sukzessionslieferungsvertrag enthaltenen Verzicht, die andere Partei liefert weiter. Hierin kann u. U. eine vertragliche Abbedingung des Verzichts zu sehen sein.

[21] Die frühere Regel (siehe o. bei FN 6) gilt fort.

[22] Terminssäumnis stellt jedoch als solche keinen Verzicht dar. Das folgt bereits aus § 1608 (e); siehe auch Castro v. Saudi Arabia, 510 F.Supp. 309, 312 (D.C.Tex. 1980).

[23] Nach Kahale/Vega, Colum.J.Transnat'l L. 18 (1979) 232 verbietet bsp. das brasilianische Recht jede Art von Immunitätsverzicht. Allg. zur völkerrechtlichen Außenvertretungsbefugnis: Zehetner, ZaöRV 37 (1977) 244 ff.

[24] Vgl. The Mangalia, 1942 A.M.C. 35 (S.D.N.Y. 1941).

sierend auf der Europäischen Konvention — diese Linie verfolgt,[25] werden die Gerichte vermutlich weiterhin etwaige Beschränkungen der Verzichtsfähigkeit durch das betreffende ausländische Recht außer acht lassen.[26]

Ein letzter Problempunkt in diesem Zusammenhang entsteht aus der im FSIA enthaltenen Verquickung der Aspekte der Gerichtsbarkeit und der internationalen Zuständigkeit, die dazu führt, daß bei Vorliegen einer der Immunitätsausnahmen zugleich auch die Zuständigkeit amerikanischer Gerichte gegeben ist.[27] Während in allen anderen Immunitätsausnahmen ein räumliches Anknüpfungsmerkmal zur Begründung der internationalen Zuständigkeit eingebaut ist, setzt § 1605 (a) (1) jedenfalls seinem Wortlaut nach nicht voraus, daß der Verzicht irgendeinen Bezug zu den Vereinigten Staaten aufweist. Bei buchstabengetreuer Auslegung des Gesetzes ist daher nicht erforderlich, daß sich der Staat speziell gegenüber amerikanischen Gerichten unterwirft. Es genügt vielmehr bereits etwa eine ganz allgemein gehaltene Klausel, der Staat verzichte auf seine Immunität, um die Jurisdiktion der amerikanischen Gerichte herbeizuführen. Das gilt selbst dann, wenn der Rechtsstreit weder persönlich noch sachlich in irgendeiner Weise mit den Vereinigten Staaten verknüpft ist. Mehr noch: Amerikanische Gerichte können nach dieser Bestimmung ihre Jurisdiktion selbst dann beispielsweise auf eine Rechtswahlklausel stützen, wenn diese die Beziehung der Parteien dem Recht eines dritten Staates unterstellt.[28] Ebenso können sie ihre Jurisdiktion bejahen, wenn der Verzicht mit einer Gerichtsstandsklausel gekoppelt ist, die die Gerichte eines Drittstaates zur Streitentscheidung beruft. Das ist unbillig, wenn der Staat sich in einem solchen Fall möglicherweise aus bestimmten Gründen nur auf ein Verfahren vor den Gerichten dieses bestimmten Staates (oder jedenfalls nicht auf ein Verfahren vor amerikanischen Gerichten) einlassen wollte. Die Konsequenzen einer wörtlichen Auslegung des § 1605 (a) (1) illustriert die Entscheidung Ipitrade International.[29] Dort hatten die französische Klägerin und die Republik Nigeria erstens schweizerisches Recht und zweitens eine Schiedsklausel vereinbart, nach der Streitigkeiten in einem Schiedsverfahren unter der Aufsicht der Inter-

---

[25] Siehe weiter unten bei FN 41.

[26] Zweifelnd jedoch Brower/Bistline/Loomis, A.J.I.L. 73 (1979) 206 f.; Kahale/Vega, Colum.J.Transnat'l L. 18 (1979) 231 f.; Dellapenna, Comm.L.J. 85 (1980) 230.

[27] Siehe oben § 3 E.

[28] Vorausgesetzt natürlich, man teilt die (verfehlte) Anschauung der Section-by-Section Analysis, Rechtswahlklauseln stellten einen stillschweigenden Verzicht dar, dazu oben bei und in FN 9—12.

[29] Ipitrade International, S.A., v. Federal Republic of Nigeria, 465 F.Supp. 824 (D.C.D.C. 1978) = ILM 17 (1978) 1395.

nationalen Handelskammer mit Sitz in Paris ausgefochten werden sollten. Aus beiden Gründen beanspruchte das amerikanische (!) Gericht Jurisdiktion.[30] Andere Gerichte haben die Unzuträglichkeiten einer solchen wortlautorientierten Deutung des § 1605 (a) (1) erkannt und einen Nexus zu den Vereinigten Staaten verlangt[31] oder ein solches Erfordernis zumindest erwogen[32]. Es wäre zu wünschen, daß die Gerichte § 1605 (a) (1) einschränkend dahin auslegen, daß die Verzichtserklärung ausdrücklich oder zumindest stillschweigend eine Unterwerfung speziell unter die amerikanische Gerichtsbarkeit enthalten muß.[33] Eine derartige stillschweigene Einsetzung der amerikanischen Gerichte könnte man möglicherweise schon dann annehmen, wenn der Staat aufgrund irgendwelcher Umstände im Verhältnis zwischen ihm und dem Kläger damit rechnen mußte, sich infolge seiner Verzichtserklärung vor amerikanischen Gerichten verantworten zu müssen. Sofern man die Grundsätze des forum non conveniens für anwendbar hält,[34] könnte man dasselbe Ergebnis statt durch einschränkende Auslegung des § 1605 (a) (1) auch auf diesem Wege erreichen.

---

[30] (FN 29) S. 826.

[31] Insbesondere Verlinden B.V. v. Central Bank of Nigeria, 488 F.Supp. 1284, 1300—1302 (S.D.N.Y. 1980), aff'd on other grounds 647 F.2d 320 (2d Cir. 1981) = ILM 20 (1981) 639: Jedenfalls gegenüber nichtamerikanischer Klägerin genügt weder Wahl niederländischen Rechts noch Schiedsklausel über Schiedsverfahren vor der IHK Paris; Paterson, Zochonis (U.K.) Ltd. v. Compania United Arrow, S.A., 493 F.Supp. 621, 624 bei FN 8 (S.D.N.Y. 1980): keine amerikanische Jurisdiktion infolge Vereinbarung der Zuständigkeit der Gerichte des betroffenen (beklagten) Staates; Texas Trading & Milling Corp. v. Federal Republic of Nigeria, 500 F.Supp. 320, 321 in FN 3 (S.D.N.Y. 1980), insoweit aff'd 647 F.2d 300 (2d Cir. 1981) = ILM 20 (1981) 620: Wahl ausländischen Rechts und Zustimmung zu Schiedsverfahren in Frankreich genügen auch gegenüber amerikanischer Klägerin nicht; Chicago Bridge & Iron Company v. Islamic Republic of Iran, 506 F.Supp. 981, 987 f. (D.C.Ill. 1980) = ILM 19 (1980) 1436: kein Verzicht durch Vereinbarung der Geltung iranischen Rechts und der Zuständigkeit iranischer Gerichte.

[32] Libyan American Oil Company v. Socialist People's Libyan Arab Jamahirya, 482 F.Supp. 1175, 1177 f. (D.C.D.C. 1980): Schiedsklausel, nach der Verfahren notfalls an einem von den Schiedsrichtern zu bestimmenden Ort stattfinden soll, umfaßt Zustimmung zu Verfahren in den USA; Maritime International Nominees Establishment v. Republic of Guinea, 505 F.Supp. 141, 143 (D.C.D.C. 1981): Schiedsklausel, nach der Schiedsrichter vom Präsidenten des Internationalen Zentrums zur Beilegung von Investitionsstreitigkeiten mit Sitz in Washington zu ernennen sind, beinhaltet Zustimmung zu Schiedsverfahren in den USA.

[33] Ebenso Kahale/Vega, Colum.J.Transnat'l L. 18 (1979) 233—236 und Kahale, N.Y.U.J. Int'l L. & Pol. 14 (1981) 29 ff.; kritisch gegenüber einer zu weitgehenden Beanspruchung von Jurisdiktion auch Dellapenna, Comm.L.J. 85 (1980) 229 f. und Smit, Proc.Am.Soc'y Int'l L. 74 (1980) 60. Für eine wortgetreue Auslegung von § 1605 (a)(1) demgegenüber Delaume, A.J.I.L. 75 (1981) 787 f.

[34] Siehe oben § 3 E bei FN 43 f.

II. England

Ein Staat ist nicht immun, wenn er sich der Jurisdiktion englischer Gerichte unterworfen hat. Diesen Grundsatz enthält sec. 2 (1) SIA. Was im einzelnen eine Unterwerfung darstellt, wird in den folgenden Absätzen von sec. 2 näher spezifiziert. Vorweg ist in diesem Zusammenhang daran zu erinnern, daß die Immunitätsausnahmen nach dem SIA zwar die Immunitätsproblematik als Hindernis der Gerichtsbarkeit ausräumen, damit den englischen Gerichten jedoch nicht internationale Zuständigkeit verschaffen.[35] Allerdings liegt in den einzelnen Tatbeständen der Unterwerfung unter die englische Gerichtsbarkeit in aller Regel zugleich ein Grund für die Bejahung der internationalen Zuständigkeit.[36]

Eine erste Art ist die Unterwerfung durch schriftlichen Vertrag.[37] Dies stellt einen radikalen und überfälligen Bruch mit der bisher gegenteiligen Präjudizienlage dar. Nach Common Law konnte ein Staat ausschließlich vor Gericht auf seine Immunität verzichten; etwaige außergerichtliche Verzichtserklärungen haben die englischen Gerichte daher bis zum Inkrafttreten des SIA ausnahmslos für unwirksam erklärt.[38] Nach der nunmehrigen Rechtslage besteht erstmalig die vor allem für die Vertragspartner von immunitätsverdächtigen Gebilden bedeutsame Möglichkeit, sich von vornherein durch Vereinbarung eines Immunitätsverzichts für einen etwa entstehenden Rechtsstreit zu wappnen. Die Vereinbarung eines englischen Gerichtsstandes genügt als Verzichtserklärung. Leider ist jedoch nach der Fassung des Gesetzes etwas zweifelhaft, ob auch ein allgemeiner, nicht speziell auf die englischen Gerichte bezogener Verzicht wirksam ist. Die Formulierung in sec. 2 (1), wonach die Immunität ausgeschlossen ist, wenn sich der Staat der Jurisdiktion englischer Gerichte unterworfen hat, scheint dafür zu sprechen, daß der Verzicht mit einer die englischen Gerichte einsetzenden Gerichtsstandsklausel gekoppelt sein muß. Dies ist letztlich ein Relikt des Common Law-Rechtssatzes, wonach eine Unterwerfung nicht dem Vertragspartner gegenüber erfolgen kann, sondern das Gericht Adressat der Verzichtserklärung ist. Sachgerechter wäre es, eine allgemeine Zustimmung zur Austragung von Streitigkeiten auf dem Rechtsweg als

---

[35] Oben § 3 E.

[36] In Betracht kommt hier insbes. eine Zuständigkeit gem. R.S.C., O. 10 rr. 1 (4), (5) und 3 sowie O. 15 r. 2; vgl. näher zu diesen Fällen Dicey/Morris I, S. 191 ff.

[37] Sec. 2 (2) 2. Alt.

[38] Vgl. insbes. Mighell v. Sultan of Johore [1894] 1 Q.B. 149 (C.A.); Duff Development Co. Ltd. v. Government of Kelantan [1924] A.C. 797 (H.L.); Kahan v. Pakistan Federation [1951] 2 K.B. 1003 (C.A.); Baccus S.R.L. v. Servicio Nacional del Trigo [1957] 1 Q.B. 438 (C.A.).

Immunitätsverzicht genügen zu lassen und eine etwaige Unterwerfung speziell unter die Jurisdiktion englischer Gerichte als einen der möglichen Anknüpfungsmomente im Rahmen der internationalen Zuständigkeit zu behandeln. Zu Recht wird demgegenüber eine bloße Rechtswahlklausel nicht als Unterwerfung gewertet.[39]

Auch wenn der SIA dies im Gegensatz zum amerikanischen FSIA nicht eigens hervorhebt, versteht sich, daß eine vertragliche Unterwerfung bindend ist.[40] Dem denkbaren Einwand gegen die Wirksamkeit einer in einem Vertrag enthaltenen Unterwerfungsklausel, der Vertragsschließende sei zur Abgabe einer derartigen völkerrechtlich erheblichen Erklärung nicht befugt,[41] beugt sec. 2 (7) vor. Danach kann neben dem Botschafter und seinem Stellvertreter jeder, der als Vertreter den Staat vertraglich verpflichten kann, ihn insoweit auch der englischen Jurisdiktion unterwerfen. Die Unterwerfungsbefugnis gilt somit als Teil der Abschlußbefugnis — ohne Rücksicht auf die tatsächliche Rechtsmacht, mit der der beklagte Staat seinen Vertreter ausgestattet hat.

Obwohl eine Unterwerfung zugunsten privater Kläger auch durch Vereinbarung auf Staatenebene zwischen dem Vereinigten Königreich und dem beklagten Staat erfolgen kann,[42] wird der Verzicht gegenüber dem späteren Kläger persönlich den Regelfall darstellen. Er muß — anders als nach amerikanischem Recht — schriftlich erklärt werden. Das schließt einen nur mündlichen Verzicht ebenso aus wie etwa einen angeblichen Verzicht durch Schweigen, den ein Kläger beispielsweise daraus herleiten mag, daß der Staat der in seinen Allgemeinen Geschäftsbedingungen enthaltenen Prorogationsklausel nicht widersprochen hat.[43] Ob im Einzelfall die Schriftform eingehalten ist, wird man vermutlich nach englischem Recht beurteilen müssen. Die Frage, ob der Vertrag einschließlich der in ihm enthaltenen Verzichtsklausel überhaupt wirksam zustande gekommen ist, richtet sich dagegen vermutlich nach dem jeweiligen Vertragsstatut.[44] — Das Erfordernis der Schriftlichkeit entfällt, sobald der Streit, der den Gegenstand des Prozesses bildet, entstanden ist.[45] Auch im Vorfeld des gerichtlichen Ver-

[39] So ausdrücklich sec. 2 (2) a. E.; vgl. dagegen im Rahmen der internationalen Zuständigkeit R.S.C., O. 11 r. 1 (1) (f) (iii) und dazu Schröder, S. 548 f.; zur insofern etwas unklaren Position des amerikanischen Rechts o. bei FN 9—12.

[40] Delaume, A.J.I.L. 73 (1979) 192; Mann, B.Y.I.L. 50 (1979) 50.

[41] Ein entsprechender Einwand war z. B. in Baccus (FN 38) erhoben worden. Zur Lage im amerikanischen Recht oben bei FN 23—26.

[42] Sec. 17 (2).

[43] Vgl. auch Expl.Rep. zur EK, Nr. 23 (S. 13).

[44] Ebenso Mann, B.Y.I.L. 50 (1979) 50 bei und in FN 3 unter Hinweis auf die Parallele in sec. 1 (1) Arbitration Act 1975.

fahrens ist daher bereits eine lediglich mündlich erklärte Unterwerfung wirksam, solange sie nur nach Entstehung der Streitigkeit erfolgt. Im Gegensatz zur Rechtslage nach der Europäischen Konvention[46] wird nicht einmal vorausgesetzt, daß die Unterwerfung ausdrücklich erfolgt. Auch eine in diesem Stadium nur konkludent erklärte Unterwerfung ist daher beachtlich und bindend.

Eine zweite Gruppe von Unterwerfungen sieht das englische Recht in bestimmten Prozeßhandlungen. Diese führen zum Immunitätsverlust nicht nur für die jeweilige Instanz, sondern auch für etwaige Rechtsmittelverfahren.[47] In diesem Sinne unterwirft sich der Staat zunächst dadurch, daß er selbst ein Verfahren in Gang bringt.[48] Daraus folgt zum einen seine Kostenerstattungspflicht im Unterliegensfall. Von Bedeutung ist das weiterhin vor allem insofern, als der Staat sich durch Erhebung einer Klage Widerklagen aussetzt, die sich aus demselben Rechtsverhältnis oder demselben Sachverhalt herleiten, auf den sich seine Klage stützt.[49] Die Einarbeitung des Konnexitätserfordernisses in die Immunitätsbestimmung war deshalb erforderlich, weil das englische Prozeßrecht bei Widerklagen ansonsten keinen Zusammenhang zwischen Haupt- und Widerklage voraussetzt.[50] Die Fassung des Konnexitätserfordernisses entspricht der Formulierung in Art. 1 (2) (a) EK und in der Sache auch anderen europäischen Abkommen.[51] Im Vergleich zum amerikanischen Recht werden Widerklagen damit nur in engerem Rahmen zugelassen.[52]

Weiterhin büßt der Staat seine Immunität ein, wenn er in einem nicht schon von ihm selbst anhängig gemachten Verfahren interveniert oder irgendeinen prozessualen Schritt unternimmt.[53] Erhebt der beklagte Staat beispielsweise eine Widerklage, so unterwirft er sich damit auch in Bezug auf die gegen ihn gerichtete Hauptklage.[54] Sec. 2 (4) (a)

---

[45] Sec. 2 (2) 1. Alt.

[46] Siehe Art. 2 (c).

[47] Sec. 2 (6); so auch bisher bereits: Sultan of Johore v. Abubakar Tunku Aris Bendahar [1952] A.C. 318, 241 (P.C.).

[48] Sec. 2 (3)(a).

[49] Sec. 2 (6).

[50] R.S.C., O. 15 r. 2.

[51] Vgl. etwa Art. 11 (2) des Haager Abkommens über die Anerkennung und Vollstreckung ausländischer Urteile in Zivil- und Handelssachen v. 1. 2. 1971, abgedruckt in Rev.crit.dr.i.p. 55 (1966) 328 ff.; siehe auch Art. 6 Nr. 3 des Übereinkommens der Europäischen Gemeinschaft über die gerichtliche Zuständigkeit und die Vollstreckung gerichtlicher Entscheidungen in Zivil- und Handelssachen v. 27. 9. 1968.

[52] Zum amerikanischen Recht oben bei FN 13—17.

[53] Sec. 2 (3)(b).

[54] So ausdrücklich Art. 1 (3) EK; zum amerikanischen Recht oben bei FN 8.

stellt jedoch ausdrücklich klar, daß die Erhebung der Immunitätseinrede selbst natürlich nicht als Verzicht zu deuten ist.[55] Im Gegenschluß hieraus sowie aus der insoweit klareren Bestimmung in der Europäischen Konvention[56] folgt jedoch, daß die Einlassung zur Sache ohne gleichzeitige Erhebung der Immunitätseinrede (general appearance) einen Verzicht darstellt[57]. Ein Staat, der mit einer Klage überzogen wird und auf seine etwaige Immunität nicht verzichten will, hat daher zwei verschiedene Verhaltensweisen zur Wahl. Er kann entweder dem Verfahren fernbleiben und darauf vertrauen, daß das Gericht entsprechend seiner Pflicht[58] von sich aus die Immunität berücksichtigt. Oder aber er läßt sich vor Gericht ein, muß dann jedoch als erstes den Immunitätseinwand erheben und darf nur hilfsweise zur Hauptsache Stellung nehmen. Nimmt er zunächst eine andere Prozeßhandlung vor, so ist sein Immunitätseinwand präkludiert. Das entspricht genau der Lage im amerikanischen Recht. Eine Gegenausnahme sieht das englische Recht für den Fall vor, daß der Staat nachweist, daß er die seine Immunität begründenden Tatsachen weder kannte noch vernünftigerweise hätte kennen können, und er den Immunitätseinwand unverzüglich nachholt.[59]

Kraft ausdrücklicher gesetzlicher Bestimmung sind solche prozessualen Schritte nicht als Unterwerfung zu betrachten, mit denen der Staat in einem Verfahren, in dem er nicht selbst Partei ist, im Wege der Intervention ein Recht an dem streitbefangenen Gegenstand geltend macht und er Immunität hätte beanspruchen können, wenn das Verfahren gegen ihn selbst gerichtet gewesen wäre.[60] Dies zielt auf die Fälle der sog. mittelbaren Verklagung (indirect impleading) eines Staates ab, für die das englische Recht traditionsgemäß ebenfalls Immunität gewährt.[61] Ein Staat, dessen Rechte in einem fremden Verfahren beeinträchtigt zu werden drohen, soll einschreiten und geltend machen

---

[55] Ebenso im amerikanischen Recht § 1330 (c), siehe oben bei FN 7; siehe weiterhin Art. 3 (2) EK.

[56] Art. 3 (1): „... if, before claiming immunity, it takes any step in the proceedings relating to the merits" / „ne bénéficie pas de l'immunité ... s'il conclut au fond avant de l'invoquer."

[57] Unzutreffend daher Mann, B.Y.I.L. 50 (1979) 51; siehe auch Lewis, LM CLQ 1980, 10; ferner auch Delaume, A.J.I.L. 73 (1979) 191 bei FN 40.

[58] Sec. 1 (2).

[59] Sec. 2 (5); diese Gegenausnahme dürfte praktisch kaum eine Rolle spielen, denn ein entschuldbarer Tatsachenirrtum ist kaum vorstellbar. Ein eher in Betracht kommender Rechtsirrtum über den Umfang der Immunität oder den Effekt einer Einlassung ohne Berufung auf die Immunität ist demgegenüber nach der Fassung des Gesetzes — noch deutlicher nach der Fassung von Art. 3 (1) EK — unbeachtlich; vgl. hierzu auch Lewis, Immunity, 8.4.

[60] Sec. 2 (4)(b).

[61] Siehe näher unten § 5 B II 7.

können, das betreffende Vermögen werde (zumindest auch) für Staatszwecke benutzt und sei daher immun.

Der Sache, obgleich nicht der gesetzlichen Systematik nach ein letzter Typ der Unterwerfung ist in sec. 9 geregelt. Danach büßt ein Staat seine Immunität durch eine schriftliche Schiedsabrede ein. Mit dieser Bestimmung setzt der SIA eine gegenteilige Entscheidung des House of Lords außer Kraft[62] und bringt das englische Recht in eine Linie mit der ganz herrschenden völkerrechtlichen Doktrin[63]. Der private Partner der Schiedsabrede kann daher, soweit dies im Einzelfall erforderlich ist, um eine Mitwirkung englischer Gerichte am Schiedsverfahren nachsuchen, die Vollstreckbarerklärung eines (auch ausländischen) Schiedsspruchs beantragen oder etwa die gerichtliche Aufhebung eines für ihn ungünstigen Schiedsspruchs betreiben.

B. Jurisdiktion wegen der Art des Streitgegenstandes

Sowohl das amerikanische als auch das englische Recht sehen eine Reihe von Bestimmungen vor, in denen ein Staat wegen der Art des streitigen Rechtsverhältnisses keine Immunität beanspruchen kann. Soweit sich diese Bestimmungen überschneiden, kann in einzelnen Fällen die Immunität aus mehreren Gründen zu verneinen sein.

I. USA

1. Jurisdiktion kraft wirtschaftlicher Betätigung

§ 1605 (a) (2) enthält das Kernstück der gesetzlichen Regelung zur Beschränkung der Immunität im Erkenntnisverfahren: Er versagt die Immunität dort, wo die Klage auf einer wirtschaftlichen Betätigung des beklagten Staates beruht.

a) Die Tragweite dieser Bestimmung hängt entscheidend davon ab, was genau unter einer wirtschaftlichen Betätigung (commercial activity) zu verstehen ist. Dieser Begriff darf, so viel steht fest, nicht im Sinne beispielsweise des herkömmlichen Sprachgebrauchs oder der U.S.-Verfassung[64] verstanden werden. Es handelt sich vielmehr um einen eigen-

---

[62] Duff Development Co. Ltd. v. Government of Kelantan [1924] A.C. 797; der dort entwickelte Rechtssatz, daß Schiedsabreden keinen Immunitätsverzicht darstellen, folgte zwangsläufig aus der Haltung der Gerichte, nach Common Law nur einen vor Gericht erklärten Verzicht anzuerkennen.

[63] Vgl. etwa Mann, B.Y.I.L. 42 (1967) 15—18; Schaumann, BerDGesVR 8 (1968) 54 f.

[64] Vgl. Martin, Harv.Int.L.J. 18 (1977) 438 f.

ständigen immunitätsrechtlichen Terminus, der mehr abdeckt als das, was in anderen Zusammenhängen üblicherweise als wirtschaftliche Betätigung gilt.

Der FSIA enthält eine zweiteilige Legaldefinition in § 1603 (d). Danach umfaßt der Begriff der wirtschaftlichen Betätigung i. S. d. Immunitätsrechts zum einen nicht nur auf Dauer angelegte, laufende Wirtschaftstätigkeit, wie sie etwa ein Handelsunternehmen betreibt, sondern auch einzelne wirtschaftliche Geschäfte und Handlungen. Mit diesem Teil der Begriffsbestimmung allein ist freilich noch nicht viel gewonnen; denn in der bisherigen Immunitätslehre und -praxis ist noch nie ernsthaft angezweifelt worden, daß eine bestimmte Handlung auch dann wirtschaftlicher Natur sein kann, wenn sie nicht im Rahmen eines dauerhaften Geschäftsbetriebs erfolgt ist. Entscheidend ist vielmehr, welche dauerhaften oder einzelnen Tätigkeiten als wirtschaftlich zu charakterisieren sind. Hiermit befaßt sich der zweite Teil der gesetzlichen Begriffsbestimmung. Zum besseren Verständnis dieses Definitionsteils muß an dieser Stelle zunächst ein Punkt aus der völkerrechtlichen Immunitätsdiskussion eingeblendet werden.

Das moderne Völkerrecht bietet zur Abgrenzung der beiden Ebenen iure imperii (public acts) und iure gestionis (private acts) im wesentlichen zwei unterschiedliche Abgrenzungskriterien an. Man kann entweder den mit der jeweiligen Handlung verfolgten *Zweck* für maßgeblich halten und demzufolge alle durch Gewinnstreben und andere „private" Ziele motivierte Betätigungen aus der völkerrechtlich geforderten Immunität ausnehmen.[65] Oder aber man stellt auf die *Natur* der jeweiligen Handlung ab[66] und verweigert Immunität überall dort, wo sich in der betreffenden Handlung ihrer Erscheinung nach keine staatliche Gewalt manifestiert. Beide Modelle haben ihre Tücken. Der mit einer Handlung verfolgte Zweck läßt sich mitunter nur schwer feststellen und häufig nicht auf einen einzigen reduzieren; zudem dient auch die vordergründig profitorientierte staatliche Tätigkeit letztlich dem Staatsganzen und unter Umständen gerade der Finanzierung anderweitiger, klassischer Staatsaufgaben. Die Abgrenzung nach der Natur der Handlung ordnet im Ausgangspunkt staatliche Zwangsakte dem Bereich iure imperii und vor allem Verträge dem Bereich iure gestionis zu. Das Kriterium der Natur stellt wesentlich auf die äußere Erscheinungsform der Handlung ab und wird schwierig zu handhaben, wenn etwa eine Unterlassung oder ein Delikt in Rede steht. Überdies kann es zu willkürlichen oder sogar widersinnigen Ergebnissen führen,

---

[65] Nachw. insbes. auf die Rspr. etwa bei Malina, S. 223—228.

[66] Grundlegend in diesem Sinne: Weiss, Recueil 1 (1923) 536 ff., insbes. 544—547.

wo der Staat zur Erledigung einer bestimmten Aufgabe zwischen verschiedenen Handlungsformen wählen kann und sein Handeln möglicherweise bewußt in diejenige Form kleidet, die ihm Immunität verspricht.[67]

Diese völkerrechtliche Diskussion bildet den Hintergrund für den zweiten Teil der gesetzlichen Bestimmung dessen, was als wirtschaftliche Betätigung anzusehen ist. Gem. § 1603 (d) entscheidet über den Charakter einer Tätigkeit als wirtschaftlich oder nicht-wirtschaftlich nicht der mit ihr verfolgte Zweck, sondern ihre „Natur". Das Gesetz übernimmt damit das Kriterium, das im Völkerrecht — allerdings häufig mit gewissen Einschränkungen — derzeit wohl mehrheitlich befürwortet wird, von der führenden neueren amerikanischen Gerichtsentscheidung vor Inkrafttreten des FSIA[68] allerdings ausdrücklich als unbefriedigend abgelehnt worden ist. Wirtschaftlich sind demzufolge alle Handlungen, die in dieser Form auch ein privater Rechtsträger hätte vornehmen können. Davon zu unterscheiden ist solche Tätigkeit, in der sich typische Hoheitsmacht offenbart und die daher „ihrer Natur nach" staatlich ist.

Die völkerrechtliche Unterscheidung zwischen Akten iure imperii und iure gestionis ist in den Vereinigten Staaten seit jeher vornehmlich zu dem Zweck rezipiert worden, U.S.-Staatsangehörigen Rechtsschutz zu gewähren, soweit sie mit ausländischen Staaten Handel treiben. Derartige staatliche Handelstätigkeit ist ihrer Natur nach „privat" und fällt damit unter die Immunitätsausnahme des § 1605 (a) (2). Insofern setzt der FSIA die bestehende Tradition fort. Gleichzeitig spannt er den Begriff der wirtschaftlichen Betätigung so weit, daß dieser den gesamten Bereich der im völkerrechtlichen Sinne private acts erfaßt, auch wenn diese nach dem sonstigen Verständnis dieses Begriffs keine wirtschaftliche Tätigkeit darstellen. Seine etwas mißverständliche Bezeichnung als Immunitätsausnahme für wirtschaftliche Betätigung verdankt § 1605 (a) (2) dem in der Vergangenheit und voraussichtlich auch in der Zukunft häufigsten Anwendungsbereich.

Das Kriterium der Natur der Handlung führt, da der mit der Tätigkeit verfolgte Zweck offenbar nicht einmal im Zuge einer Gesamtschau miteinbezogen werden kann, zu weitreichenden Einbrüchen in die gesetzliche Regelimmunität. Die Zeichnung von Akkreditiven stellt wirtschaftliche Tätigkeit dar, gleich zu welchen Zwecken die damit bestell-

[67] Vorzüge und Nachteile dieser beiden und weiterer (bisweilen unterschiedlich verstandener) Kriterien sind im völkerrechtlichen Schrifttum eingehend erörtert worden, vgl. insbes. Schaumann, BerDGesVR 8 (1968) 95 ff.

[68] Victory Transport Incorporated v. Comisaria General de Abastecimientos y Transportes, 336 F.2d 354, 359 (2d Cir. 1964); cert. denied 381 U.S. 934 (1965).

ten Waren benötigt werden.[69] Für Streitigkeiten im Zusammenhang mit Waffenkäufen für die Armee besteht keine Immunität; denn der Kauf und Transport[70] von Waffen vollzieht sich der geschäftlichen Form nach wie der Kauf und Transport sonstiger Güter durch Private.[71] Erst recht wirtschaftlich sind Streitigkeiten, die aus dem Import von Getreide herrühren.[72] Gleiches dürfte für den Betrieb von Fluglinien, Eisenbahnen und Postdiensten gelten. Kreditaufnahmen bei Banken und die Ausgabe von Staatsanleihen[73] genießen ebensowenig Immunität wie die Beteiligung an amerikanischen Gesellschaften. Die Vergabe von Arbeiten an Grundstücken und Gebäuden ist wirtschaftlich auch dann, wenn das Gebäude die diplomatische Mission beherbergt. Eine staatliche Konzertagentur wandte vergeblich ein, sie sei die Verpflichtung zur Erbringung künstlerischer Darbietungen aus Gründen staatlicher Kulturpolitik eingegangen.[74] Paradoxerweise müßten schließlich etwa die Tätigkeiten eines im Ausland getarnt arbeitenden Geheimdienstes zwangsläufig kommerziell sein. Auf der anderen Seite besteht Immunität etwa für die förmliche Ausweisung eines Ausländers, polizeiliche Zwangsmaßnahmen[75] oder eine Verstaatlichung[76].

---

[69] National American Corporation v. Federal Republic of Nigeria, 448 F. Supp. 622, 639 ff. (S.D.N.Y. 1978), aff'd 597 F.2d 314 (2d Cir. 1979); Texas Trade & Milling Corp. v. Federal Republic of Nigeria, 647 F.2d 300, 308—310 (2d Cir. 1981); kaum haltbar dagegen de Sanchez v. Banco Central de Nicaragua, 515 F.Supp. 900, 909 f. (E.D.La. 1981): Ausstellung eines Schecks nicht kommerziell, weil im Rahmen der Devisenregulierungspolitik erfolgt.

[70] Vgl. Behring International, Inc. v. Imperial Iranian Air Force, 475 F. Supp. 383, 390 (D.N.J. 1979) = ILM 18 (1979) 1370: Vertrag zwischen Spediteur und iranischer Luftwaffe über die Ausfuhr in den USA gekaufter Güter.

[71] Vgl. demgegenüber nach früherem Recht: Aerotrade, Inc. v. Republic of Haiti, 376 F.Supp. 1281 (S.D.N.Y. 1974).

[72] Vgl. Gemini Shipping v. Foreign Trade Organization For Chemicals and Foodstuffs, 647 F.2d 317, 319 (2d Cir. 1981) = ILM 20 (1981) 650; Thos. P. Gonzalez Corporation v. Consejo Nacional de Produccion de Costa Rica, 614 F.2d 1247 (9th Cir. 1980).

[73] H.R.Rep. 16 = ILM 15 (1976) 1407. Dies wird auch durch die Entstehungsgeschichte belegt; denn ein in der ursprünglichen Vorlage enthaltener § 1606 (b), der eigens Kreditaufnahmen für hoheitliche Zwecke immunisiert hätte, wurde im Gesetzgebungsverfahren ersatzlos gestrichen; vgl. näher Delaume, A.J.I.L. 67 (1973) 747—750; ders., A.J.I.L. 70 (1976) 529—534; ders., A.J. I.L. 71 (1977) 404—406.

[74] United Euram Corp. v. Union of Soviet Socialist Republics, 461 F.Supp. 609, 611 (S.D.N.Y. 1978); unhaltbar dagegen Gittler v. German Information Center, 408 N.Y.S. 2d 600 (Sup.Ct. N.Y. City 1978): Immunität gegenüber Klage aus Arbeitsvertrag bejaht, weil beklagter Arbeitgeber die auswärtigen Kulturbeziehungen betreut.

[75] Perez v. The Bahamas, 482 F.Supp. 1208 (D.C.D.C. 1980), aff'd 652 F.2d 186 (C.A.Col. 1981); hierzu auch unten bei FN 85.

[76] Vgl. Carey v. National Oil Corporation, 453 F.Supp. 1097, 1102 (S.D.N.Y. 1978) = ILM 17 (1978) 1180, aus anderen Gründen aff'd 592 F.2d 673 (2d Cir. 1979).

Trotz dieser auf den ersten Blick simplen Abgrenzung zwischen wirtschaftlichen Akten und Akten, die in dieser Art nur ein Hoheitsträger vornehmen kann, sind damit noch nicht sämtliche Zweifelsfälle gelöst. Dies mag das Gebiet der Beschäftigungsverhältnisse verdeutlichen. Die Gesetzesmaterialien führen als Beispiel eines seiner Natur nach grundsätzlich hoheitlichen Bereichs das Verhältnis des Staates zu seinen Bediensteten im öffentlichen Dienst an und stellen dem als wirtschaftliche Ausnahme die derartige Anstellung von Angehörigen der USA oder von Drittstaaten entgegen.[77] Der Sinn dieser Unterscheidung ist offenbar. Die Erheblichkeit der Staatsangehörigkeit ist allerdings nur schwer mit dem Prinzip der Maßgeblichkeit der nach außen hervortretenden Natur des jeweiligen Verhältnisses zu versöhnen. Es scheint vielmehr, als hätte bei strikter Durchführung des Ausgangsgrundsatzes etwa die Einstellung eines Botschaftsangestellten im Rahmen eines privatrechtlichen Arbeitsvertrages auch dann als wirtschaftlich zu gelten, wenn dieser die Nationalität des Arbeitgeberstaates besitzt. Umgekehrt müßte wohl das Verhältnis des Staates zu seinen Soldaten einheitlich als hoheitlich zu qualifizieren sein, auch wenn ein einzelner Soldat (ausschließlich oder zusätzlich) die amerikanische Staatsangehörigkeit besitzt.

Die Gesetzesmaterialien erläutern, daß insgesamt eine präzise Definition der „wirtschaftlichen Betätigung“ nicht beabsichtigt war, und heben den Ermessensspielraum hervor, den die Gerichte bei der Anwendung dieses Begriffs haben.[78] Es bleibt daher abzuwarten, inwieweit die Gerichte die Aktivitäten ausländischer Staaten letztlich in allen Fällen mit der Striktheit klassifizieren werden, die der Gesetzestext vorzuschreiben scheint. Skepsis ist zumindest dort angebracht, wo eine auf die Spitze getriebene Beurteilung nach der Natur der Tätigkeit zu einer Beschneidung der Immunität sogar in solchen Bereichen führen kann, die traditionell als Kernzonen staatlicher Tätigkeit und damit als immun gegolten haben. So wird wohl die von einer staatlichen Geheimpolizei durchgeführte Ermordung, Verschleppung oder Internierung kaum als „wirtschaftlich“ einzustufen sein, nur weil eine Tat dieser Art auch das Werk einer privaten Bande hätte sein können. Neben solchen Tätigkeiten, die nach allgemeiner Anschauung als typischerweise staatlich gelten, auch wenn sie ihrem Erscheinungsbild nach in dieser Weise ebensogut von Privaten hätten durchgeführt werden können, gibt es wieder andere, die — wie etwa die Nutzung des Weltraums — von vornherein Staaten vorbehalten sind und deshalb als

[77] H.R.Rep. 16 = ILM 15 (1976) 1407; hierzu auch Broadbent v. Organization of American States, 628 F.2d 27, 33—35 (C.A.Col. 1980) = ILM 19 (1980) 208.

[78] Vgl. H.R.Rep. (FN 77).

staatlich empfunden werden, obwohl sie keine Hoheitsgewalt ausstrahlen. Es ist nicht auszuschließen, daß die Gerichte in solchen Fällen den Zweck oder den Charakter als Staatsaufgabe in gewissem Maß zumindest untergründig mitberücksichtigen werden, um den Staaten so bei der Wahrnehmung als legitim empfundener staatlicher Aufgaben Immunität gewähren zu können.

Eine gewisse Rolle dürfte auch das Ausmaß spielen, in welchem die betreffende Tätigkeit von der politischen Staatsführung gelenkt wird. Diese Vermutung wird durch eine bereits bald nach Inkrafttreten des FSIA ergangene Entscheidung gestützt. In Yessenin-Volpin v. Novosti Press Agency, Tass[79] ging der Kläger gegen die sowjetischen Nachrichtenagenturen Novosti und Tass vor, weil diese angeblich seine Ehre verletzende Artikel veröffentlicht hatten. Bei radikaler Qualifizierung nach der Natur der Tätigkeit hätte man dieses Tun wohl als wirtschaftlich charakterisieren müssen, weil es sich äußerlich in nichts von der Tätigkeit privater Nachrichtenagenturen unterschied. Das Gericht hielt demgegenüber für erheblich, daß die Artikel in Zeitschriften erschienen waren, die Nachrichtenorgane des Zentralkomitees, der Presseabteilung einer Botschaft bzw. des Obersten Sowjet seien, und hob hervor, die Artikel stellten offizielle Äußerungen der sowjetischen Regierung dar. Mit dieser Begründung verneinte es den wirtschaftlichen Charakter der in Rede stehenden Tätigkeit.[80]

Eine Antwort werden die Gerichte auch auf die Frage zu finden haben, wie sich ein Unterlassen äußerlich darstellt, je nachdem, ob es hoheitlich oder privat (wirtschaftlich) auftritt. Diese Problematik hat — im Gewande der Act of State-Doktrin — den Supreme Court in Dunhill v. Cuba beschäftigt.[81] Der Rechtsstreit war infolge der Verstaatlichung verschiedener kubanischer Zigarrenmanufakturen entstanden. In der Annahme, daß die Verstaatlichung auch für die Außenstände der Unternehmen wirksam sei, hatte die Klägerin auch für noch vor der Verstaatlichung erhaltene Lieferungen den vollen Kaufpreis an die vom kubanischen Staat eingesetzten Verwalter gezahlt. Nachdem in anderweitigen Verfahren geklärt worden war, daß die Forderungen der Unternehmen gegen ausländische Importeure nach amerikanischem Recht im Ausland belegen waren und deshalb von dem kubanischen Verstaatlichungsdekret nicht erfaßt werden konnten, nahm die Klägerin den kubanischen Staat auf Rückzahlung in Anspruch. Dieser stellte sich auf den Standpunkt, daß kraft des seinerzeitigen Dekrets auch die

---

[79] 443 F.Supp. 849 (S.D.N.Y. 1978) = ILM 17 (1978) 720.

[80] (FN 79) S. 856.

[81] Alfred Dunhill of London, Inc. v. The Republic of Cuba, 425 U.S. 682 (1976) = ILM 15 (1976) 737.

bereits bestehenden Forderungen auf ihn übergegangen seien und ihm die gezahlten Beträge folglich zustünden. — Da die Verstaatlichung der Forderungen nach amerikanischem Recht ins Leere gegangen war, stellte sich für das Gericht die Frage, ob nicht wenigstens die Weigerung des kubanischen Staates, die empfangenen Gelder rückzuerstatten, einen nicht justiziablen Act of State darstellte. Die Mehrheit der Richter konnte in der bloßen Zahlungsverweigerung keinen Act of State erblicken; sie vermißte einen spezifischen Staatsakt („statute, decree, order or resolution of the Cuban Government"), mit dem Kuba die eingezogenen Gelder hoheitlich vereinnahmt hätte.[82] Denkt man diesen Ansatz zu Ende, so kann sog. schlichtes Unterlassen, dem nicht eine in hoheitliche Form gekleidete ablehnende Entscheidung zugrunde liegt, niemals den Tatbestand eines Act of State erfüllen. Nichts liegt näher, als dieses Ergebnis auf die im Rahmen des Immunitätsrechts relevante Abgrenzung wirtschaftlich/hoheitlich zu übertragen, die gemäß § 1603 (d) ausdrücklich nach der Natur und äußeren Form zu erfolgen hat. Demzufolge wäre jedwedes schlichtes Unterlassen als wirtschaftlich einzustufen und genösse mithin keine Immunität.[83] Letztlich werden die Gerichte zu lösen haben, wie sich wirtschaftliches bzw. hoheitliches Unterlassen äußert. Auch hier ist jedoch nicht auszuschließen, daß sich zumindest untergründig neben der Natur bisweilen noch weitere Kriterien einschleichen und auf diese Weise die Immunität für gewisse Kernbereiche staatlicher Entfaltung gewahrt bleibt.

b) § 1605 (a) (2) versagt Immunität dort, wo die Klage auf einer wirtschaftlichen Tätigkeit *beruht*. Die Tätigkeit, die die Klage veranlaßt hat, muß selbst wirtschaftlich sein.[84] Dieses Merkmal verhindert, daß in Klagen gegen nicht-wirtschaftliches Handeln die Immunität gem. § 1605 (a) (2) durchbrochen wird, weil der beklagte Staat oder die von ihm abhängige juristische Person in anderer Hinsicht wirtschaftlich tätig sind. Das versteht sich. Die eigentliche Schwierigkeit besteht jedoch darin, den der Klage zugrunde liegenden Lebenssachverhalt zu umschreiben und festzulegen. Je nachdem, was man als relevante Tätigkeit identifiziert, stellt man die Weichen für die spätere Klassifikation als

---

[82] 425 U.S. 694 f. (1976); vgl. demgegenüber die diss. opinion der JJ. Marshall, Brennan, Stewart und Blackmun, ebenda S. 718—721.

[83] Immerhin denkbar wäre allerdings auch, ein Unterlassen dann als wirtschaftlich einzuordnen, wenn die unterlassene Tätigkeit wirtschaftlich gewesen wäre. Dieses Kriterium führt jedoch zu Schwierigkeiten, wenn der beklagte Staat hypothetisch sowohl wirtschaftlich als auch hoheitlich hätte handeln können.

[84] Yessenin-Volpin v. Novosti Press Agency, Tass, 443 F.Supp. 849, 855 (S.D.N.Y. 1978) = ILM 17 (1978) 720; Arango v. Guzman Travel Advisors Corporation, 621 F.2d 1371, 1379 (C.A.Fla. 1980); de Sanchez v. Banco Central de Nicaragua, 515 F.Supp. 900, 904 (E.D.La. 1981).

wirtschaftlich oder nicht-wirtschaftlich. So kann man beispielsweise in aller Regel auch im Zusammenhang mit äußerlich hoheitlichen Akten vorbereitende oder begleitende Maßnahmen und Teilakte abtrennen, die für sich genommen keine Hoheitsgewalt offenbaren. Je weiter man einzelne Akte aus dem Gesamtzusammenhang der sie umgebenden Staatstätigkeit isoliert, desto leichter fällt es bisweilen, sie als wirtschaftlich zu charakterisieren. So bedurfte es immerhin einer gerichtlichen Entscheidung, um zu klären, daß die Küstenpolizei der Bahamas, die auf ein Boot geschossen und dabei den minderjährigen Sohn der Kläger verletzt hatte, hierbei nicht wirtschaftlich gehandelt hatte.[85] Die Kläger hatten sich offenbar von der durch amerikanische Verhältnisse geprägten Vorstellung leiten lassen, daß der Schußwaffengebrauch als solcher nicht typischerweise hoheitlich sei. Dennoch läßt sich die Entscheidung auch nach dem Wortlaut des FSIA ohne weiteres halten, wenn man die mutmaßlichen auch äußerlich klassisch obrigkeitlichen Begleitumstände (vorausgehende unbefolgt gebliebene polizeiliche Aufforderung, Schuß von Polizeischiff) in die Betrachtung miteinbezieht. Das Beispiel zeigt indes, wie leicht durch Verengung oder Ausdehnung des Sachverhalts, der in einem theoretisch zweiten Schritt auf seine wirtschaftliche Natur hin untersucht wird, das Immunitätsergebnis präjudiziert werden kann.

Mangels näherer gesetzlicher Direktive darüber, wie die als Beurteilungsgrundlage dienende Tätigkeit tatsächlich zuzuschneiden ist, haben die Gerichte auch in diesem Zusammenhang einen gewissen Ermessensspielraum. Es ist nicht auszuschließen, daß dieser Spielraum zu einer ergebnisorientierten Handhabung genutzt wird. Ein bereits entschiedener Fall demonstriert die Gefahr, daß die Tätigkeit, auf die der im Prozeß erhobene Anspruch gestützt wird, regelrecht verschoben wird, um das Ergebnis zu steuern: Eine amerikanische Gewerkschaft hatte die Mitgliedstaaten der OPEC verklagt und vorgetragen, die beklagten Staaten verstießen durch ihre Absprachen über die Rohölverkaufspreise gegen die amerikanischen Antitrust-Gesetze. Das Gericht definierte die relevante Tätigkeit als die „Festlegung der Bedingungen für die Entfernung eines Bodenschatzes aus dem Staatsgebiet". Diese Umschreibung ist so nebulös, daß sie der gesetzlich vorgeschriebenen Prüfung anhand der Natur der Handlung kaum noch zugänglich ist. Sie erlaubte dem Gericht, die so umschriebene Tätigkeit wegen des angeblich engen Bezugs zwischen Souveränität und der Ausfuhr von Ölvorkommen als hoheitlich zu qualifizieren und die Immunität folglich zu bejahen.[86] In Wirklichkeit stützte sich die Klage auf eine ganz

[85] Perez v. The Bahamas, 482 F.Supp. 1208 (D.C.D.C. 1980), aff'd, ohne § 1605 (a)(2) überhaupt zu erörtern, 652 F.2d 186 (C.A.Col. 1981).

[86] International Association of Machinists and Aerospace Workers, (IAM),

bestimmte und unleugbar von Privaten in gleicher Weise durchführbare und damit wirtschaftliche Tätigkeit, nämlich die Preisabsprachen zwischen Wettbewerbern. Das Beispiel belegt, wie leicht an dieser Stelle das Rechtsgefühl und möglicherweise auch politische Rücksichtnahme bewußt oder unbewußt den Entscheidungsprozeß beeinflussen können. Richtigerweise hätte das Vorliegen einer wirtschaftlichen Betätigung i. S. d. § 1603 (d) bejaht werden müssen.[87] Daß die im Ergebnis richtige Abweisung der Klage dem Gericht so viel Mühe bereitete, liegt nicht an einer zu weiten Fassung der Immunitätsausnahmen im FSIA, sondern an der internationalen Reichweite des amerikanischen Kartellrechts.[88]

Das Erfordernis, daß eine wirtschaftliche Betätigung die Grundlage der Klage bildet, beschwört Zweifelsfragen in denjenigen Fällen herauf, in denen die Klage auf verschiedenen Handlungen des Staates basiert, die teils wirtschaftlich, teils hoheitlich einzustufen sind. Wie ist insbesondere zu entscheiden, wenn ein Staat im Rahmen eines bereits bestehenden wirtschaftlichen Rechtsverhältnisses plötzlich hoheitliche Maßnahmen trifft und so die Rechte des Privaten beeinträchtigt? Wenn beispielsweise ein Staat ein förmliches Dekret erläßt, das sich aus der Sicht seines privaten Vertragspartners als breach of contract darstellt, beruht ein etwaiger Ersatzanspruch des Privaten offenbar sowohl auf dem ursprünglichen (wirtschaftlichen) Vertrag als auch auf dem späteren (hoheitlichen) Dekret. Kann der Staat in einem daraufhin angestrengten Rechtsstreit Immunität beanspruchen, weil der eigentliche Anlaß der Klage ein typischer Staatsakt war? Diese Problematik eines gemischt wirtschaftlich/hoheitlichen Anspruchsgrundes entsteht z. B. dann, wenn ein Staat ausländischen Gesellschaften vertraglich Konzessionen zur Förderung von Rohstoffvorkommen erteilt, diese Konzessionen später jedoch durch Gesetz verstaatlicht.[89] Es hilft nicht

---

v. Organization of Petroleum Exporting Countries, (OPEC), 477 F.Supp. 553, 567—569 (C.D.Cal. 1979), aus anderen Gründen aff'd 649 F.2d 1354 (Cal. 1981).

[87] Bezeichnenderweise ließ der Court of Appeals (FN 86) die Immunitätsproblematik offen, äußerte Verständnis für das Anliegen des Untergerichts („The district court was understandably troubled by the broader implications of an anti-trust action against the OPEC nations", S. 1358) und rettete sich mit der Act of State-Doktrin (S. 1358 ff.).

[88] Siehe dazu sogleich bei FN 116 ff.

[89] Vgl. etwa die Schiedsverfahren B.P. Exploration Co. (Libya) Ltd. v. Government of the Libyan Arab Republic, I.L.R. 53 (1979) 297 (Schiedsrichter: Lagergren); Texaco Overseas Petroleum Co. and California Asiatic Oil Co. v. Government of the Libyan Arab Republic, Clunet 104 (1977) 350 = I.L.R. 53 (1979) 389 = ILM 17 (1978) 1 (Schiedsrichter: Dupuy); Libyan American Oil Co. v. The Government of the Libyan Arab Republic, ILM 20 (1981) 1 (Schiedsrichter: Mahmassani). — Hierzu die Anm. von Cohen-Jonathan, Ann. Franc. 23 (1977) 452 ff.; Lalive, Clunet 104 (1977) 320 ff.; Bowett, Camb.L.J. 37 (1978) 5 ff.; Fatouros, A.J.I.L. 74 (1980) 134 ff.; von Mehren/Kourides, A.J.I.L.

weiter, in solchen Fällen den hoheitlichen Charakter des Vertragsbruchs einfach zu leugnen. Andererseits wäre es gerade im internationalen Wirtschaftsverkehr mißlich, wenn ein Staat sich durch förmlich staatliches Handeln der Verantwortlichkeit für bestehende wirtschaftliche Verbindlichkeiten entziehen könnte. Die Lösung dieser Fälle läßt sich aus dem FSIA nicht zwingend ableiten. Dennoch spricht viel dafür, daß i. S. d. FSIA Forderungen auch dann auf einer wirtschaftlichen Betätigung des Staates beruhen, wenn sie in einem ursprünglich wirtschaftlichen Verhalten des Staates wurzeln und die behauptete Rechtsverletzung in hoheitlicher Form erfolgt ist. Der hoheitlich durchgeführte Vertragsbruch ändert nicht die Natur der in ihrem Ursprung wirtschaftlichen Rechtsbeziehung. Wenn diese Überlegung zutrifft, genießt der Staat, der eine von ihm erteilte Konzession ganz oder teilweise entzogen hat, gegenüber einem etwaigen Anspruch des Konzessionärs auch dann keine Immunität, wenn die Entziehung durch Verordnung oder Gesetz bewirkt wurde.[90] Diese Auslegung wird durch das Urteil Dunhill v. Cuba[91] gestützt. Dort stellten vier Richter in einer Hilfsbegründung fest, daß selbst dann, wenn die Zahlungsverweigerung Kubas einen Act of State darstellen sollte, Kuba die Act of State-Doktrin nicht zugutekommen könne, da es sich um die Ablehnung der Erfüllung einer rein kommerziellen Verbindlichkeit gehandelt habe.[92] Die damit propagierte Ausnahme von der Act of State-Doktrin wurde interessanterweise damit begründet, daß auch im Bereich des Immunitätsrechts keine Immunität gewährt werden könne, sobald ein Staat mit äußerlich hoheitlichen Maßnahmen seine im Ursprung kommerziellen Pflichten verletzt. Dieses Ergebnis erzielten sie auf dem Boden der vor Inkrafttreten des FSIA geltenden unkodifizierten Theorie der beschränkten Immunität, wie sie insbesondere im Tate-letter[93] ihren Niederschlag gefunden habe.[94] Die dissentierenden

---

75 (1981) 476—552; White, ICLQ 13 (1981) 1 ff.; Catranis, RIW/AWD 1982, 19—27. — Zur Anerkennung des letztgenannten (schweizer.) Schiedsspruches in den USA die sehr zweifelhafte Entscheidung Libyan American Oil Company v. Socialist People's Libyan Arab Jamahirya, 482 F.Supp. 1175 (D.C.D.C. 1980) und hierzu oben § 3 F bei und in FN 53. — Allg. zum Typus der Vereinbarungen zwischen Staat und ausl. Investor: Stoll, passim.

[90] Ebenso von Mehren, Colum.J.Transnat'l L. 17 (1978) 54, 57 f.; zustimmend Pavlis, N.Y.U.J.Int'l L. & Pol. 14 (1981) 90—92; gegenteilig wohl Kahale/Vega, Colum.J.Transnat'l L. 18 (1979) 241—243 und dezidiert Eskridge (Anwalt Irans in schwebendem Verfahren), Harv.Int.L.J. 22 (1981) 580—584.

[91] Alfred Dunhill of London, Inc. v. The Republic of Cuba, 425 U.S. 682 (1976) = ILM 15 (1976) 737; anders aber Carey v. National Oil Corporation, 453 F.Supp. 1097, 1102 (S.D.N.Y. 1978), aus anderen Gründen aff'd 592 F.2d 673 (2d Cir. 1979).

[92] (FN 91) S. 695.

[93] Siehe oben § 2 FN 14.

[94] (FN 91) S. 698—706.

Richter[95] bestritten zwar, daß aus dem Immunitätsrecht Rückschlüsse für die Reichweite der Act of State-Doktrin gezogen werden könnten, bezweifelten aber offenbar nicht den Ausgangspunkt dieser Überlegung, daß eine Immunitätseinrede[96] der Theorie der beschränkten Immunität zufolge erfolglos gewesen wäre.[97] Wenn damit die Meinung der Minderheit richtig verstanden ist, so stimmten alle Richter in der diesbezüglichen Auslegung des Tate-letter[98] überein. Es ist kaum anzunehmen, daß der FSIA in einer Weise gedeutet wird, die in der Gewährung des Rechtsschutzes hinter dem Standard des Tate-letter zurückbleibt.

c) § 1605 (a)(2) sieht drei verschiedene Konstellationen vor, in denen die wirtschaftliche Tätigkeit eines Staates eng genug mit den USA verknüpft ist, um Jurisdiktion zu beanspruchen. Der erforderliche Bezug zum Forum ist zunächst natürlich dann gegeben, wenn die betreffende wirtschaftliche Aktivität in den USA ausgeübt wird. Hierzu ist nicht einmal erforderlich, daß die Gesamtheit der Tätigkeit, auf die sich der geltend gemachte Anspruch gründet, in den USA stattgefunden hat. Nach der Begriffsbestimmung in § 1603 (e) wird eine wirtschaftliche Tätigkeit vielmehr bereits dann in den USA ausgeübt, wenn sie nur irgendeinen erheblichen Bezug (substantial contact) zu den USA aufweist. Die Gesetzesmaterialien machen deutlich, daß sich die Gerichte auf jeden Bezug zum Forum stützen können, der über die bloße Staatsangehörigkeit oder den Wohnsitz des Klägers hinausgeht.[99] Die Rechtsprechung bemüht sich um Einzelfallgerechtigkeit. Sie betont, daß der Bezug zu der speziellen Tätigkeit gegeben sein muß, auf die sich die Klage bezieht,[100] legt aber eine wirtschaftliche Betrachtungsweise an.[101] Während die Führung von Vertragsverhandlungen in den USA für sich allein nicht zu genügen scheint,[102] ist die Verbindung zu den USA dann

---

95 Sie waren hinsichtlich dieser Hilfsbegründung in der Mehrheit, da einer der fünf Richter (J. Stevens), der das Urteil im Ergebnis mittrug, der Hilfsbegründung nicht zustimmte.

96 Eine solche hatte Kuba nicht erhoben.

97 Diss. op. sub II B (FN 91) S. 725—728.

98 Siehe oben § 2 FN 14.

99 H.R.Rep. 17 = ILM 15 (1976) 1407.

100 Verlinden B.V. v. Central Bank of Nigeria, 488 F.Supp. 1284, 1294 (S.D. N.Y. 1980), aus anderen Gründen aff'd 647 F.2d 320 (2d Cir. 1981) = ILM 20 (1981) 639; Sugarman v. Aeromexico, Inc., 626 F.2d 270, 272 (3rd Cir. 1980).

101 Vgl. Gemini Shipping v. Foreign Trade Organization For Chemicals and Foodstuffs, 647 F.2d 317, 319 (2d Cir. 1981) = ILM 20 (1981) 650: per Telex aus Syrien abgegebene Garantie steht in Zusammenhang mit dem in den USA getätigten Kauf und weist somit den erforderlichen Bezug auf [vgl. demgegenüber noch die Vorinstanz, 496 F.Supp. 256 (S.D.N.Y. 1980)]; siehe auch In the Matter of Rio Grande Transport, Inc., 516 F.Supp. 1155, 1161 f. (S.D.N.Y. 1981).

stark genug, wenn ein Kauf dort ausgeschrieben war und seine Finanzierung von der amerikanischen Regierung unterstützt wurde.[103] Daß ein Akkreditiv zugunsten einer ausländischen Gesellschaft über eine amerikanische Bank zahlbar ist, stellt keinen hinreichend gewichtigen Kontakt zu den USA her.[104] Andererseits wird internationale Zuständigkeit immer dann beansprucht, wenn der Anspruch in einer laufenden Geschäftstätigkeit des beklagten Staates in den USA wurzelt. Das gilt auch dann, wenn das letztlich haftungsauslösende Verhalten im Ausland begangen worden ist.[105] Diese erste Alternative der räumlichen Anknüpfung dürfte die Mehrzahl der praktischen Fälle abdecken.

Eine zweite Situation, die die Inanspruchnahme amerikanischer Gerichte ermöglicht, liegt dann vor, wenn die wirtschaftliche Tätigkeit des beklagten Staates zwar im Ausland ausgeübt wird, aber die Klage auf einem mit ihr zusammenhängenden einzelnen, in den USA vorgenommenen Akt beruht. Dem liegt die allgemeine Konzeption des amerikanischen Rechts zugrunde, daß die Gerichte Jurisdiktion über alle im Inland begangenen Akte haben, auch wenn diese lediglich Konsequenzen im Ausland zeitigen.[106] Dementsprechend soll diese zweite Variante diejenigen Fälle abdecken, in denen der einzelne Akt für sich allein zu unbedeutend ist, um einen erheblichen Kontakt zu den USA herzustellen und damit der ersten Variante zu unterfallen. Angesichts der Weite der ersten Variante und des Begriffs der wirtschaftlichen Betätigung lassen sich allerdings nur mit Mühe Fallgestaltungen vorstellen, die von dieser Bestimmung erfaßt werden, ohne nicht bereits von der ersten Variante abgedeckt zu sein.[107] Da gemäß § 1603 (d) auch eine einzelne Handlung bereits unter den Begriff der wirtschaftlichen Betätigung fällt, könnte man wohl regelmäßig den betreffenden Akt als eigenständige wirtschaftliche Tätigkeit klassifizieren, die dann ihren Bezugsschwerpunkt in den USA hat. Die Gesetzesmaterialien nennen als Beispiel einer von der zweiten Variante erfaßten Fallgestaltung die Entlassung eines in den USA tätigen Angestellten, der für eine in einem

---

[102] East Europe Domestic International Sales Corp. v. Terra, 467 F.Supp. 383, 388 f. (S.D.N.Y. 1979) = ILM 18 (1979) 977, aff'd 610 F.2d 806 (2d Cir. 1979); Waukesha Engine Division, Dresser America, Inc. v. Banco Nacional de Fomento Cooperativo, 485 F.Supp. 490 (E.D.Wis. 1980); anders aber Maritime International Nominees Establishment v. Republic of Guinea, 505 F.Supp. 141, 143 (D.C.D.C. 1981).

[103] Gemini Shipping, (FN 101) S. 318.

[104] Verlinden B.V. v. Central Bank of Nigeria, (FN 100) S. 1286 f.

[105] Sugarman v. Aeromexico, Inc., (FN 100) S. 273; Arango v. Guzman Travel Advisors Corporation, 621 F.2d 1371, 1379 f. (C.A.Fla. 1980).

[106] Restatement 2d, § 17 (a).

[107] Angedeutet auch in H.R.Rep. 19 = ILM 15 (1976) 1408; vgl. ferner etwa Falk, N.Y.U.J. Int'l L. & Pol. 6 (1973) 479 bei und in FN 28; Dellapenna, Comm.L.J. 85 (1980) 367.

Drittland ausgeübte wirtschaftliche Betätigung beschäftigt worden war.[108] Hier wären wohl ohne besondere Schwierigkeiten die Beschäftigung und Entlassung eines Angestellten in den USA als eigenständige wirtschaftliche Tätigkeiten i. S. d. § 1603 (d) einzustufen, die einen hinreichend erheblichen Bezug zum Forum aufweisen. Die Bedeutung der zweiten Konstellation besteht daher vornehmlich in der Klarstellung, daß Jurisdiktion immer besteht, sofern sich die Klage ausschließlich auf wirtschaftliche Vorgänge in den USA bezieht.

Betrafen die beiden ersten Varianten noch inneramerikanisches Verhalten des beklagten Staates, so eröffnet die dritte Variante eine internationale Zuständigkeit zur Beurteilung selbst solcher Handlungen, die sich vollständig im Ausland abspielen: Jurisdiktion besteht danach auch in Bezug auf im Ausland ausgeübte wirtschaftliche Tätigkeit, sofern diese einen direkten Effekt in den USA bewirkt. Damit umfaßt diese Bestimmung unproblematisch etwa solche Fälle, in denen im Zusammenhang mit wirtschaftlicher Tätigkeit in einem Nachbarstaat entstehende Emissionen Rechtsgüter in den USA beeinträchtigen. Darüber hinaus jedoch kann sie — je nachdem, was unter einem „direkten Effekt in den USA“ verstanden wird — zu einer bedenklichen Ausdehnung der Zuständigkeit amerikanischer Gerichte führen. Bei unbefangener Auslegung dieser Bestimmung bestünde amerikanische Jurisdiktion, sobald das Verhalten eines Staates sich in irgendeiner, möglicherweise sogar beiläufigen Weise in den USA auswirkt oder auch nur nachteilige Folgen für einen einzelnen dort ansässigen U. S.-Staatsangehörigen zeitigt. So ist beispielsweise vorgeschlagen worden, Klagen eines amerikanischen Unternehmens wegen der Verstaatlichung oder anderweitigen Entziehung einer vertraglich erteilten ausländischen Konzession hiernach zuzulassen, weil durch eine derartige Maßnahme amerikanische Aktionäre geschädigt werden.[109]

Die Mehrzahl der bisher vorliegenden Entscheidungen läßt jedoch erkennnen, daß sich die Gerichte durchaus der Gefahr bewußt sind, durch allzu großzügige Handhabung dieser dritten Fallgruppe ihre Zuständigkeit zu überdehnen.[110] Zunächst halten die Gerichte daran fest, daß sich der haftungsbegründende Umstand tatsächlich in den USA

---

108 H.R.Rep. 19 = ILM 15 (1976) 1408.

109 Von Mehren, Colum.J.Transnat'l L. 17 (1978) 58; ebenso American International Group, Inc. v. Iran, zit. nach Dellapenna, Comm.L.J. 85 (1980) 368 FN 76 (dazu, daß es sich hierbei um einen wirtschaftlichen Akt des Staates handelt, hinsichtlich dessen kein Anspruch auf Immunität besteht, oben bei FN 89—98); auch In the Matter of Rio Grande Transport, Inc., 516 F.Supp. 1155, 1162 f.: genügt, daß klagende amerikan. Gesellschaft geschädigt ist.

110 Eingehende Analyse mit allerdings teils abweichenden Lösungsvorschlägen bei Schofield, N.Y.U.L.Rev. 55 (1980) 474 ff.; Pell, Cornell Int'l L.J. 14 (1981) 97 ff.; Wheeler, N.Y.U.J.Int'l L. & Pol. 13 (1981) 580 ff.

ausgewirkt haben muß. Es genügt daher nicht, daß ein amerikanischer Staatsangehöriger im Ausland Schaden erleidet.[111] Die Nichterfüllung einer Verpflichtung wirkt sich allerdings immer dann im Inland aus, wenn die Leistung einem U. S.-Staatsangehörigen geschuldet und dort zu erbringen war.[112] Im übrigen ist ein Effekt jedoch nur dann „direkt", wenn er sich ohne kausale Zwischenglieder aus dem haftungsbegründenden Verhalten selbst ergibt und den Kläger „unmittelbar" betrifft.[113] Daher treten beispielsweise die Folgen einer Vertragsverletzung gegenüber einer bahamischen Gesellschaft unmittelbar nur auf den Bahamas ein, auch wenn den Schaden letztlich die amerikanische Muttergesellschaft trägt. Die für die Mutter nur mittelbar über ihre Tochter spürbaren Auswirkungen werden auch nicht dadurch unmittelbar, daß der beklagte Staat den in den USA eintretenden Schaden der Mutter vorhersah.[114] Dementsprechend kommen Klagen aus Produzentenhaftung nur dann in Betracht, wenn der Staat das betreffende Produkt selbst am amerikanischen Markt vertreibt.[115] Auch wenn die Dichotomie mittelbar/unmittelbar bekanntlich eine flexible Handhabung ermöglicht, belegt die im allgemeinen starke Betonung des Unmittelbarkeitserfordernisses durch die Gerichte doch die Bereitschaft zu richterlicher Zurückhaltung.

Im übrigen scheint die Beanspruchung der Zuständigkeit im Falle eines direkten Effekts in den USA geradezu darauf angelegt zu sein, auch ausländische Staaten dem — mitunter angreifbar weiten — internationalen Geltungsbereich des amerikanischen Kartellrechts zu unterwerfen.[116] Die amerikanische Praxis wendet die Antitrust-Gesetze be-

---

[111] Upton v. Empire of Iran, 459 F.Supp. 264 (D.C.D.C. 1978) = ILM 18 (1979) 103, aff'd mem. 607 F.2d 494 (D.C.Cir. 1979): Verletzung durch einstürzendes Flughafendach in Teheran; Harris v. VAO Intourist, Moscow, 481 F.Supp. 1056 (S.D.N.Y. 1979): Tod durch Hotelbrand in Moskau.

[112] Siehe Texas Trading & Milling Corp. v. Federal Republic of Nigeria, 647 F.2d 300, 312 (2d Cir. 1981) = ILM 20 (1981) 620: Klage einer amerikanischen Gesellschaft aus Akkreditiv mit amerikanischem Zahlungsort; anders noch die Vorinstanz, 500 F.Supp. 320 (S.D.N.Y. 1980).

[113] So die Entscheidungen Texas Trading (FN 112), Upton (FN 111), Harris (FN 111); siehe aber auch Yessenin-Volpin v. Novosti Press Agency, Tass, 443 F.Supp. 849, 855 (S.D.N.Y. 1978) = ILM 17 (1978) 720: Publizierung ehrverletzender Artikel im Ausland hat direkten Effekt in den USA, weil sie den dortigen guten Ruf des Klägers beeinträchtigt.

[114] Carey v. National Oil Corporation, 453 F.Supp. 1097, 1101 (S.D.N.Y. 1978) = ILM 17 (1978) 1180, aff'd 592 F.2d 673, 676 f. (2d Cir. 1979); hierzu insbes. Kahale/Vega, Colum.J.Transnat'l L. 18 (1979) 249—251; O'Neil, J.Int'l L. & Econ. 13 (1979) 633 ff.

[115] Ebenso Kahale/Vega, Colum.J.Transnat'l L. 18 (1979) 249; anders jedoch Ohntrup v. Firearms Center Incorporated, 516 F.Supp. 1281 (D.C.Pa. 1981): direkter Effekt gegeben, wenn Produkte für amerikan. Markt hergestellt und dort durch Exklusivhändler vertrieben werden.

[116] Die Section-by-Section Analysis konstatiert sibyllinisch, der Begriff

kanntlich generell auch auf Auslandssachverhalte an, sofern diese einen „Effekt" in den USA hervorrufen.[117] Diese Anknüpfung an das Wirkungsprinzip ist in manchen Konstellationen bereits im Verhältnis zu privaten Unternehmen nicht unbedenklich.[118] Nicht von ungefähr hat beispielsweise das Antitrust-Verfahren gegen die Schweizer Uhrenindustrie[119] eine außenpolitische Initiative der Schweizer Regierung provoziert, die dazu geführt hat, daß der Rechtsstreit mit einer letztlich diplomatischen Kompromißlösung beigelegt wurde.[120] Einzelne Staaten haben bereits deutlich gegen die USA gerichtete „Anti-Antitrust"-Gesetze erlassen.[121] Umso fragwürdiger ist die Berechtigung, sogar das Wirtschaftsgebaren fremder Staaten mit Antitrust-Gesetzen zu reglementieren, denen eine bestimmte, keineswegs universell anerkannte

„direct effect" lasse den Sherman Antitrust Act unberührt, H.R.Rep. 19 = ILM 15 (1976) 1408.

[117] Vgl. insbes. United States v. Aluminum Co. of America, 148 F.2d 416 (2d Cir. 1945); United States v. General Electric Co., 82 F.Supp. 753 (D.N.J. 1949) und 115 F.Supp. 835 (D.N.J. 1953); United States v. Imperial Chemical Industries, 100 F.Supp. 504 (S.D.N.Y. 1951) und 105 F.Supp. 215 (S.D.N.Y. 1952); Continental Ore Company v. Union Carbide & Carbon Corporation, 370 U.S. 690 (1962); United States v. Watchmakers of Switzerland Information Center, Inc., 1963 Trade Cas. § 70,600 (S.D.N.Y. 1962) und 1965 Trade Cas. § 71,352 (S.D.N.Y. 1965); Timberlain Lumber Co. v. Bank of America National Trust & Saving Assoc., 549 F.2d 597 (9th Cir. 1976); Mannington Mills, Inc. v. Congoleum Corp., 595 F.2d 1287 (3rd Cir. 1979); In re Uranium Antitrust Litigation, 617 F.2d 1248 (7th Cir. 1980).

[118] Auf die Einzelheiten der sich im Fluß befindlichen Judikatur, ihre Angemessenheit und international-rechtliche Statthaftigkeit kann hier nicht eingegangen werden, hierzu aus der neueren Lit. etwa: Victor, J.Int'l L. & Econ. 8 (1973) 11 ff.; Rahl, Antitrust L.J. 43 (1974) 521 ff.; Simson, J.Int'l L. & Econ. 9 (1974) 233 ff.; Meessen, passim; Ongman, Nw.U.L.R. 71 (1977) 733 ff.; Houser/Rigler, L. & Pol'y Int'l Bus. 10 (1978) 719 ff.; de Kieffer, Syr.J.Int'l L. & Com. 7 (1979) 37 ff.; Lowenfeld, Recueil 163 (1979 II) 373 ff.; Norton, ICLQ 28 (1979) 575 ff.; Meal/Trachtman, Harv. Int. L.J. 20 (1979) 609—627; Gill, Rev. suisse du droit international de la concurrence 10 (1980) 3 ff.; Gordon, Int.Law. 14 (1980) 151 ff.; Paugh, L. & Pol'y Int'l Bus. 12 (1980) 545 ff.; Davidow, J. World Trade L. 15 (1981) 500 ff.; Meng, ZaöRV 41 (1981) 469 ff.; speziell zum Zusammenspiel von Sherman Act und FSIA: Backer, Colum. L.R. 77 (1977) 1247 ff. — Zur Auffassung der amerikanischen Regierung siehe den U.S. Justice Department's Antitrust Guide for International Operations (1977), insbes. S. 2—6.

[119] United States v. Watchmakers of Switzerland (FN 117).

[120] Siehe Rahl (Hrsg.), Common Market, S. 311 ff., insbes. 334—338; auch die noch anhängige sog. Westinghouse litigation hat bereits diplomatische Interventionen verschiedener Regierungen hervorgerufen, siehe etwa Meng, ZaöRV 41 (1981) 480—482.

[121] Siehe den australischen Foreign Antitrust Judgments (Restriction of Enforcement) Act 1979 und hierzu Nakamura, Harv.Int.L.J. 20 (1979) 663 ff. Ferner den britischen Protection of Trading Interests Act 1980 und hierzu: Danaher, L. & Pol'y Int'l Bus. 12 (1980) 947 ff.; Marston, J. World Trade Law 14 (1980) 461 ff.; Huntley, ICLQ 30 (1981) 229 ff.; Lowe, A.J.I.L. 75 (1981) 257 ff. Zu Spannungen im Verhältnis zu Kanada: Baker, Cornell Int'l L.J. 11 (1978) 165 ff. und Stanford, ebenda 195 ff.

wirtschaftspolitische Konzeption zugrunde liegt. Daß staatliche Unternehmen mit eigener Rechtspersönlichkeit dem amerikanischen materiellen Antitrust-Law unterliegen, steht außer Frage.[122] Inwieweit das auch für Staaten selbst gilt, ist bislang nicht abschließend geklärt.[123] Der Musterfall einer im Ausland erfolgten wirtschaftlichen Betätigung mit direktem Inlandseffekt ist etwa ein im Ausland geschlossenes Exportkartell zur Beschränkung des gegenseitigen Wettbewerbs speziell auf dem amerikanischen oder allgemein auf dem Weltmarkt. Die bereits erwähnte Klage einer amerikanischen Gewerkschaft gegen die Staaten der OPEC[124] war daher nach derzeitigem Recht nicht einmal aussichtslos. Das bezeugt auch die Entscheidung des Court of Appeals, der sowohl die immunitätsrechtliche (wirtschaftliche Betätigung?) als auch die kartellrechtliche Problematik (Staaten als Personen i. S. d. Sherman Act?) vorsichtshalber dahinstehen ließ und die Klage über die Notbremse der Act of State-Doctrin abwies. Diese Ausweichlösung ist allerdings bedenklich[125] und steht schon nach ihren Voraussetzungen im allgemeinen nicht zur Verfügung, wenn es um das Verhalten rechtlich selbständiger staatlicher Einheiten geht. Derartige Einheiten unterliegen daher, auch wenn sie immunitätsrechtlich „Einrichtungen oder Behörden" fremder Staaten und damit Immunitätsträger sind, bei Verstößen gegen Antitrust-Gesetze denselben Sanktionen wie private Unternehmen. Das ist im Prinzip nicht zu beanstanden und ergibt sich folgerichtig aus dem Bestreben des FSIA, ausländische Staaten in Bezug auf ihre wirtschaftliche Tätigkeit den am Wirtschaftsverkehr beteiligten Privatpersonen gleichzustellen. Die Bedenken gegenüber der direct effect-Klausel, die im Ergebnis ausländische Staaten in weitem Umfang der amerikanischen Jurisdiktion in Kartellsachen unterwirft, resultieren daher nicht aus der immunitätsrechtlichen Gleichbehandlung von Staaten mit Privaten, sondern aus der generell anmaßenden Erstreckung der amerikanischen Wettbewerbsregeln auf extraterritoriale Sachverhalte mit unter Umständen nur beiläufiger Inlandswirkung. Gerichte, die über die direct effect-Klausel die Antitrust-Gesetze

---

[122] Outboard Marine Corporation v. Pezetel, 461 F.Supp. 384, 396 f. (D.Del. 1979). Zum wirtschaftlichen und politischen Hintergrund dieser Entscheidung instruktiv Meuser, L. & Pol'y Int'l Bus. 11 (1979) 777 ff.

[123] Einerseits International Association of Maschinists and Aerospace Workers, (IAM), v. Organization of Petroleum Exporting Countries, (OPEC), 477 F.Supp. 553, 570—572 (C.D.Cal. 1979), aus anderen Gründen aff'd 649 F.2d 1354 (9th Cir. 1981) und Kahale/Vega, Colum.J.Transnat'l L. 18 (1979) 239 in FN 139 sowie wohl auch Bauerle/MacKenzie, Cornell Int'l L. J. 11 (1978) 315 ff.; andererseits Crocker, ICLQ 29 (1980) 508 f. und in der Tendenz auch Houser/Rigler, L. & Pol'y Int'l Bus. 10 (1978) 747; differenzierend Meal/Trachtman, Harv.Int.L.J. 20 (1979) 601—609.

[124] FN 123; siehe hierzu auch oben bei FN 86—88.

[125] Zur Anwendbarkeit der Act of State-Doktrin in Verfahren gegen ausländische Staaten oben § 3 F.

auf Staatsorganisationen oder sogar auf Staaten selbst anwenden, werden in Fällen mit wirtschaftlich erheblicher Bedeutung außenpolitische Spannungen erzeugen. Es ist durchaus möglich, daß die Gerichte in einzelnen solcher Fälle zur Vermeidung insgesamt nachteiliger Folgen für die Politik der USA nach Wegen suchen werden, ein den ausländischen Staat brüskierendes Sachurteil zu umgehen. Zu diesem Zweck mag etwa — wie bereits in der zweitinstanzlichen OPEC-Entscheidung[126] — die Act of State-Doktrin bemüht oder die Auslegung des Begriffs direct effect i. S. d. § 1605 (a)(2) von der Rechtsprechung zum internationalen Antitrustrecht abgekoppelt und enger gehandhabt werden. Wie sich die Rechtsprechung im einzelnen entwickelt, bleibt abzuwarten.

2. *Jurisdiktion kraft Völkerrechtsverstoßes*

Eine für das amerikanische Recht neuartige Immunitätsausnahme führt § 1605 (a)(3) ein. Danach ist Immunität zu verweigern, wenn der Rechtsstreit Vermögensrechte (rights in property) betrifft, die dem Kläger völkerrechtswidrig entzogen worden sind. Der legislatorische Sinn dieser Bestimmung besteht darin, die Immunitätseinrede auszuschließen, wenn nach dem Sabbatino-Amendment[127] auch die Act of State-Doktrin keine Anwendung findet. In der Tat könnte das Sabbatino-Amendement mit seiner politischen Zielsetzung, Rechtsschutz gegen völkerrechtswidrige Enteignungen zu gewähren, in der Mehrzahl der Verfahren gegen Staaten und Staatsunternehmen unterlaufen werden, wenn nicht parallel geschaltet eine Immunitätsausnahme bestünde. Die Bestimmung ist jedoch nicht nur in der bisherigen amerikanischen Praxis ohne Vorgänger, sondern in der gesamten internationalen Immunitätsdiskussion fast einzigartig. Die auf der Abgrenzung zwischen Akten iure imperii und Akten iure gestionis beruhende restriktive Immunitätslehre hat traditionell etwa die Verstaatlichung als geradezu paradigmatisch hoheitliche und somit immune Maßnahme angesehen. Die besondere Konzeption des § 1605 (a)(3) besteht darin, einen iure imperii erfolgten Völkerrechtsverstoß zur Grundlage des Immunitätsausschlusses zu machen. Einen ähnlichen Ansatz haben englische Richter vereinzelt vertreten,[128] ohne sich damit jedoch durchsetzen zu können.[129] Auch das neue englische Recht enthält keine Bestimmung, die

[126] 649 F.2d 1354 (C.A.Cal. 1981).

[127] 22 U.S.C. § 2370 (e)(2). Eingehend zu Entstehungsgeschichte und Bedeutung dieses Amendments: Folz, S. 99 ff., insbes. 137 ff.

[128] Vgl. insbes. Lord Denning in I Congreso del Partido [1980] 1 Lloyd's Rep. 23, 31 (C.A.).

[129] I Congreso del Partido [1981] 3 W.L.R. 328, 345 per Lord Wilberforce (H.L.); ebenso in den Vorinstanzen Waller, L.J., [1980] 1 Lloyd's Rep. 23, 36 (C.A.) sowie Goff, J., [1978] Q.B. 500, 531 f.

wegen eines Völkerrechtsverstoßes die ansonsten zu gewährende Immunität versagen würde.

Eine Sonderstellung nimmt § 1605 (a)(3) auch insofern ein, als über das Vorliegen dieser Immunitätsausnahme nicht entschieden werden kann, ohne den vermutlich wesentlichen Teil der Sachprüfung vorwegzunehmen. Anders als dort, wo eine freiwillige Unterwerfung oder ein seiner Natur nach privates Handeln des beklagten Staates in Rede steht, dürfte mit der Entscheidung der Frage, ob das betreffende Vermögen dem Kläger völkerrechtswidrig entzogen worden ist, der Ausgang des Prozesses insgesamt in aller Regel vorausbestimmt sein. Zugleich hat dies für den beklagten Staat zur Folge, daß er sich bereits im Rahmen des Immunitätsstreits auf die Erörterung von Vorgängen einlassen muß, die wegen der drohenden Feststellung der Völkerrechtswidrigkeit in besonderem Maße sein Ansehen und seine Würde beeinträchtigen können.[130]

Allerdings eröffnet § 1605 (a)(3) die amerikanische Gerichtsbarkeit nur für einen geringen Ausschnitt aller denkbaren Völkerrechtsverstöße, nämlich die Entziehung von Vermögen. Der FSIA definiert nicht näher, was mit dem zur Umschreibung der geschützten Rechtsgüter verwandten Begriff der Vermögensrechte (rights in property) gemeint ist. Es sprechen jedoch gute Gründe dafür, daß wie mit dem im Sabbatino-Amendment benutzten Begriff „claim of title or other right to property" nur Rechte an (beweglichen oder unbeweglichen) körperlichen Gegenständen geschützt werden.[131] Thematisch nicht erfaßt wird daher der gesamte Bereich der sonstigen vermögenswerten Güter wie etwa vertragliche Ansprüche oder gewerbliche Schutzrechte. Die Rechte an körperlichen Dingen genießen allerdings offenbar Schutz gegen jedweden völkerrechtswidrigen Entzug in der Form von Beschlagnahme, Verstaatlichung, Sozialisierung, Enteignung, Konfiskation oder dergleichen. Darüber, wann in diesen Fällen ein Völkerrechtsverstoß vorliegt, besteht bekanntlich wenig Einigkeit.[132] Hier müssen die Gerichte jeweils im Einzelfall entscheiden, wann nach Maßgabe des Völ-

---

[130] Das gilt jedenfalls dort, wo der beklagte Staat selbst den Völkerrechtsverstoß begangen haben soll, was nicht die einzige Konstellation des § 1605 (a)(3) darstellt, hierzu weiter unten im Text.

[131] Dazu eingehend Sklaver, Int'l Law. 8 (1974) 416; von Mehren, Colum. J.Transnat'l L. 17 (1978) 59—61; ferner Carl, Sw.L.J. 33 (1979) 1033; Kahale/Vega, Colum.J.Transnat'l L. 18 (1979) 252 f. Weitergehend demgegenüber de Sanchez v. Banco Central de Nicarugua, 515 F.Supp. 900, 910—912 (E.D.La. 1981); del Bianco, Yale St.W.P.O. 5 (1979) 132—134; Bohmann, B.C.Indust. & Comm.L.Rev. 18 (1977) 341.

[132] Einen Überblick über den Stand der Diskussion geben etwa Brownlie, S. 531—545; Jiménez de Aréchaga, N.Y.U.J.Int'l L. & Pol. 11 (1978) 179—195; weiterhin Seidl-Hohenveldern, Völkerrecht, Rdnrn. 1184 ff. sowie das dort (insbes. im Vorspann zu § 73) zit. Schrifttum.

kerrechts eine unzulässige Rechtsverletzung gegeben ist. Die Gesetzesmaterialien machen allerdings deutlich, daß vorrangig an Nationalisierungen und Enteignungen gedacht ist, die willkürlich oder diskriminierend oder ohne prompte und angemessene Entschädigung erfolgt sind.[133]

Zusätzlich zum Erfordernis des Völkerrechtsverstoßes muß gem. § 1605 (a)(3) der entzogene Gegenstand in den USA sein und dort im Zusammenhang mit einer in den USA ausgeübten wirtschaftlichen Betätigung des beklagten Staates benutzt werden. Wann eine in den USA ausgeübte wirtschaftliche Betätigung vorliegt, richtet sich wiederum nach § 1603 (d), (e) und ist oben erörtert worden[134]. Das Erfordernis der wirtschaftlichen Nutzung wird nur wenige Fälle ausfiltern; denn nur selten wird ein Staat körperliche Gegenstände zu anderen als wirtschaftlichen Zwecken in das Gebiet der USA einbringen.[135] Darüber hinaus genügt es, wenn sich statt des entzogenen Vermögens ein an seine Stelle getretenes Surrogat (any property exchanged for such property) in den USA befindet und dort wirtschaftlich genutzt wird. Der hier wieder verwandte Begriff property beschränkt allerdings die verfolgbaren Surrogate wiederum auf körperliche Gegenstände. Wenn also ein Staat das von ihm völkerrechtswidrig enteignete Vermögen verkauft und den Erlös auf ein Konto in den USA überweist, so ist der Enteignete machtlos; zwar ist das Surrogat in den USA belegen, aber mangels Körperlichkeit des Bankguthabens nicht angreifbar. Dadurch verliert die Surrogatsklausel im Zeitalter des modernen Wirtschaftsverkehrs viel von ihrer Schlagkraft. Sie kann allerdings möglicherweise erweiternd dahin ausgelegt werden, daß auch die Anwesenheit von Zweit- oder Drittsurrogaten zum Immunitätsausschluß führen kann.[136] Dann würde in dem soeben gebildeten Beispiel der Staat seine Immunität in dem Augenblick wieder einbüßen, in dem er etwa aus dem Erlös in den USA belegenen Grundbesitz erwirbt.

---

[133] H.R.Rep. 19 f. = ILM 15 (1976) 1408.

[134] § 5 B I 1 a und c.

[135] Vgl. jedoch das Beispiel bei Sklaver, Int'l Law. 8 (1974), 415: Ein enteignetes und als Kriegsschiff umgerüstetes Schiff wird auf hoher See beschädigt und läuft zur Durchführung von Reparaturen einen amerikanischen Hafen an. Hier liegt in der Tat nahe, entsprechend The Schooner Exchange (§ 2 FN 1) Immunität zu gewähren. Gewiß ist dieses Ergebnis bei strikter Anwendung des FSIA jedoch keineswegs. Es ließe sich durchaus argumentieren, daß das Anmieten eines Liegeplatzes und die Vergabe von Reparaturarbeiten ihrer Natur nach vertraglich und demnach kommerziell sind. Da sich der in § 1603 (e) geforderte erhebliche Bezug zu den USA kaum leugnen läßt, könnte man bei buchstabengetreuer Auslegung des FSIA die Immunität verneinen.

[136] Zweifelnd Sklaver (FN 135).

Bemerkenswerterweise ist nicht erforderlich, daß der im Besitz der Sache oder ihres Surrogats befindliche Staat mit dem der Völkerrechtsverletzung schuldigen identisch ist. Die Sache bleibt mit dem Makel des Völkerrechtsverstoßes behaftet, auch wenn sie in die Hände eines anderen Staates übergeht. Das führt zu einer gleichsam dinglichen Wirkung des einmal begangenen Völkerrechtsbruchs. Enteignet Staat A völkerrechtswidrig eine dem Kläger gehörende Sache und veräußert er sie an Staat B, der sie in die USA bringt, so kann der Kläger nunmehr gegen Staat B vorgehen, obwohl dieser an der ursprünglichen Enteignung nicht beteiligt ist. Dieses Ergebnis verblüfft vor allem dann, wenn etwa Staat A den Erlös bei einer amerikanischen Bank oder in amerikanischen Wertpapieren anlegt: Der Völkerrechtsverletzer A ist immun, B hingegen nicht. Die „Dinglichkeit" des Völkerrechtsverstoßes führt, gekoppelt mit der Surrogatsklausel, mit jeder Weitergabe des enteigneten Gegenstandes zu einer Verbesserung der Rechtsschutzchancen des Klägers. Dieser kann nicht nur sein Eigentum, sondern auch die von früheren Besitzern jeweils erhaltenen Surrogate verfolgen. Die dadurch erzielten Immunitätsausnahmen leuchten nicht immer ohne weiteres ein. Im obigen Beispiel genießt Staat B auch dann keine Immunität, wenn er — ggf. nach mehreren Zwischenstationen — die enteigneten Gegenstände „gutgläubig" erworben hat, sie seinerseits weitergibt und das Surrogat dieser Transaktion in die USA gelangen läßt. Nach dem Wortlaut des § 1605 (a)(3) ist darüber hinaus B selbst dann Immunität zu versagen, wenn er nicht einmal die enteigneten Gegenstände selbst besessen, sondern lediglich das von A oder einem Rechtsnachfolger erzielte Surrogat erworben hat und dieses in die USA bringt.

Indes besteht in allen diesen Fällen das eigentliche praktische Hindernis darin, daß die Sache selbst oder deren Surrogat in die USA gelangen muß. In dieser Hinsicht verbessern sich die Erfolgsaussichten des Klägers erheblich, wenn die enteigneten Güter von einer selbständigen Behörde oder Einrichtung[137] erworben worden sind oder benutzt werden. §1605 (a) (3) erleichtert hier dem Kläger die Rechtsverfolgung in zweifacher Weise.[138] Erstens brauchen die enteigneten Güter oder Surrogate sich nicht in den USA zu befinden. Zweitens genügt es, daß die betreffende Behörde oder Einrichtung nur irgendwie in den USA wirtschaftlich tätig ist, auch wenn diese Tätigkeit ihrem Umfang nach noch so gering ist und mit dem enteigneten Gut in keinerlei Beziehung steht. Demzufolge kann der Kläger etwa gegen ein im Besitz der enteigneten Gegenstände befindliches Staatsunternehmen

---

[137] Zu diesem Begriff oben § 4 A.

[138] Vgl. Falk, N.Y.U.J.Int'l L. & Pol. 6 (1973) 482; Dellapenna, Comm.L.J. 85 (1980) 234.

schon allein deshalb vorgehen, weil dieses in den USA ein Bankkonto unterhält oder eine Maschine gekauft hat. Dieser Lockerung der Immunitätsvorschrift gegenüber verselbständigten staatlichen Einheiten kommt eine nicht unerhebliche praktische Bedeutung zu. Sie ermöglicht insbesondere eine Rechtsverfolgung in den zahlreichen Fällen, in denen der betreffende Staat die enteigneten Güter in seinem Lande beläßt und sie einer eigenständigen staatlichen Organisation vollständig oder zur Nutznießung überträgt. Hier können die Enteigneten vor amerikanischen Gerichten gegen die betreffende Organisation vorgehen, sofern sie nur einen wirtschaftlichen Kontakt dieser Organisation zu den USA darzutun vermögen. Dieses zusätzliche Erfordernis dürfte für einen findigen Kläger häufig keine unüberwindlichen Schwierigkeiten bereiten. Vor allem in den für Außenstehende mitunter nicht leicht zu überschauenden Konstellationen werden die Enteigneten daher bemüht sein nachzuweisen, daß ihr Eigentum mittlerweile in den Besitz einer selbständigen Einheit übergegangen ist, um so eine Entschädigung auch für weiter im Enteignungsstaat befindliches Vermögen erhalten zu können.

3. Jurisdiktion über den Staat als privaten Rechtsnachfolger

Ein Staat genießt keine Immunität, soweit er infolge Erbfalls oder durch Schenkung Vermögen erworben hat, das in den USA belegen ist. Dies ergibt sich aus dem 1. Teil des § 1605 (a)(4). Eine entsprechende Klausel war auch schon im Tate-letter[139] entalten. Die Bestimmung zielt vornehmlich auf Fälle ab, in denen ein Staat im Wege gesetzlicher Erbfolge, durch Verfügung von Todes wegen oder durch Schenkung auf den Todesfall erwirbt.[140] Ein Staat, der das Vermögen Verstorbener für sich in Anspruch nimmt, soll wie jeder private Rechtsnachfolger gerichtlich zu belangen sein. Demzufolge dürfte seine Immunität nicht nur für das Verfahren der Nachlaßabwicklung (administration) und alle etwaigen Auseinandersetzungsstreitigkeiten über nicht in den Nachlaß fallendes Vermögen, sondern auch für etwaige spätere Klagen aus Erbenhaftung zu verneinen sein, soweit hierfür eine Haftung des in den USA belegenen Nachlasses in Betracht kommt. Der zur Bezeichnung des Vermögens in § 1605 (a)(4) verwandte Terminus „rights in property“ ist nicht wie in § 1605 (a)(3) auf körperliches Vermögen beschränkt. Er umfaßt vielmehr auch unkörperliches Vermögen.[141] Demzufolge besteht amerikanische Zuständigkeit insbesondere auch hin-

---

[139] Oben § 2 FN 14.

[140] Entsprechend auch das Völkerrecht, vgl. Brownlie, S. 341; Schaumann, BerDGesVR 8 (1968) 34—36; Malina, S. 55—57.

[141] Die Section-by-Section Analysis spricht ausdrücklich von „property, real or personal“, H.R.Rep. 20 = ILM 15 (1976) 1409.

sichtlich auf den Staat übergegangener Forderungen, die in den USA belegen sind.[142]

Im Gegensatz zu Art. 10 EK und sec. 6 (2) SIA ist zumindest ausdrücklich kein Immunitätsausschluß für Güter vorgesehen, die ein Staat als bona vacantia kraft Heimfallrechts für sich beansprucht. Obwohl nach amerikanischem Recht der Erwerb durch staatliches Anfallsrecht (escheat) grundsätzlich nicht als erbrechtliche Nachfolge (succession) gilt, wird man § 1605 (a)(4) dennoch jedenfalls sinngemäß anwenden können. Ein praktisches Bedürfnis hierfür besteht schon deshalb, weil die Bestimmung nur in den USA belegenes Vermögen betrifft und das amerikanische Recht insoweit einen Heimfall an einen ausländischen Staat vermutlich nicht einmal anerkennen würde.[143]

4. *Jurisdiktion über inländischen Grundbesitz*

§ 1605 (a)(4) versagt in seinem 2. Teil die Immunität für Streitigkeiten über Rechte an amerikanischem Grund und Boden (rights in immovable property situated in the United States). In Streitigkeiten um in ihrem Gebiet belegenes Land beanspruchen die USA Jurisdiktion auch dann, wenn hierdurch ein ausländischer Staat betroffen wird. Dies entspricht der allgemeinen völkerrechtlichen Tendenz, in Verfahren mit Bezug auf inländisches Grundvermögen das Spannungsverhältnis zwischen der Territorialgewalt des Forumstaates und der Souveränität des ausländischen Staates zugunsten des Forumstaates zu lösen.[144] Auch der Tate-letter[145] hatte bereits eine entsprechende Immunitätsausnahme vorgesehen.

Nur zwei Dinge verdienen in diesem Zusammenhang eigens hervorgehoben zu werden. Zum einen liegt gem. § 1605 (a)(4) Jurisdiktion unabhängig davon vor, ob das betroffene Grundstück wirtschaftlichen oder hoheitlichen Zwecken gewidmet ist. Insbesondere besteht keine Gegenausnahme für solche Grundstücke und Gebäude, die von einer diplomatischen oder konsularischen Vertretung benutzt werden.[146] Zum

---

[142] Letzteres ist in der Regel dann der Fall, wenn der Schuldner in den USA seinen Sitz hat; vgl. näher Ferid/Firsching, Bd. VI, Rdnr. 56 e sowie insbes. Leflar, S. 375—377 und 422 f.

[143] Siehe aber People of Porto Rico v. Ramos, 232 U.S. 627 (1914); näher zum Heimfallrecht im amerikanischen internationalen Privat- und materiellen Recht: Ferid/Firsching, Bd. VI, Rdnrn. 45, 114.

[144] Vgl. etwa Lauterpacht, B.Y.I.L. 28 (1951) 244; Schaumann, BerDGesVR 8 (1968) 33 f.; Brownlie, S. 340 f.; ferner BVerfGE 15, 25: keine Immunität ausländischer Staaten gegenüber Grundbuchberichtigungsklagen hinsichtlich eines Gesandtschaftsgrundstücks.

[145] Oben § 2 FN 14.

[146] Damit weicht der FSIA von der früheren Praxis ab, die hier bereits im Erkenntnisverfahren Immunität gewährte, vgl. etwa die Entscheidung des

anderen darf der gesetzliche Begriff rights in immovable property nicht auf im Sinne des deutschen Rechts dingliche Rechte verengt und damit thematisch mißverstanden werden.[147] Die Bestimmung erlaubt vielmehr neben Streitigkeiten um das Eigentum als solches oder um etwaige Belastungen, Nachbarrechte oder den Besitz auch sonstige Klagen, die mit Grundbesitz zusammenhängen. Zulässig sind daher insbesondere auch Klagen von Vermietern/Verpächtern auf Räumung[148] oder auf Zahlung von rückständigem Zins oder Schadensersatz[149].

5. Jurisdiktion über hoheitlich begangene Delikte

Für Delikte, die ein ausländischer Staat im Rahmen wirtschaftlicher Tätigkeit begeht, schließt bereits § 1605 (a)(2) die Immunität aus. § 1605 (a)(5) läßt darüber hinaus in gewissem Umfang Klagen wegen hoheitlich verübter Delikte zu. Der Immunitätsverlust ist in diesen Fällen an eine Reihe positiver und negativer Voraussetzungen geknüpft, die den Bestimmungen nachgebildet sind, denen zufolge gem. dem Federal Tort Claims Act die Vereinigten Staaten selbst gerichtlich in Anspruch genommen werden können.[150]

Die Immunität ist aufgehoben für Vermögensschäden, Körperverletzungen und die Beeinträchtigung sonstiger persönlicher Rechtsgüter. Der diesbezügliche Wortlaut des § 1605 (a)(5) ist so weit gefaßt, daß er alle denkbaren Arten von Delikten umspannt. Er umfaßt insbesondere auch die Tatbestände der Gefährdungshaftung.[151] Dem Staat werden allerdings nur Delikte seiner Bediensteten zugerechnet, die diese im Rahmen des ihnen übertragenen Wirkungskreises begehen. Ein Staat kann daher Immunität einwenden, wenn er nachweist, daß der Be-

---

State Department in Knocklong Corporation v. Kingdom of Afghanistan, 6 Misc. 2d 700, 167 N.Y.S.2d 285 (County Ct. 1957). Beachte jedoch, daß insoweit gem. § 1610 (a)(4)(B) eine Vollstreckung ausgeschlossen ist, dazu unten § 6 A I 1 d. Zum englischen Recht insoweit unten § 5 B II 3 bei FN 237—239.

147 Nach der Section-by-Section Analysis besteht Jurisdiktion für „questions of ownership, rent, servitudes, and similar matters", H.R.Rep. 20 = ILM 15 (1976) 1409.

148 So schon früher Restatement 2d, § 18 (b).

149 Vgl. Sklaver, Int'l Law. 8 (1974) 417. Die Entscheidung Hungarian People's Republic v. Cecil Associates, Inc. et al., 118 F.Supp. 954 (S.D.N.Y. 1953) ist damit überholt.

150 Insbes. 28 U.S.C. §§ 1346 (b), 2680 (a) und (h).

151 Dies ergibt sich aus der Verwendung des Begriffes „tortious act or omission" im Gegensatz zu dem in einer früheren Vorlage (Bill 566, abgedruckt in ILM 12 (1973) 118 ff.) benutzten Begriff „negligent or wrongful act or omission"; siehe die Kritik an der früheren Fassung bei Falk, N.Y.U.J. Int'l L. & Pol. 6 (1973) 487. Daß mit der Änderung der Wortwahl eine Erstreckung auf die Gefährdungshaftung beabsichtigt war, belegt auch H.R.Rep. 21 = ILM 15 (1976) 1409; zweifelnd allerdings Dellapenna, Comm.L.J. 85 (1980) 299.

dienstete sich bei dem die deliktische Verantwortlichkeit auslösenden Tun nicht im Rahmen seines dienstlichen Aufgabenkreises bewegt hat. Die mitunter diffizile Abgrenzung zwischen (noch) dienstlich veranlaßtem und (schon) eigenmächtigem Tun werden die Gerichte vermutlich von Fall zu Fall entsprechend der Parallelbestimmung in 28 U.S.C. § 1346 (b) vornehmen.[152]

Weiterhin kann eine etwaige Immunitätseinrede des beklagten Staates nur ausgeräumt werden, wenn das schädigende Ereignis in den USA eingetreten ist.[153] Auch wenn ein U. S.-Staatsangehöriger betroffen ist, greift § 1605 (a)(5) bei im Ausland erlittenen Schäden nicht ein. Da sich hoheitliches Staatshandeln nur selten außerhalb des eigenen Staatsgebietes auswirkt, wird der Anwendungsbereich der deliktischen Immunitätsausnahme durch dieses Merkmal bereits drastisch reduziert. Namentlich Klagen wegen angeblicher Rechtsgutsverletzungen durch seine (hoheitlich tätige) Innenverwaltung kann der Staat mithin in der Regel von vornherein mit der Immunitätseinrede abwehren.

Selbst wenn nach alldem die Klage zulässig wäre, stellt § 1605 (a)(5) durch Gegenausnahmen für bestimmte Bereiche die Immunität wieder her. Danach besteht Immunität zunächst für alle Ermessensentscheidungen auch im Falle eines Ermessensmißbrauchs.[154] Wann der Bedienstete des beklagten Staates Ermessen hatte, wird man zwangsläufig nach ausländischem Recht feststellen müssen. Dadurch wird der Anwendungsbereich der Deliktshaftung weiter geschmälert. Im übrigen schließt die Ermessensklausel nicht nur die Haftung für Entscheidungen aus, bei denen etwa im technischen Sinne des deutschen Verwaltungsrechts ein Ermessensspielraum bestand. Es besteht vielmehr vor allem Immunität für sämtliche auf höherer Ebene getroffenen politischen und planerischen Entscheidungen und deren Durchführung.[155] Und schließlich nimmt der FSIA den Rechtsschutz noch weiter zurück, indem er den Immunitätsausschluß des § 1605 (a)(5) auf bestimmte torts für unanwendbar erklärt. Der Negativkatalog enthält:[156] böswillige, erkanntermaßen unberechtigte Strafverfolgung oder Zivilklage (mali-

---

[152] Vgl. im einzelnen 28 U.S.C.A. § 1346, Notes 326 ff.; klassisch: Unfall bei zu privaten Zwecken veranlaßtem Abstecher von einer Dienstfahrt.

[153] Das entspricht der von den einzelnen Staaten der USA im allgemeinen beanspruchten Erfolgsortzuständigkeit, vgl. etwa Ehrenzweig/Jayme, S. 35—37; Leflar, S. 71—76.

[154] § 1605 (a)(5)(A).

[155] Zur Auslegung der entsprechenden Klausel in 28 U.S.C. § 2680 (a) insbes. Dalehite v. United Staates, 346 U.S. 15 (1953); weitere Nachw. in 28 U.S.C.A. § 2680, Notes 13 ff.; ferner Wright, S. 11—16; siehe auch Dellapenna, Comm. L.J. 85 (1980) 299 f.

[156] In § 1605 (a)(5)(B); die Parallelbestimmung des Federal Tort Claims Act ist 28 U.S.C. § 2680 (h).

cious prosecution[157]) oder Mißbrauch eines solchen an sich berechtigten Verfahrens zur Erreichung in Wirklichkeit anderweitiger Zwecke (abuse of process[158]); Diffamierung durch ehrverletzende Äußerungen gegenüber Dritten (libel, slander[159]); Irreführung oder Betrug (misrepresentation, deceit[160]); Verleitung zum Vertragsbruch (interference with contract rights[161]).[162]

Auf der Rechtsfolgenseite modifiziert der FSIA das materielle Schadensrecht in zweifacher Hinsicht. Zum einen ist auf der Grundlage des § 1605 (a)(5) nur eine Verurteilung zu Geldersatz statthaft. Damit sind etwaige Ansprüche auf Naturalrestitution oder künftige Unterlassung sowie Feststellungsbegehren unstatthaft.[163] Außerdem gilt hier wie allgemein, daß außer gegen rechtlich selbständige Behörden und Einrichtungen kein Schadensersatz mit Strafcharakter (punitive damages) zugesprochen werden kann (§ 1606).[164]

Man fragt sich, was angesichts der zahlreichen Einschränkungen namentlich auf der Tatbestandsebene noch übrig bleibt. Ein Blick in die Gesetzesmaterialien gibt darüber Aufschluß, welche Fallgestaltungen von § 1605 (a)(5) erfaßt werden sollten: von Diplomaten verursachte Verkehrsunfälle. Das Wiener Übereinkommen über die diplomatischen Beziehungen vom 18. 4. 1961[165] enthält nämlich anders als die Wiener Konsularkonvention vom 24. 4. 1963[166] keine Bestimmung, durch die für Zivilklagen aus Verkehrsunfällen die diplomatische Immunität aufgehoben worden wäre.[167] Die dadurch entstandene Haftungslücke will der

---

[157] Zum Begriff: Prosser, S. 834 ff.

[158] Zum Begriff: Prosser, S. 856 ff.

[159] Zum Begriff: Prosser, S. 737 ff.

[160] Zum Begriff: Prosser, S. 683 ff.

[161] Zum Begriff: Prosser, S. 927 ff.

[162] Die Immunisierung dieser torts gilt nur für § 1605 (a)(5) und läßt den Anwendungsbereich anderer Immunitätsausnahmen, namentlich des § 1605 (a)(2) unberührt. So zu Recht Yessenin-Volpin v. Novosti Press Agency, Tass, 443 F.Supp. 849, 855 (S.D.N.Y. 1978) = ILM 17 (1978) 720; United Euram Corp. v. Union of Soviet Socialist Republics, 461 F.Supp. 609, 612 (S.D.N.Y. 1978). Obiter gegenteilig allerdings Carey v. National Oil Corporation, 453 F.Supp. 1097, 1102 = ILM 17 (1978) 1180, 1187 f., aff'd 592 F.2d 673 (2d Cir. 1979).

[163] Entsprechend 28 U.S.C. § 1346 (b). Diese Einschränkung für Prozesse über fremdes Hoheitshandeln versteht sich.

[164] Siehe oben § 3 H bei FN 61.

[165] 500 U.N.T.S. 95; 23 U.S.T. 3227, T.I.A.S. 7502 (1972); BGBl. 1964 II, S. 957. Kraft 22 U.S.C. § 254 b gilt innerstaatlich die Konvention grundsätzlich auch gegenüber Diplomaten von Entsendestaaten, die die Konvention nicht ratifiziert haben.

[166] In Art. 43; siehe 596 U.N.T.S. 261; 21 U.S.T. 77, T.I.A.S. 6820 (1970); BGBl. 1969 II S. 1587.

[167] Zur diesbezüglichen Entstehungsgeschichte: Denza, S. 151 f.; Hardy, S. 59—61.

FSIA schließen, indem er statt dessen Klagen gegen den Entsendestaat zuläßt.[168] Nun setzt allerdings § 1605 (a)(5) voraus, daß sich das Delikt im Zuge dienstlich veranlaßter Tätigkeit ereignet hat. Infolgedessen wird die vermeintliche Lücke nur für Dienst-, nicht aber für Privatfahrten und damit nur sehr unvollkommen geschlossen. Insgesamt also viel Lärm um sehr wenig. — Im übrigen ist sogar zu bezweifeln, ob es zur Erreichung dieses begrenzten Zwecks überhaupt einer eigenen Bestimmung bedurft hätte. Wenn man die Abgrenzung wirtschaftlich/hoheitlich nämlich, wie es § 1603 (d) offenbar fordert, streng nach der Natur und nicht nach dem Zweck einer Handlung vornimmt,[169] so ist gar nicht zu verstehen, inwiefern die Teilnahme am Straßenverkehr durch Diplomaten nicht bereits durch § 1605 (a)(2) erfaßt sein sollte; denn der Diplomat unterscheidet sich von allen anderen Verkehrsteilnehmern ja allein durch den gerade außer Betracht bleibenden hoheitlichen Zweck seiner (Dienst-)Fahrt. Eine ihrer Natur nach hoheitliche Teilnahme von Diplomaten am zivilen Verkehr gibt es nicht.[170] Aufgrund von durch Diplomaten verursachten Verkehrsunfällen könnte gegen den Entsendestaat daher wohl bereits nach § 1605 (a)(2) geklagt werden. Daß der Gesetzgeber dennoch meinte, hierfür eine eigene Immunitätsausnahme aufnehmen zu müssen, zeigt nur allzu deutlich, wie wenig er sich der Reichweite seiner Definition der wirtschaftlichen Betätigung bewußt war. Immerhin ist die Vorschrift jedoch aus Gründen der Klarheit und zur Streitvermeidung nützlich. Sie ist zumindest ihrem Wortlaut nach allerdings auch auf Schiffskollisionen anwendbar, gleich, ob es sich um Handels- oder um Kriegsschiffe handelt.[171]

Im übrigen zeigt ein bereits ergangenes Urteil, daß trotz der zahlreichen Kautelen amerikanische Jurisdiktion unter Umständen auch in solchen Fällen eröffnet ist, die der Gesetzgeber sicher nicht im Auge hatte: In de Letelier v. Republic of Chile verneinte das Gericht die Immunität Chiles gegenüber einer Haftungsklage, die die Hinterbliebenen des nach dem Sturz der Regierung Allende in die USA geflohenen ehemaligen chilenischen Außenministers erhoben hatten, weil dieser das Opfer eines angeblich vom chilenischen Geheimdienst in den USA verübten Bombenattentats geworden war.[172]

---

[168] Vgl. H.R.Rep. 21 = ILM 15 (1976) 1409.

[169] Vgl. oben § 5 B I 1 a.

[170] So schon österr. OGH, Jur.Bl. 84 (1962) 43, auf engl. auch in ILR 40 (1970) 73: Das Halten und der Betrieb von Fahrzeugen und die Teilnahme am öffentlichen Verkehr ist selbst dann der privatrechtlichen Sphäre zuzurechnen, wenn es sich um eine Dienstfahrt im Zusammenhang mit diplomatischer Tätigkeit (Abholen von Botschaftspost) handelt; vgl. auch Dellapenna, Comm. L.J. 85 (1980) 298 f.

[171] So Simmons, J.Mar.L. & Comm. 12 (1980) 116 f.

[172] 488 F.Supp. 665 (D.D.C. 1980) = ILM 19 (1980) 409; infolge hinreichender

6. Jurisdiktion über Klagen aus seerechtlichen Pfand- und Zurückbehaltungsrechten

Die Mehrzahl der Zahlungsansprüche mit seerechtlichem Ursprung wird durch gesetzliche Pfand- und Zurückbehaltungsrechte (maritime liens) an Schiff und Ladung gesichert.[173] Gehören Schiff oder Ladung einem ausländischen Staat, so können diese Sicherheiten gem. § 1605 (b) durchgesetzt werden, wenn der zugrundeliegende Anspruch auf einer wirtschaftlichen Betätigung beruht. Das entspricht der allgemeinen Bestimmung des § 1605 (a)(2). Was unter einer wirtschaftlichen Betätigung zu verstehen ist und wann eine Forderung auf ihr beruht, ist im Zusammenhang mit jener Vorschrift oben erörtert worden.[174]

Von Interesse sind in diesem Zusammenhang noch die in § 1605 (b) inkorporierten besonderen Verfahrensregeln.[175] Zur Durchsetzung seerechtlicher Pfand- und Zurückbehaltungsrechte dient normalerweise ausschließlich das schiffahrtsgerichtliche in rem-Verfahren,[176] das durch Arrestierung eingeleitet wird.[177] Entsprechend seinem Grundprinzip, keine Zwangsmaßnahmen gegen ausländische Staaten vor Abschluß des Erkenntnisverfahrens zuzulassen,[178] schafft der FSIA das in rem-Verfahren ab und ersetzt es durch ein in personam-Verfahren gegen den Eigentümerstaat. Statt durch Beschlagnahme kann das Verfahren in diesem Bereich nunmehr nur noch durch Zustellung von Ladung und Klageschrift an den tatsächlichen Besitzer des Schiffes in Gang gesetzt werden, sobald sich das Schiff in amerikanischen Hoheitsgewässern befindet. Dies führt zu einer dem amerikanischen Recht ansonsten fremden in personam-Jurisdiktion kraft Vermögensbelegenheit.[179] Die Ächtung der mit dem in rem-Verfahren verbundenen Beschlagnahme geht so weit, daß § 1605 (b)(1) zu Präventivzwecken den dennoch in rem vorgehenden Kläger auch seines Rechts auf Durchführung eines späteren

---

Glaubhaftmachung des Klageanspruchs erging schließlich ein Versäumnisurteil in 502 F.Supp. 259 (D.D.C. 1980) = ILM 19 (1980) 1418.

173 Vgl. im einzelnen Gilmore/Black, § 9, insbes. §§ 9—1, 9—2 (S. 587—589) zur Rechtsnatur des maritime lien und §§ 9—19, 9—20 (S. 622—633) zu den Arten der auf diese Weise gesicherten Forderungen.

174 § 5 B I 1 a, b.

175 Sie entsprechen im wesentlichen den prozessualen Regeln, unter denen in rem gegen die USA selbst vorgegangen werden kann, siehe Suits in Admiralty Act 1920, 46 U.S.C. §§ 741—752.

176 FRCP, Supplemental Rules for Certain Admiralty and Maritime Claims, Rule C (1)(a).

177 Einen guten Überblick über den Verfahrensablauf gibt Rogers, Tul.L.R. 47 (1973) 767 ff.

178 Siehe oben § 3 A I bei FN 5—8.

179 Vgl. von Mehren, Colum.J.Transnat'l L. 17 (1978) 47.

in personam-Verfahrens wegen seines Anspruchs für verlustig erklärt. Der Pfandgläubiger, der einen Arrest gegen das einem fremden Staat gehörende Schiff oder seine Ladung erwirkt, muß daher nicht nur hinnehmen, daß auf eine Immunitätseinrede des betroffenen Staates hin der Arrest wieder aufgehoben wird, sondern kann nicht einmal mehr ein in personam-Verfahren nachschieben.[180] Dieser Präklusion kann er nur entgehen, sofern er seine Unkenntnis darüber nachweist, daß durch die Beschlagnahme ein ausländischer Staat betroffen würde; in diesem Fall wird das in rem begonnene Verfahren unter Aufhebung der Beschlagnahme in personam gegen den Staat fortgeführt.[181] In jedem Fall ist das lien an Schiff bzw. Ladung seines dinglichen Charakters beraubt und gilt ab Klagezustellung als lediglich persönlicher Anspruch gegen den Eigentümer.

Insgesamt entsteht auf diese Weise ein eigentümliches, mit klassischen in rem-Elementen durchwirktes in personam-Verfahren, das systematisch wie praktisch wenig befriedigt.[182] Aus dem üblichen in rem-Verfahren beibehalten wurde das Erfordernis der Belegenheit von Schiff bzw. Ladung in den USA. Eine Folge der letztlich eben doch dinglichen Natur des lien und ein Überbleibsel des in rem-Verfahrens[183] ist auch die in § 1605 (b) enthaltene Bestimmung, daß das in personam ergehende Urteil dem Kläger keinen Betrag zusprechen darf, der über den Wert des mit dem lien belasteten Schiffs oder seiner Ladung hinausgeht[184]. Gleichwohl büßt der Gläubiger den großen Vorteil des in rem-Verfahrens ein, der darin besteht, die Beschlagnahme des verhafteten Objekts, seinen zwangsweisen Verkauf und die Auskehrung des Erlöses an ihn zu ermöglichen und damit sein Sicherungsrecht zur

[180] Diese Falle schnappte zum ersten Mal zu in Jet Line Services, Inc. v. M/V Marsa El Hariga, 462 F.Supp. 1165 (D.C.Md. 1978). Siehe aber auch Velidor v. L/P/G Benghazi, 653 F.2d 812, 819 (3rd Cir. 1981): Die unstatthafte Arrestierung führt zum Verlust der Rechtsbehelfe des § 1605 (b), aber nicht zur Unzulässigkeit einer gleichzeitig erhobenen und auf § 1605 (a)(2) zu stützenden in personam-Klage (es handelt sich um eine mühsam begründete Billigkeitsentscheidung über eine Klage von Seeleuten auf rückständige Heuer).

[181] Der Nachweis der Unkenntnis wird allerdings nur selten zu erbringen sein; denn dem Kläger schadet bereits, wenn die Flagge, die Umstände des Falles oder die Schiffsregister den staatlichen Eigentümer erkennen lassen; vgl. H.R.Rep. 22 = ILM 15 (1976) 1409; Entscheidung in Jet Line Services (FN 180); Simmons, J.Mar.L. & Comm. 12 (1980) 118.

[182] Kritik an der Rechtstechnik auch bei Smit, Proc.Am.Soc'y Int'l L. 74 (1980) 65.

[183] Zur diesbezüglichen Regel für in rem-Verfahren: Gilmore/Black, § 9-19 (S. 624).

[184] Wie auch sonst üblich, kann der Gläubiger allerdings zusätzlich die zugrunde liegende Forderung gegen den Schuldner einklagen, um eine etwaige Differenz zwischen seiner persönlichen Forderung und dem Wert seiner Sicherheit abzudecken; vgl. Martin, Harv. Int'l L.J. 18 (1977) 442.

Geltung zu bringen. Statt dessen ist der Gläubiger nun darauf beschränkt, in personam ein Zahlungsurteil zu erwirken, das er häufig genug bereits auf der Grundlage seiner zugrundeliegenden Forderung erstreiten kann. Der Vorteil seines lien besteht allenfalls darin, daß es möglicherweise eine ansonsten nicht gegebene amerikanische internationale Zuständigkeit eröffnet, sobald Schiff oder Ladung in amerikanisches Hoheitsgebiet geraten. Der eigentliche Sinn des lien, dem Gläubiger eine Sicherheit mit dem Recht zur zwangsweisen Befriedigung aus dem verhafteten Objekt zu geben, wird jedoch verfehlt. Dies ist eine Folge des übertriebenen Bestrebens, zur Vermeidung zwischenstaatlicher Reibungen jedwede Beschlagnahme vor Urteilserlaß auszuschließen.[185]

II. England

1. Jurisdiktion über wirtschaftliche Betätigung

Auch das englische Recht versagt im Prinzip die Immunität immer dann, wenn der Rechtsstreit eine wirtschaftliche Betätigung des beklagten Staates betrifft. Im Gegensatz zum amerikanischen Recht versucht es jedoch nicht, dies durch eine einzige Generalklausel, sondern durch eine nähere Spezifikation verschiedener Arten von Tätigkeiten zu erreichen. Diese Technik verringert den Beurteilungsspielraum der Gerichte. Die weit überwiegende Zahl der praktischen Fälle dürfte indes nach amerikanischem und englischem Recht in gleicher Weise zu entscheiden sein. Gerade bezüglich der Wirtschaftstätigkeit ausländischer Staaten sind die einzelnen Immunitätsausnahmen im übrigen so konstruiert, daß sie jeweils nicht exklusiv bestimmte Bereiche abdecken, sondern sich zum Teil weitgehend überlappen. Infolgedessen kann in einzelnen Fällen die Jurisdiktion englischer Gerichte auf mehrere Immunitätsausnahmen nebeneinander gestützt werden. Keine dieser Bestimmungen ist jedoch auf arbeitsvertragliche Streitigkeiten anzuwenden. Diese unterliegen exklusiv einem eigenen Regime und werden später gesondert behandelt.[186] Ferner gelten die einzelnen Immunitätsausnahmen nur vorbehaltlich einer anderweitigen schriftlichen vertraglichen Abrede.[187]

---

185 Siehe auch unten § 6 A II bei FN 40—42 zur Eliminierung des dinglichen Arrests.

186 Sub § 5 B II 2.

187 Sections 3 (2), 8 (2); allg. zur Dispositivität der Immunitätsausnahmen oben § 3 D.

a) Wirtschaftliche Geschäfte

Gem. sec. 3 (1)(a) wird Immunität zunächst dann verweigert, wenn der Rechtsstreit ein von dem betreffenden Staat eingegangenes wirtschaftliches Geschäft betrifft. Was ein wirtschaftliches Geschäft darstellt, definiert der SIA in sec. 3 (3) in der Weise, daß er zunächst einige besonders bedeutsame Arten von als wirtschaftlich anzusehenden Geschäften aufzählt und hieran eine Generalklausel anschließt.

aa) Eine erste Art von wirtschaftlichen Geschäften stellen Verträge über Warenlieferungen oder Dienstleistungen dar.[188] Diese Verträge bleiben auch dann wirtschaftlich, wenn der Staat mit ihrem Abschluß spezifisch staatliche Zwecke fördern will. Der Kauf von Waffen für die Streitkräfte ist folglich ebenso wirtschaftlich wie etwa die Beauftragung eines Architekten zur Planung eines Botschaftgebäudes. Damit übernimmt das englische Recht wie auch das amerikanische zumindest im Hinblick auf diesen ersten Typ der wirtschaftlichen Geschäfte die im Völkerrecht überwiegende Anschauung, die Bereiche des immunen und nicht-immunen Staatshandelns nach der „Natur" der Tätigkeit voneinander abzugrenzen.[189]

Die Immunitätsausnahme greift ihrem Wortlaut nach ungeachtet davon ein, auf welcher Seite des Vertrages sich der Staat befindet. Obwohl sicherlich in erster Linie an diejenigen Situationen gedacht ist, in denen der Staat Waren oder Dienstleistungen bestellt, besteht kein Grund, die Bestimmung nicht auch dann anzuwenden, wenn der Staat seinerseits der zur Warenlieferung oder Dienstleistung Verpflichtete ist.

Die Fassung dieser Bestimmung scheint auch diejenigen Fälle zu lösen, in denen ein Staat zunächst einen derartigen Vertrag schließt und ihn später aus staatspolitischen Gründen oder sogar mit obrigkeitlichen Mitteln bricht: Auch in einer derartigen Konstellation „betrifft" ein daraufhin von dem privaten Vertragspartner wegen des Vertragsbruchs angestrengter Rechtsstreit den Vertrag, so daß die Immunität zu verneinen ist.[190] Eine gegenteilige Auslegung durch die Gerichte ist auch in Anbetracht der kürzlich ergangenen Entscheidung des House of Lords in I Congreso del Partido[191] wenig wahrscheinlich. Nach dieser

---

[188] Sec. 3 (3)(a).

[189] Ebenso Dicey/Morris I, S. 165; Lewis, Immunity, 6.2 (a)(i); Mann, B.Y.I.L. 50 (1979) 52.

[190] Ebenso Dicey/Morris und Mann (FN 189), sowie Lewis, Immunity, 6.2. (a)(ii). Anders (sec. 3 läßt Problematik offen): Bowett, Camb.L.J. 37 (1978) 194; Fox, L.Q.R. 98 (1982) 105 und 107. Aus völkerrechtlicher Sicht: Seidl-Hohenveldern, FS Beitzke, S. 1084 und 1091 f.

[191] [1981] 3 W.L.R. 328; [1981] 2 Lloyd's Rep. 536. Anders noch die Vorinstanzen, vgl. die Urteile des High Court: [1978] Q.B. 500; [1978] All E.R. 1169;

Entscheidung ändert eine auf der Ebene der Gleichordnung (iure gestionis) entstandene Rechtsbeziehung ihren Charakter nicht dadurch, daß der Staat plötzlich aus erkennbar außenpolitischen Motiven sein Verhalten ändert und damit Anlaß zur Klage gibt. Auch wenn diese noch nach Common Law ergangene Entscheidung bei der Auslegung des SIA nicht juristisch bindet und streng genommen nur den politisch motivierten, also nicht auch den interessanteren Fall des mit obrigkeitlichen Mitteln (etwa durch Nationalisierung) erfolgten Vertragsbruchs abdeckt, dürfte doch zumindest der grundsätzliche Ansatz dieser Entscheidung auch die Auslegung des SIA beeinflussen.

bb) Eine zweite Gruppe wirtschaftlicher Geschäfte bilden staatliche Kreditaufnahmen sowie Garantien und ähnliche Verträge.[192] Diese Ausnahme ist vornehmlich auf die Aufnahme von Darlehen, die Emission internationaler Anleihen und die Stellung von staatlichen Anleihegarantien und Export- und Importbürgschaften gemünzt. In allen derartigen Fällen können die Gläubiger selbst ohne entsprechende vertragliche Unterwerfungsklausel den Staat auf Zahlung verklagen. Auch hier ist der Zweck, den der Staat mit der Eingehung der Verbindlichkeit verfolgt hat, und ein etwaiger angeblich hoheitlicher Vertragsbruch im Rahmen der Immunitätsproblematik unbeachtlich.

cc) Sofern eine als wirtschaftlich in Betracht kommende Betätigung von den beiden ersten Kategorien nicht erfaßt wird, ist der Auffangtatbestand in sec. 3 (3) in Erwägung zu ziehen. Danach besteht keine Immunität für alle sonstigen, von lit. (a) und lit. (b) nicht abgedeckten Geschäfte (transactions) oder Tätigkeiten (activities) kaufmännischer, industrieller, finanzieller, professioneller oder ähnlicher Art, die der betreffende Staat iure gestionis ausübt. Diese Generalklausel weitet den Begriff der wirtschaftlichen Betätigung in mehrfacher Hinsicht aus. Sie erlaubt zum einen, auch die Eingehung von anderen als den in (a) und (b) genannten Vertragstypen als wirtschaftlich zu klassifizieren. Darüber hinaus eröffnet sie die Möglichkeit, auch außervertragliche Ansprüche gegen Staaten einzuklagen. Der Zusatz, daß neben eingegangenen *Geschäften* auch sonstige *Tätigkeiten*[193] bestimmter Art keine Immunität genießen, kann nur den Sinn haben, auch Klagen zuzulassen, die sich nicht auf eine von dem Staat eingegangene vertragliche Verpflichtung stützen.[194] Das ist von praktischer Relevanz vor allem für

[1977] 3 W.L.R. 778; und des Court of Appeal: [1980] 1 Lloyd's Rep. 23; [1981] All E.R. 1092.

192 Sec. 3 (3)(b).

193 Die Definition spricht von „any other transaction ... into which a State enters" und außerdem von „any other activity ... in which it engages".

194 Vgl. bereits Mann, B.Y.I.L. 50 (1979) 52 f.; zweifelnd Lewis, Immunity, 6.20 und Higgins, N.Y.I.L. 10 (1979) 46.

Klagen aus Delikt oder wegen unlauteren Wettbewerbs, die von anderen Immunitätsausnahmen nur lückenhaft erfaßt werden.

Der Bereich der wirtschaftlichen Tätigkeit i. S. d. Generalklausel endet dort, wo hoheitliches Staatshandeln beginnt. Daher schließt sec. 3 (3)(c) die Annahme einer wirtschaftlichen Betätigung ausdrücklich aus, sofern der Staat hoheitlich gehandelt hat. Damit verweist das englische Recht auf die im Völkerrecht gebräuchliche Unterscheidung zwischen Akten iure imperii und Akten iure gestionis. So wenig konturiert diese Kategorien im Völkerrecht sind, so wenig sind sie es im englischen Recht. Anders als das amerikanische stellt das englische Recht insbesondere zumindest ausdrücklich keine Kriterien auf, anhand derer die Abgrenzung erfolgen soll.

Das gilt zunächst für die berühmte Streitfrage, ob auf den Zweck oder die „Natur" der betreffenden Tätigkeit abzustellen ist.[195] Da jedoch im Rahmen der ersten beiden Teile der Begriffsbestimmung in lit. (a) und (b) der mit den genannten Geschäften angestrebte Zweck unerheblich ist, muß man zur Vermeidung eines systematischen Bruchs zwischen den enumerativ unter (a) und (b) aufgeführten besonderen Geschäften und dem in (c) enthaltenen Auffangtatbestand auch dort die hoheitliche und nicht-hoheitliche Tätigkeit nach der Natur des jeweiligen Staatshandelns unterscheiden.[196] Die andernfalls erzielten Ergebnisse wären ungereimt. Daß ein Kaufvertrag über Waffen für die Armee gem. lit. (a) keine Immunität genießt, steht fest. Ein Vertrag, durch den ein Staat ein Kriegsschiff bauen läßt, läßt sich demgegenüber nicht mehr unter die in lit. (a) genannten Vertragstypen subsumieren. Hier entscheidet sich die Immunitätsfrage nach der Generalklausel in lit. (c). Wäre die dabei vorzunehmende Abgrenzung zwischen Akten iure imperii und Akten iure gestionis am Zweck der Handlung auszurichten, so genösse der Staat insoweit Immunität. Eine unterschiedliche Behandlung beider Fälle je nach dem Vertragstypus macht keinen Sinn. Das Beispiel zeigt, daß zur Vermeidung von Wertungswidersprüchen die wirtschaftliche Betätigung einheitlich nach der Natur der Tätigkeit festgestellt werden und der Zweck außer Betracht bleiben muß. Im übrigen haben die Gerichte auch in der kurzen Übergangsphase zwischen Abkehr von der absoluten Immunität und der Geltung des SIA bereits die Natur der Handlung als Abgrenzungsmerkmal

[195] Siehe oben § 5 B I 1 a bei FN 65—67.

[196] Anders jedoch R. White, M.L.R. 42 (1979) 75, nach dem hier der vom Staat verfolgte Zweck maßgeblich wird; ebenso offenbar Cheshire/North, S. 102 (Vertrag über Bau eines Kriegsschiffes ist in the exercise of sovereign authority); wohl auch Marston, J. World Trade Law 13 (1979) 350 und G. White, J.Bus.Law 1979, 110. Wie hier Mann, B.Y.I.L. 50 (1979) 51 f. und Shaw, N.L.J. 128 (1978) 1137. Vgl. ferner auch Adede, Brooklyn J. Int'l L. 6 (1980) 206 f.

bevorzugt.[197] Es ist kaum anzunehmen, daß sie ausgerechnet bei der Auslegung von lit. (c) von dieser Linie abgehen werden, obwohl der SIA sie in lit. (a) und lit. (b) bestätigt hat.

Zusätzlich muß die Tätigkeit jedoch kaufmännischer, industrieller, finanzieller, professioneller oder ähnlicher Art sein. Demzufolge entspricht der Begriff der wirtschaftlichen Tätigkeit im immunitätsrechtlichen Sinn in etwa dem allgemeinen Sprachgebrauch. Diese Einschränkung ist dem amerikanischen Recht fremd. Während das amerikanische Recht den Begriff wirtschaftlich mit iure gestionis gleichsetzt und demzufolge mit der entsprechenden Immunitätausnahme sämtliche nicht-hoheitlichen Tätigkeiten abdeckt,[198] erfaßt die englische Definition nur solche nicht-hoheitlichen Tätigkeiten kaufmännischer oder ähnlicher Art. Als Grundlage einer Klage gem. sec. 3 (3)(c) eignen sich somit nicht sämtliche privaten, sondern nur „geschäftliche" Tätigkeiten eines Staates. Was allerdings „geschäftlich" ist, erläutert der SIA nicht mehr. Wenn man im Ausgangspunkt wirtschaftliche von hoheitlicher Staatstätigkeit nach deren Natur abgrenzt, so wird man der Folgerichtigkeit halber diesen Ansatz auch hier beibehalten müssen. Geschäftlich ist demnach eine Tätigkeit, die in dieser Form im Geschäftsleben vorkommt, auch wenn der Staat sie anders als ein privater Geschäftstreibender möglicherweise nicht in Gewinnerzielungsabsicht vornimmt. Die Zeichnung eines Wechsels oder Akkreditivs[199] beispielsweise ist eine so handelsspezifische Erscheinung, daß hierin unproblematisch eine kaufmännische Betätigung i. S. von sec. 3 (3)(c) zu erblicken ist. Welche möglicherweise auch klassisch staatlichen Zwecke der Staat mit der Eingehung einer solchen Verbindlichkeit verfolgt, ist ohne Belang. Überhaupt kann auf der Grundlage von sec. 3 (3)(c) immer dann gegen den Staat vorgegangen werden, wenn der Kläger einen vertraglichen Anspruch hat und der betreffende Vertragstyp auch im privaten Wirtschaftsleben vorkommt.

Etwas schwieriger ist die Anwendung des Merkmals „kaufmännischer, industrieller, finanzieller, professioneller oder ähnlicher Art" auf außervertragliche Ansprüche. Auch hier kommt es jedoch allgemein darauf an, ob der Staat in dem der Klage zugrundeliegenden Sachverhalt ähnlich wie ein privater Geschäftsmann aufgetreten ist. Im übrigen werden in das Verständnis dieses Merkmals zwangsläufig die nationa-

---

197 Vgl. insbes.: Trendtex Trading Corporation v. Central Bank of Nigeria [1977] Q.B. 529, 558 (per Lord Denning, M.R.), 566 (per Stephenson, L.J.), 579 (per Shaw, L.J.); I Congreso del Partido [1981] 3 W.L.R. 328, 342 (per Lord Wilberforce); ebenso in der Vorinstanz [1981] 1 All E.R. 1092, 1102 (per Lord Denning, M.R.).

198 Siehe oben § 5 B I 1 a.

199 Hierzu bereits die Entscheidung in Trendtex (FN 197).

len Anschauungen darüber einfließen, welche Tätigkeiten legitimerweise als Staatsaufgaben angesehen werden können. Je unzweifelhafter die betreffende Tätigkeit eine öffentliche Aufgabe erfüllt, desto weniger kaufmännisch ist sie. Was dabei im einzelnen als öffentliche Aufgabe anerkannt werden kann, richtet sich nach den Auffassungen des englischen Rechts. Ob der beklagte Staat mit der in Frage stehenden Tätigkeit nach seinen eigenen politischen Vorstellungen eine Staatsaufgabe wahrnimmt, ist demgegenüber unerheblich.[200] Der beispielsweise von den Staatshandelsländern in staatlicher Regie betriebene Außenhandel ist daher i. S. von lit. (c) wirtschaftlich, obwohl er nach der Wirtschafts- und Sozialordnung dieser Staaten nicht dem privatwirtschaftlichen Bereich zuzurechnen ist.

Die Immunitätsausnahme für wirtschaftliche Geschäfte enthält keine Merkmale, die einen örtlichen Bezug zum Gerichtsstaat voraussetzen. Die internationale Zuständigkeit unterscheidet sich in diesem Bereich daher nicht von derjenigen, die das englische Recht gegenüber am Wirtschaftsverkehr beteiligten nichtstaatlichen Personen beansprucht. Um im Einzelfall festzustellen, ob englische Jurisdiktion gegeben ist, müssen daher jeweils die allgemeinen Regeln der internationalen Zuständigkeit nach den R.S.C. herangezogen werden.[201]

b) Inländischer Erfüllungsort

Eine weitere Immunitätsausnahme enthält sec. 3 (1)(b). Danach ist ein Staat nicht immun, wenn der Rechtsstreit eine vertragliche Verpflichtung betrifft, die ganz oder teilweise im Vereinigten Königreich zu erfüllen ist. Diese Bestimmung wird in zahlreichen Fällen alternativ zur Jurisdiktion über wirtschaftliche Geschäfte gemäß sec. 3 (1)(a) in Betracht zu ziehen sein. Sofern ihre Voraussetzungen erfüllt sind, bestehen im übrigen auch unter dem Gesichtspunkt der internationalen Zuständigkeit in aller Regel keine Prozeßhindernisse; denn eine entsprechende Klausel in den R.S.C. gewährleistet, daß das Gericht infolge der Nichterfüllung der im Vereinigten Königreich geschuldeten Leistung seine internationale Zuständigkeit bejahen kann.[202] In diesem

[200] Dies entspricht der im Völkerrecht vorherrschenden Tendenz, die Bereiche iure imperii und iure gestionis nach der lex fori voneinander abzugrenzen, vgl. etwa BVerfGE 16, 27, 62—64; Seidl-Hohenveldern, FS Beitzke, S. 1085; jew. m. zahlr. weiterführenden Nachw. Dreßler, S. 158—160 und Malina, S. 215—219; gegenteilig neuestens Gramlich, RabelsZ 45 (1981) 586 f.

[201] Als Anknüpfung kommt vornehmlich in Betracht: Vertragsschluß in England oder unter Einschaltung eines englischen Vertreters, englischer Deliktsort oder englisches Vertragsstatut, vgl. O. 11, r. 1 (1)(f) und (h).

[202] Vgl. O. 11, r. 1 (1)(g): „Service out of the jurisdiction is permissible ... if the action ... is ... in respect of a breach committed within the juris-

Zusammenhang ist unerheblich, ob der Vertrag als wirtschaftlich i. S. von sec. 3 (3)(c) klassifiziert werden kann und wo der Vertrag geschlossen wurde. Die Voraussetzungen dieser Immunitätsausnahme sind daher für den privaten Kläger vor allem dort leicht darzutun, wo er einen Vertrag vorlegen kann, in dem sich der Staat ausdrücklich zur Erbringung der Leistung im Vereinigten Königreich verpflichtet hat. Auch wo der Erfüllungsort nicht ausdrücklich im Vertrag festgelegt worden ist, kann häufig aus den Umständen geschlossen werden, daß die Parteien stillschweigend einen englischen Erfüllungsort vereinbart haben. Ein solches Indiz ist etwa die Vereinbarung der Zahlung in Pfund Sterling.[203] Sofern der Vertrag keine derartigen Anhaltspunkte enthält oder die vorhandenen zur Annahme einer konkludenten Vereinbarung nicht ausreichen, richtet sich der Erfüllungsort nach allgemeinem Vertragsrecht. Die praktisch bedeutsamste und gegen Staaten vor englischen Gerichten ohnehin als einzig einklagbare[204] vertragliche Pflicht ist die Zahlungspflicht. Sie ist nach englischem Recht — im Gegensatz zum Recht mancher anderer Staaten[205] — grundsätzlich am Sitz des Gläubigers zu erfüllen.[206] Demzufolge kann ein in England ansässiger Gläubiger eines ausländischen Staates einen vertraglichen Zahlunganspruch regelmäßig vor englischen Gerichten einklagen, ohne Ausführungen über den nicht-hoheitlichen und wirtschaftlichen Charakter des Vertrages machen zu müssen.

Eine besondere Situation entsteht dort, wo nach internationalem Privatrecht der Vertrag von ausländischem Recht beherrscht wird. Hier fragt sich, ob für die Zwecke der Immunitätsausnahme in sec. 3 (1)(b) der Erfüllungsort unabhängig vom jeweiligen Vertragsstatut nach englischem Recht zu ermitteln ist oder ob das ausländische Vertragsstatut insoweit auf die prozeßrechtliche Immunitätsproblematik „durchschlägt". Angesichts der Unterschiede der einzelnen Rechte in der Bestimmung des Zahlungsortes können beide Wege leicht zu unterschiedlichen Ergebnissen führen. Im Rahmen der internationalen Zuständigkeit gemäß O. 11, r. 1 (1)(g) neigen die Gerichte dazu, den Ort des Vertragsbruchs nach dem auf den Vertrag anwendbaren materiellen Recht zu erforschen, sofern von den Parteien entsprechend vorgetragen wird.[207] Bei

diction of a contract made within or out of the jurisdiction"; hierzu etwa Schröder, S. 315—317.

[203] Vgl. Dicey/Morris I, S. 210 m. w. Nachw.

[204] Siehe oben § 3 H bei FN 57 f.

[205] Überblick bei Mann, Legal Aspect, S. 76 f. sowie bei Wolff, S. 135.

[206] The Eider [1893] P. 119, 131 (per Lord Esher, M.R.) und 136 (per Bowen, L.J.); wegen weiterer Einzelheiten vgl. Dicey/Morris I, S. 208—211 sowie II, S. 722 f.

[207] Vgl. Dicey/Morris I, S. 211 bei und in FN 12 sowie II, S. 773 FN 63 a.E. mit w.Nachw. auf die Judikatur. — Dieser Ansatz ist sachgerecht, vgl. insbes.

Klagen gegen ausländische Staaten den Zahlungsort innerhalb der beiden relevanten Aspekte der Jurisdiktion, der internationalen Zuständigkeit und der Immunität, jeweils gesondert festzustellen, wäre eine wenig befriedigende Lösung. Schon um der Einheitlichkeit der Entscheidung über beide Aspekte der Jurisdiktion willen wird man auch die Frage des Erfüllungsortes i. S. von sec. 3 (1)(b) nach dem Vertragsstatut zu beantworten haben.[208]

Die Immunitätsausnahme infolge ausländischen Erfüllungsortes unterliegt einer aus mehreren Merkmalen bestehenden Gegenausnahme. Sec. 3 (1)(b) greift nicht ein, wenn der Vertrag

(i) nicht eine wirtschaftliche Betätigung[209] darstellt,

(ii) auf dem Gebiet des beklagten Staates abgeschlossen wurde und

(iii) dessen Verwaltungsrecht unterliegt.

Das Vorliegen dieser drei kumulativen Voraussetzungen muß erforderlichenfalls der beklagte Staat nachweisen. Der Ort des Vertragsabschlusses wird dabei unabhängig vom Vertragsstatut nach englischem Recht bestimmt.[210]

Ausdrücklich nach dem Recht des beklagten Staates richtet sich dagegen die weitere Frage, ob dessen Verpflichtung auf Verwaltungsrecht oder Zivilrecht beruht. Dieses Merkmal entspricht einer Klausel in der Europäischen Konvention[211] und soll die Immunität für diejenigen Verträge wiederherstellen, die der Staat in seiner Eigenschaft als Hoheitsträger eingeht. Die Bestimmung sagt jedoch nicht, ob diese Verwaltungsrechtsklausel unabhängig vom jeweiligen Vertragsstatut oder nur dann in Erwägung zu ziehen ist, wenn das englische Konfliktsrecht auf das Recht des beklagten Staates verweist. Ist mit anderen Worten die

---

Schröder, S. 325 f.; zustimmend etwa Geimer, WM 1976, 1290 m.zahlr. rechtsvergleichenden Nachw. (zu Art. 5 Nr. 1 EG-Gerichtsstandsübereinkommen); ferner auch Raape/Sturm, S. 107; gegenteilig neuestens jedoch Bernstein, RabelsZ 41 (1977) 290 f. und FS Ferid, S. 91 ff.

[208] Ebenso im Ergebnis Mann, B.Y.I.L. 50 (1979) 51.

[209] Zu verstehen im Sinne der soeben im Text erörterten Begriffsbestimmung in sec. 3 (3).

[210] Im praktisch häufigen Fall des Vertragsschlusses durch Briefwechsel ist folglich der Abschlußort dort, wo die Annahmeerklärung zur Post gegeben wird; zu den weiteren Einzelheiten des englischen Rechts etwa Dicey/Morris I, S. 204 f. und Schröder, S. 302 sowie zuletzt wiederum Brinkibon Ltd. v. Stahag Stahl und Warenhandelsgesellschaft m. b. H. [1982] 2 W.L.R. 264 (H.L.); vgl. ferner Radwan v. Radwan [1972] 3 All E.R. 967: Botschaften und Konsulate sind örtlich nicht Teil des Entsendestaates, sondern des Staates, auf dessen Gebiet sie sich befinden; demzufolge sind Verträge, die ein Privater mit einem Staat in dessen Botschaft oder Konsulat geschlossen hat, nicht auf dessen Staatsgebiet getätigt und erfüllen somit nicht den Tatbestand der Gegenausnahme, so bereits Lewis, Immunity, 6.5.

[211] Art. 4 (2)(c).

Verwaltungsrechtsklausel auch dann zu beachten, wenn das Recht des beklagten Staates die eingeklagte Verbindlichkeit dem Verwaltungsrecht unterstellt, nach englischem Recht jedoch das ausländische Recht überhaupt nicht anwendbar ist? Nach dem Sinn der Klausel dürfte dies zu bejahen sein.[212] Dies führt zur uneingeschränkten Maßgeblichkeit des eigenen Rechts des beklagten Staates — einer Qualifikation, die in der völkerrechtlichen Immunitätsdiskussion wegen der denkbaren Mißbrauchsgefahren generell zu Recht verworfen wird.[213] Allerdings können von vornherein überhaupt nur solche Länder den Einwand erheben, die Verpflichtung unterliege ihrem Verwaltungsrecht, in deren Rechtssystem das Verwaltungsrecht und öffentlich-rechtliche Verträge überhaupt als eigenständige rechtliche Kategorien verankert sind. Allen Staaten des Common Law ist, da sie die Unterteilung zwischen öffentlichem und privatem Recht in dieser Form nicht kennen, dieser Einwand folglich von vornherein verwehrt. Dies zeigt, wie die Alleinmaßgeblichkeit des jeweiligen ausländischen Rechts in der Immunitätsproblematik unvermeidlich sachlich nicht zu rechtfertigende Diskriminierungen zur Folge hat.

Insgesamt ist diese Gegenausnahme mit ihren drei kumulativen Erfordernissen allerdings so eng gefaßt, daß sie nur selten eingreifen dürfte. Daher stellt sec. 3 (1)(b) eine Immunitätsausnahme dar, die in Großbritannien ansässigen Vertragspartnern von ausländischen Staaten in aller Regel ohne nennenswerte Schwierigkeiten den Rechtsweg eröffnet.

c) Gewerbliche Schutzrechte und Urheberrechte

Sec. 7 hebt die Immunität in Verfahren auf, die gewerbliche Schutzrechte und Urheberrechte betreffen. Dies gilt zunächst für alle Verfahren, die sich auf Patente, Warenzeichen, Muster oder Sortenschutzrechte beziehen, die im Vereinigten Königreich zugunsten des Staates eingetragen oder sonstwie geschützt oder von ihm angemeldet worden sind.[214] Steht ein solches Recht oder ein Urheberrecht einem Privaten zu, so genießt der Staat keine Immunität in Streitigkeiten über eine angeblich von ihm begangene Verletzung eines dieser Rechte.[215] Ebensowenig ist er immun in Streitigkeiten über das Recht zum Gebrauch einer Firma oder einer sonstigen Geschäftsbezeichnung.[216] Diese Bestimmungen ergeben sich folgerichtig aus dem Ansatz des Gesetzes, die

---

212 Zweifelnd Dicey/Morris I, S. 166.

213 Nachw. zur Frage der Qualifikation nach der lex fori oder der lex causae oben in FN 200.

214 Sec. 7 (a).

215 Sec. 7 (b).

216 Sec. 7 (c).

Immunität überall dort zu verweigern, wo ein Staat wie ein Privater auftritt oder sich sogar wie sonstige Handeltreibende am Wirtschaftsleben beteiligt.

d) Vereinigungsinterne Streitigkeiten

Ebenso erklärlich ist die weitere Immunitätsausnahme in sec. 8. Sie betrifft interne Streitigkeiten, die aus der Beteiligung des Staates an einer Gesellschaft oder sonstigen Vereinigung resultieren. Hier können sowohl die Vereinigung selbst als auch die einzelnen Mitglieder gegen den Staat einen mitgliedschaftsrechtlichen Rechtsstreit anstrengen, um ihre internen Beziehungen gerichtlich klären zu lassen. Die Bestimmung ist so formuliert, daß sie alle denkbaren Vereinigungs- und Beteiligungsformen (selbst diejenige der Körperschaft öffentlichen Rechts[217]) erfaßt, sofern die Organisation nicht ausschließlich aus Staaten[218] besteht.

Auch hier greift die Immunitätsausnahme jedoch nur bei genügender Inlandsberührung ein. Dazu genügt, daß die Organisation entweder nach dem Recht des Vereinigten Königreichs errichtet worden ist, von dort kontrolliert wird oder dort ihre Hauptniederlassung hat.[219] Durch diese alternativ gefaßte örtliche Anknüpfung können Binnenstreitigkeiten im Einzelfall selbst dann vor englischen Gerichten ausgetragen werden, wenn die Organisation nach dem Recht des beklagten Staates gegründet worden ist und demzufolge nach englischem Konfliktsrecht ausländisches materielles Recht anzuwenden ist.[220]

2. Jurisdiktion in arbeitsrechtlichen Streitigkeiten

Während sich nach amerikanischem Recht die Immunität in arbeitsvertraglichen Streitigkeiten nach der allgemeinen Bestimmung über wirtschaftliche Betätigungen des Staates richtet, stellt das englische Gesetz hierüber ein spezielles Regime auf. Dieses ist in dem Sinne exklusiv, daß die ansonsten in Betracht kommenden Immunitätsausnahmen kraft wirtschaftlichen Geschäfts oder kraft englischen Erfüllungsortes verdrängt sind.[221] Die Regelung selbst wird rechtstechnisch dadurch etwas kompliziert, daß die vorgesehene Immunitätsausnahme durch vier alternative Gegenausnahmen durchbrochen wird, die ihrerseits wiederum gewissen Modifikationen unterliegen. Die grundsätz-

[217] So ausdrücklich zur Parallelbestimmung in Art. 6 EK: Expl.Rep., Nr. 31 (S. 16).

[218] Zu verstehen i.S.v. sec. 14 (1), dazu oben § 4 B.

[219] Sec. 8 (1)(b).

[220] Vgl. Mann, B.Y.I.L. 50 (1979) 57.

[221] Sec. 3 (3) a.E.

liche Immunitätsausnahme lautet: Die Gerichte haben Jurisdiktion in allen arbeitsvertraglichen Verfahren zwischen einer natürlichen Person und einem Staat, wenn entweder der Vertrag im Vereinigten Königreich abgeschlossen wurde[222] oder die vertraglich geschuldete Arbeitsleistung ganz oder zumindest teilweise dort zu erbringen ist[223]. Die Gegenausnahmen betreffen folgende Konstellationen:

(i) Der Arbeitnehmer ist Mitglied einer diplomatischen oder konsularischen Mission.[224]

(ii) Der Arbeitnehmer besaß zum Zeitpunkt der Anhängigkeit der Klage die Staatsangehörigkeit des beklagten Staates. Allerdings greift diese Gegenausnahme ihrerseits nicht ein, wenn die Arbeit für ein im Vereinigten Königreich für wirtschaftliche Zwecke[225] unterhaltenes Büro, eine Geschäftsstelle oder Einrichtung zu verrichten war und der Arbeitnehmer bei Vertragsschluß seinen gewöhnlichen Aufenthalt (habitual residence[226]) nicht im Gebiet des beklagten Staates hatte.[227]

(iii) Der Arbeitnehmer besaß bei Vertragsschluß weder die Staatsangehörigkeit des Vereinigten Königreiches noch hatte er dort seinen gewöhnlichen Aufenthalt (habitual residence[226]). Allerdings gilt dies wie bei (ii) nicht, wenn die Arbeit für ein im Vereinigten Königreich für wirtschaftliche Zwecke[225] unterhaltenes Büro, eine Geschäftsstelle oder Einrichtung zu verrichten war und der Arbeitnehmer bei Vertragsschluß seinen gewöhnlichen Aufenthalt nicht im Gebiet des beklagten Staates hatte.[228]

(iv) Die Parteien haben schriftlich Immunität vereinbart, sec. 4 abbedungen oder die Jurisdiktion britischer Gerichte ausgeschlossen. Eine solche Abrede ist jedoch nur wirksam, sofern das englische Recht für das betreffende Verfahren keine ausschließliche internationale Zuständigkeit der eigenen Gerichte vorsieht.[229]

---

[222] Der Abschlußort wird nach englischem Recht ermittelt; zu dessen Regeln oben FN 210.

[223] Sec. 4 (1).

[224] Sec. 16 (1)(a).

[225] Gem. sec. 17 (1) zu verstehen i.S.v. sec. 3 (3), dazu oben § 5 B II 1 a.

[226] Zum Begriff: Dicey/Morris I, S. 144 f.

[227] Sec. 4 (2)(a), (3).

[228] Sec. 4 (2)(b), (3).

[229] Sec. 4 (2)(c), (4). Zu Fällen ausschließlicher englischer Zuständigkeit: Lewis, Immunity, 6.11; White, M.L.R. 42 (1979) 76.

3. *Jurisdiktion über inländischen Grundbesitz*

Eine eigene Immunitätsausnahme besteht im Zusammenhang mit in England belegenem Grundbesitz. Sie erfaßt Streitigkeiten über Rechte des Staates an unbeweglichem Vermögen oder dessen Besitz oder Gebrauch sowie etwaige sich hieraus ergebende Verbindlichkeiten.[230] Die Versagung der Immunität in Verfahren mit Bezug zu inländischen Immobilien ist in der früheren Rechtsprechung zwar bisweilen angedeutet und erwogen, aber nie abschließend entschieden worden.[231] Die nunmehrige gesetzliche Bestimmung ist so weit gefaßt, daß jedweder Bezug der Klageforderung zu inländischem Grund und Boden den Immunitätsverlust zur Folge hat. Daher besteht beispielsweise keine Immunität für Klagen betreffend das Eigentum des Staates an Immobilien, Klagen auf Zahlung des Entgelts für berechtigte oder einer Entschädigung für unberechtigte Nutzung sowie Klagen wegen Besitzstörung (nuisance[232]) oder aus Gebäudehaftung.[233]

An dieser Stelle ist auf eine prozessuale Besonderheit des englischen Immunitätsrechts zurückzukommen, die sich gerade in diesem Zusammenhang für private Kläger nachteilig auswirkt: Gem. sec. 13 (2)(a) können die Gerichte einen ausländischen Staat grundsätzlich nicht zur Herausgabe von Grundbesitz verurteilen.[234] Infolgedessen kann der private Kläger keine Räumungs- oder sonstige Herausgabeklage gegen einen Staat erheben.[235] Er ist vielmehr darauf beschränkt, Ansprüche auf Nutzungsvergütung oder ggf. auf Schadensersatz geltend zu machen. Damit bleibt das englische Gesetz hinter der Europäischen Konvention zurück, die keine derartigen Beschränkungen der möglichen gerichtlichen Rechtsfolgenaussprüche enthält. In Verfahren gegen Vertragsstaaten der Europäischen Konvention wird sich daher ein Kläger unter Umständen darauf berufen können, daß die vom Vereinigten Königreich ratifizierte Konvention Herausgabeklagen zumindest nicht ausschließt.[236]

Wie auch im amerikanischen Recht[237] ist es grundsätzlich unerheblich, ob die betreffenden Immobilien des beklagten Staates einem privaten

---

[230] Sec. 6 (1); sachlich identisch Art. 9 EK.

[231] Vgl. The Charkieh (1873) L.R. 4 A. & E. 59, 97 f. (per Sir Robert Phillimore); Sultan of Johore v. Abubakar Tunku Aris Bendahar [1952] A.C. 318, 339 f. und 342—344 (P.C.); Thai-Europe Tapioca Service Ltd. v. Government of Pakistan [1975] 1 W.L.R. 1485, 1490 f. (per Lord Denning, M.R.).

[232] Zum Begriff: Street, S. 216 ff.; Winfield/Jolowicz, S. 352 ff.

[233] Vgl. auch den Katalog in Expl.Rep., Nr. 44 (S. 19).

[234] Näher oben § 3 H bei FN 57 f.

[235] Dies übersieht Dicey/Morris I, S. 168 bei FN 56.

[236] Zu einer ähnlichen Situation bei Deliktsklagen unten § 5 B II 5.

[237] Siehe oben § 5 B I 4.

oder öffentlichen Zweck dienen. Eine Ausnahme macht lediglich sec. 16 (1)(b). Danach gilt die Immunitätsausnahme für inländischen Grundbesitz nicht, sofern Rechte oder der Besitz an Immobilien im Streite ist, in denen der Staat seine diplomatische Vertretung unterhält. Das dokumentiert eine übertriebene Ehrfurcht vor allem, was mit der Tätigkeit einer ausländischen Vertretung in Verbindung steht. Zumal die in dieser Hinsicht noch am ehesten störenden Herausgabeklagen ohnehin generell unstatthaft sind, wäre nicht zu befürchten gewesen, durch ein bloßes Erkenntnisverfahren über Botschaftsgrundstücke den Wirkungskreis der Mission unzulässig zu beschneiden.[238] Immerhin greift allerdings diese Gegenausnahme ihrem Wortlaut nach nur für Klagen in Bezug auf ein Recht oder den Besitz des beklagten Staates an einem Grundstück ein. Demnach scheint die Immunitätsausnahme auch hinsichtlich eines Botschaftsgebäudes doch insoweit anwendbar zu sein, als der Rechtsstreit lediglich die Art des Grundstücksgebrauchs berührt.[239] Schadensersatzklagen wegen einer von der Botschaft ausgehenden Störung (nuisance) oder aus Gebäudehaftung scheinen somit möglich zu sein.

Sind die Voraussetzungen dieser Immunitätsausnahme erfüllt, dürfte der Kläger das Gericht in aller Regel auch davon zu überzeugen vermögen, daß es international zuständig ist: Die R.S.C. enthalten Regeln, die trotz mancher Zweifel über ihre genaue Tragweite in den hier in Betracht kommenden Fällen im allgemeinen die Bejahung der erforderlichen Anknüpfung erlauben.[240]

4. *Jurisdiktion über den Staat als privaten Rechtsnachfolger*

Ein Staat kann keine Immunität beanspruchen, wenn das Verfahren ein Recht an beweglichem oder unbeweglichem Vermögen betrifft, das zu einer Erbschaft oder Schenkung gehört oder erb- oder herrenloses Heimfallsgut (bona vacantia) darstellt.[241] Unter der weiteren Voraussetzung, daß eine Grundlage für internationale Zuständigkeit besteht, kann gegen den Staat als „privaten" Rechtsnachfolger gerichtlich vorgegangen werden. Diese Bestimmung ist wie ihr amerikanisches Pendant ohne weiteres einsichtig und völkerrechtlich abgesichert.[242]

---

238 Vgl. die demgegenüber vorzugswürdige Lösung des amerikanischen Rechts, den Zivilprozeß ohne weiteres zuzulassen und die besondere Verwendung des Grundbesitzes erst im Rahmen der Vollstreckung zu berücksichtigen, dazu oben § 5 B I 4 bei und in FN 146.

239 So Lewis, Immunity, 6.24.

240 O. 11, r. 1 (1)(a) und (b). Näher hierzu Dicey/Morris I, S. 199—201 sowie Schröder, S. 363 f.

241 Sec. 6 (2); sachlich identisch Art. 10 EK.

242 Nachw. in § 5 I 3, FN 140.

Die Anwendung dieser Immunitätsausnahmen dürfte kaum Schwierigkeiten bereiten. Nur eine besondere und auf den ersten Blick außerhalb ihres Anwendungsbereichs liegende Konstellation verdient, näher erörtert zu werden. Mann[243] schlägt vor, die Bestimmung erweiternd auszulegen und auf Fälle zu erstrecken, in denen ein Staat eine Gesellschaft auflöst und sich deren Vermögen einverleibt. Eine solche Maßnahme kann entweder ein bereits in Staatsbesitz stehendes Unternehmen treffen, das im Zuge einer Umstrukturierung der Staatsorganisation seine Rechtspersönlichkeit verliert, oder sich auf ein sonstiges Unternehmen beziehen, das — etwa zu Konfiskationszwecken — unter Einsatz von Hoheitsmacht zwangsweise aufgelöst wird. Hier stellt sich die Frage, ob Altgläubiger der Gesellschaft sich nunmehr an den Staat halten können oder dieser etwaige Ansprüche bereits mit der Immunitätseinrede abwehren kann. Die von Mann propagierte Analogie fußt darauf, daß der Staat in derlei Fällen der Rechtsnachfolger der „verstorbenen" Gesellschaft sei und das erworbene Vermögen, das das haftende Kapital der vormaligen Gesellschaft ausmachte, gleichsam mit den Altschulden belastet bleibe. Daß diese Konstruktion nur mit gewisser Mühe unter sec. 6 subsumiert werden kann, ist nicht zu übersehen. Darüber hinaus kann als sicher gelten, daß weder die mit der Ausarbeitung der Europäischen Konvention betraute Expertenkommission bei der Abfassung der dortigen Parallelbestimmung[244] noch der britische Gesetzgeber bei der Verabschiedung von sec. 6 diese Fallgestaltung im Auge hatten. In gleichem Maße steht jedoch die Berechtigung des mit der vorgeschlagenen Auslegung verfolgten Anliegens außer Frage. Sofern die Forderung auf Vertrag beruht und in England zu erfüllen ist, nimmt sec. 3 (1)(b)[245] der hier behandelten Problematik die Spitze. Ansonsten wäre auch eine ausweitende Auslegung von sec. 3 (1)(a) zu erwägen. Dieser Bestimmung zufolge besteht keine Immunität für wirtschaftliche Geschäfte, die der Staat „eingegangen" ist (entered). Damit sind solche Geschäfte gemeint, die der Staat selbst abgeschlossen hat. Mit etwas Mut kann man aber auch die weitere Situation hierunter fassen, daß der Staat in ein schon bestehendes wirtschaftliches Geschäft nachträglich „eintritt". Nach der ratio dieser Bestimmung, die dahin geht, den Staat nicht von seiner Verantwortlichkeit für Verpflichtungen mit wirtschaftlichem Ursprung freizustellen, stünde einer solchen Auslegung nichts im Wege. Es bleibt abzuwarten, wie wendig die Gerichte die in Betracht kommenden Immunitätsausnahmen handhaben werden, wenn sie mit einer entsprechenden Fallgestaltung konfrontiert werden.

[243] B.Y.I.L. 50 (1979) 55 und FS Zweigert, S. 285 f.

[244] Art. 10.

[245] Dazu oben § 5 B II 1 b.

5. Jurisdiktion über Delikte

Sec. 5 sieht eine eigene Immunitätsausnahme für bestimmte Delikte vor. Die Vorschrift verdrängt nicht andere Bestimmungen, aus denen sich in gewissen Bereichen bereits eine deliktische Verantwortlichkeit ausländischer Staaten ergeben kann. Insbesondere Klagen wegen deliktischer wirtschaftlicher Betätigung können daher unter Umständen bereits auf sections 3 und 7, Klagen im Zusammenhang mit Grundbesitz des ausländischen Staates auf sec. 6 (1) gestützt werden.

Gem. sec. 5 ist die Immunität aufgehoben in Verfahren, die eine Tötung oder Körperverletzung von Menschen oder die Beschädigung oder den Verlust von körperlichen Sachen betreffen. Außerhalb des Anwendungsbereichs dieser Bestimmung liegen daher insbesondere Wettbewerbsverstöße, Ehrverletzungen, sonstige Persönlichkeitsrechtsverletzungen und „reine Vermögensschäden". Liegt jedoch tatbestandlich eine Körperverletzung oder Sachbeschädigung vor, so kann das Gericht, falls das sachlich anwendbare Recht das zuläßt, dem Kläger Ersatz auch für immaterielle Schäden zuerkennen.[246]

Weiterhin wird vorausgesetzt, daß die Rechtsverletzung durch eine im Vereinigten Königreich begangene Handlung oder Unterlassung hervorgerufen wird. Es entscheidet somit der Handlungs- bzw. Unterlassungsort, nicht der Erfolgsort. Im Rechtssinne ereignet sich die Unterlassung dort, wo die unterlassene Handlung hätte vorgenommen werden müssen. Sofern die Voraussetzungen dieser Immunitätsausnahme erfüllt sind, werden die Gerichte voraussichtlich regelmäßig auch ihre internationale Zuständigkeit bejahen; hierzu sind sie nach ihrem Ermessen berechtigt, wenn das behauptete Delikt im Inland „begangen" worden ist.[247] Auch wenn in der Rechtsprechung nicht abschließend geklärt ist, ob Delikte im zuständigkeitsrechtlichen Sinn am Handlungs-, am Erfolgsort oder alternativ an beiden Orten „begangen" werden, scheinen die Gerichte dennoch zumindest einen inländischen *Handlungs*ort im allgemeinen als genügenden räumlichen Bezug anzusehen.[248]

Interessanterweise weicht das englische Recht, indem es allein auf den Handlungsort abstellt, vom gegenteiligen Ausgangspunkt der Europäischen Konvention diametral ab. Nach Art. 11 EK hängt der Immunitätsverlust von einem inländischen Erfolgsort ab. (Dieser schroff entgegengesetzte Ansatz wird jedoch dadurch gemildert, daß sich nach Art. 11 EK zusätzlich der Schädiger zum Zeitpunkt des Schadenseintritts im Inland aufgehalten haben muß.[249]) Damit gewährt das englische

---

[246] Vgl. Expl.Rep., Nr. 48 (S. 20) zur Parallelbestimmung des Art. 11 EK.

[247] R.S.C., O. 11, r. 1 (1)(b).

[248] Einzelheiten bei Dicey/Morris I, S. 213—215 sowie Schröder, S. 970—972.

Recht insofern einen über die Bestimmungen der Europäischen Konvention hinausgehenden Rechtsschutz, als die Immunitätsausnahme auch im Inland verursachte, aber im Ausland eingetretene Schäden abdeckt. Da das Vereinigte Königreich bei der Ratifizierung der Konvention gem. deren Art. 24 (1) erklärt hat, daß seine Gerichte auch über die in den Art. 1—13 EK geregelten Fälle hinaus gegen andere Vertragsstaaten in demselben Ausmaß wie in Verfahren gegen Nichtvertragsstaaten sollen entscheiden können, ist diese Abweichung völkerrechtlich unproblematisch. Eine mit der Konvention nicht zu versöhnende Divergenz entsteht jedoch in dem Fall umgekehrten Vorzeichens, wenn nämlich das britische Gesetz mehr Immunität gewährt als die EK. Ein solches Jurisdiktionsdefizit ergibt sich jedoch nur in der mehr theoretischen Konstellation, daß die Handlung im Ausland vorgenommen wird, der Verletzungserfolg im Inland eintritt und der Täter (oder bei entsprechender Auslegung der Konvention auch nur einer von mehreren gemeinschaftlichen Tätern) sich zu diesem Zeitpunkt im Inland befindet. Sollte ein solcher Fall mit einem der Vertragsstaaten der Konvention als Beklagtem jemals die Gerichte beschäftigen, so werden diese möglicherweise zu erwägen haben, zugunsten des privaten Klägers sec. 5 „im Lichte" der Europäischen Konvention erweiternd auszulegen.

6. Verfahren der „Freiwilligen Gerichtsbarkeit"

Eine weitere Bestimmung behandelt die Verfahren der Nachlaßauseinandersetzung[250], der Anordnung einer Pflegeschaft über das Vermögen Geistesgestörter[251], der Insolvenz[252], der Liquidation von Gesellschaften[253] und der Trustverwaltung[254]. Die Durchführung dieser Verfahren wird gem. sec. 6 (3) nicht dadurch gehindert, daß ein ausländischer Staat ein Recht an dem von dem Verfahren betroffenen Ver-

---

[249] Die Verlegenheitslösung, Anwesenheit des Täters im Gerichtsstaat zum Zeitpunkt der Tat zu verlangen, ist nicht ohne Vorgänger, siehe Art. 10 (4) des Haager Abkommens über die Anerkennung und Vollstreckung ausländischer Urteile in Zivil- und Handelssachen v. 1. 2. 1971; siehe auch Schröder, S. 271.

[250] Zur diesbezüglichen englischen internationalen Zuständigkeit: Dicey/Morris II, S. 588 ff.; zum Verfahren als solchem: Ferid/Firsching, Bd. II (Großbritannien), Rdnrn. 67 ff.

[251] Zur diesbezüglichen englischen internationalen Zuständigkeit: Dicey/Morris I, S. 512 ff.

[252] Zur diesbezüglichen englischen internationalen Zuständigkeit: Dicey/Morris II, S. 691 ff.

[253] Zur diesbezüglichen englischen internationalen Zuständigkeit: Companies Act 1948, sections 218, 398—400 und hierzu Dicey/Morris II, S. 732 ff.

[254] Zur diesbezüglichen englischen internationalen Zuständigkeit: Dicey/Morris I, S. 202 f.

mögen innehat oder beansprucht.[255] Das Gericht kann daher ohne Rücksicht auf den beteiligten Staat nach seinen jeweiligen allgemeinen Befugnissen die Vermögensverwaltung durchführen, veranlassen oder überwachen. Das versteht sich im Grunde von selbst. Auch unter der Geltung der absoluten Immunität haben die Chancery-Gerichte bereits ungeachtet etwaiger Vermögensinteressen ausländischer Staaten solche Verfahren der „Freiwilligen Gerichtsbarkeit" durchgeführt.[256]

7. *Jurisdiktion über indirect impleading außerhalb seerechtlicher Verfahren*

Nach überkommener englischer Rechtsauffassung spielt die Immunitätsproblematik bisweilen auch dann eine Rolle, wenn der ausländische Staat am Verfahren selbst überhaupt nicht unmittelbar beteiligt ist. Die grundlegenden und unschwer einleuchtenden Fälle dieser Art betrafen in rem-Verfahren gegen Staatsschiffe. Diese Verfahren richten sich formellrechtlich gegen das Schiff als solches und nicht gegen die hinter ihm stehenden Berechtigten. Gleichwohl erkannte die Rechtsprechung an, daß durch derartige Klagen gegen Schiffe ausländische Staaten „mittelbar" verklagt werden, sofern sie Eigentümer, Besitzer oder Inhaber eines sonstigen Rechts an dem Schiff sind.[257] Diese Figur des sog. indirect impleading war der legitime juristische Hebel, um im Rahmen der in rem-Verfahren die Immunität ins Spiel bringen zu können, obwohl der ausländische Staat verfahrensrechtlich nicht Partei war.

Von hier war es nur ein kleiner Schritt zur Übertragung dieser Konzeption auf in personam-Verfahren. Das bei in rem-Verfahren zur Wahrung der Rechte ausländischer Staaten entwickelte und letztlich unentbehrliche Institut des indirect impleading leistete nun der Vorstellung Vorschub, auch bei in personam-Verfahren könne ein Staat mittelbar verklagt werden. Dies wurde dann angenommen, wenn ein Prozeß zwischen Privaten anhängig war und ein ausländischer Staat Besitzer des dort streitbefangenen Gegenstandes war oder ein sonstiges

---

[255] Entspr.: Art. 14 EK.

[256] Betr. Gesellschaftsliquidation: Re Russian Bank for Foreign Trade [1933] Ch. 745, 769 f.

Betr. Trusts: Larivière v. Morgan (1872) L.R. Ch. 550, 560 (L.C.), bestätigt durch House of Lords in (1875) L.R. 7 H.L. 423; Strousberg v. Republic of Costa Rica (1881) 44 L.T. 199, 201 (C.A.); auch in anderen Verfahren wurde die Trust-Rechtsprechung stets als eine der Ausnahmen von der ansonsten absoluten Immunität anerkannt, siehe etwa United States of America and Republic of France v. Dollfus Mieg et Cie. S.A. and Bank of England [1952] A.C. 582, insbes. 617 per Lord Radcliffe (H.L.); Rahimtoola v. Nizam of Hyderabad [1958] A.C. 379, 397, 401, 408, 420 (H.L.); The Philippine Admiral [1977] A.C. 373, 393 (P.C.).

[257] Siehe das Dictum von Lord Atkin in The Cristina, oben § 2 B bei FN 45.

Recht an oder einen Anspruch auf die Sache hatte. Hier konnte entweder der jeweilige Beklagte von sich aus eine derartige Beteiligung des Staates aufzeigen und damit einer Verurteilung entgehen, oder der Staat konnte intervenieren und auf diese Weise selbst eine Einstellung des Verfahrens erwirken.[258] Diese Rechtsprechung ist deutlich derjenigen Grundeinstellung verhaftet, die die Lehre der absoluten Immunität geboren hat und der Gerichtsverfahren mit irgendeinem Bezug zu ausländischen Staaten als mit deren Würde unvereinbar galten.

Trotz seiner Abkehr von der uneingeschränkten Immunität hat der SIA diese Konzeption auch für in personam-Verfahren außerhalb der Schiffahrtsgerichtsbarkeit im Grundsatz beibehalten. Die einschlägige Bestimmung ist sec. 6 (4). Sie ist bereits gesetzgebungstechnisch alles andere als geglückt.[259] Im Gewande einer Immunitätsausnahme enthält sie zunächst die für die Fälle des indirect impleading geltende Immunitätsregel und deren Voraussetzungen: Das Gericht darf kein in personam-Verfahren gegen Dritte durchführen, das Vermögen betrifft, welches im Besitz oder in der Herrschaftsgewalt eines ausländischen Staates steht oder an dem dieser ein Recht (interest) beansprucht. Demzufolge ist etwa ein Herausgabeprozeß gegen einen Privaten grundsätzlich unstatthaft, sobald ein Staat beispielsweise Eigentümer oder Verfügungsberechtigter ist, an der Sache ein Zurückbehaltungs- oder Beschlagnahmerecht hat oder selbst deren Herausgabe fordern kann. Streitbefangen können neben körperlichen Gegenständen auch Rechte und Forderungen sein.[260] Der vermeintliche Inhaber eines Bankkontos kann daher nicht auf Auszahlung klagen, wenn ein ausländischer Staat behauptet, das Guthaben stehe ihm zu.[261]

Welche Rechte und Ansprüche ausländischer Staaten im einzelnen in diesem Sinne prozeßhindernde interests darstellen, wird die Rechtsprechung zu erarbeiten haben.[262] Von Interesse ist in diesem Zusammenhang noch eine besondere Beweislastregelung. Während der Beklagte oder der intervenierende Staat die Prozeßhindernisse Besitz oder Herrschaftsgewalt notfalls voll beweisen muß, begnügt sich das Gesetz im Falle entgegenstehender interests mit einem geringeren Nachweis-

---

[258] Zusammenstellung und eingehende Kommentierung der diesbezüglichen Judikatur bei Dunbar, Recueil 132 (1971 I) 285 ff.; vgl. ferner etwa O'Connell, Bd. II, S. 848—853.

[259] Das mag zu einem gewissen Teil darauf zurückzuführen sein, daß in der EK ein entsprechender Art. fehlt und daher auf diesem Feld nicht auf Vorarbeiten der vom Europarat eingesetzten Gutachterkommission zurückgegriffen werden konnte.

[260] Vgl. schon Rahimtoola v. Nizam of Hyderabad [1958] A.C. 379 (H.L.).

[261] Zu den Anforderungen an den Nachweis der Berechtigung sogleich im Text.

[262] Vgl. auch Dicey/Morris I, S. 159; Mann, B.Y.I.L. 50 (1979) 57.

grad. Hier ist — soweit das interest nicht bereits allseits zugestanden wird — lediglich erforderlich, daß sich das angebliche Recht des betroffenen Staates als prima facie begründet erweist. An dieser Stelle scheinen alte Präjudizien durch, die sich aus Ehrfurcht vor der Würde ausländischer Staaten bereits gehindert sahen, die bloße Vorfrage der von dem betreffenden Staat behaupteten sachlichen Berechtigung voll nachzuprüfen.[263] In den soeben erwähnten Beispielsfällen bedeutet das: Die Klagen auf Herausgabe der Sache oder auf Auszahlung des Guthabens sind bereits dann erfolglos, wenn auch nur prima facie ein Zurückbehaltungsrecht oder eine Gläubigerstellung eines ausländischen Staates besteht. Diese Beweislastminderung wirkt sich dann schädlich aus, wenn der erste Anschein trügt. In diesem Fall büßt der Kläger seinen Anspruch ein, obwohl in Wirklichkeit nicht einmal ein entgegenstehendes Staatsrecht bestand. Daß damit weder dem Kläger (dessen Recht abgeschnitten wird) noch dem Beklagten (für den sich die scheinbare Staatsbetroffenheit als ein Geschenk des Himmels erweist) Gerechtigkeit widerfährt, liegt auf der Hand.

Alles das entspricht weitgehend der früheren Rechtslage. Ebenfalls in sec. 6 (4) eingebaut ist jedoch nunmehr die Ausnahme, der nach neuem Recht das grundsätzliche Verbot des indirect impleading unterliegt. Danach ist indirect impleading zulässig, wenn eine Immunitätsausnahme eingreifen würde, wäre das Verfahren persönlich gegen den Staat gerichtet.[264] Sofern die Klage ausländisches Immobiliarvermögen betrifft, greift unproblematisch sec. 6 (1) ein. In diesem begrenzten Bereich ist daher unschädlich, daß mittelbar ein ausländischer Staat verklagt wird. Ansonsten jedoch hilft diese Ausnahme dem Kläger nicht in allen Fällen weiter. Eine sec. 6 (1) entsprechende Ausnahme für bewegliches Vermögen ist im SIA nicht enthalten, und die vorhandenen Ausnahmen werden in den seltensten Fällen passen. Wie etwa soll dem Kläger in diesem Zusammenhang jemals die Immunitätsausnahme des inländischen Erfüllungsortes[265] zugute kommen, wo doch sein Schuldner der Beklagte ist und er gegen den Staat daher in aller Regel keinen vertraglichen Anspruch besitzt? Insgesamt knüpfen die Immunitätsausnahmen überwiegend an einen vorherigen Kontakt zwischen dem Pri-

---

[263] Noch weitergehend (keinerlei Überprüfung): The Jupiter [1924] P. 236, 242, 244, 245 (C.A.); so wie jetzt allerdings insbes. Juan Ismael & Co. Inc. v. Government of the Republic of Indonesia [1955] A.C. 72, 89 f. (P.C.): Es genüge die Überzeugung des Gerichts, daß der Anspruch „is not merely illusory, nor founded on a title manifestly defective".

[264] Hier wie sonst muß der private Kläger die Immunitätsausnahme nachweisen; unzutreffend daher Sinclair, Recueil 167 (1980 II) 262: Staat muß nachweisen, daß er in einem gegen ihn gerichteten Verfahren immun gewesen wäre.

[265] Sec. 3 (1)(b); dazu oben § 5 B II 1 b.

vaten und dem Staat an, der in diesen Fällen selten gegeben ist. Im übrigen ist schwer zu erkennen, welchen Streitgegenstand man dem hypothetischen Rechtsstreit mit dem Staat überhaupt zugrunde legen soll. Obwohl der Wortlaut von sec. 6 (4) das nahezulegen scheint, kann der Gegenstand des tatsächlichen Prozesses nicht gemeint sein. Denn der Ansatz, die Immunität eines Staates anhand eines Rechtsverhältnisses zu beurteilen, an dem dieser selbst nicht beteiligt ist, ergibt schon gedanklich wenig Sinn. Überdies griffe wegen der regelmäßig „privaten" Natur der Beziehung zwischen Kläger und sonstigem Beklagten voraussichtlich so gut wie immer eine der Immunitätsausnahmen ein. Es kann daher allein darauf ankommen, ob der Staat gegenüber einer Klage auf Freigabe — sei es durch Verzicht auf sein prozeßhinderndes Recht, sei es durch eine sonstige Aufgabe seiner Sperrposition — Immunität genießen würde. Abgesehen davon, daß ein derartiges Begehren nach der Art des Antrags vermutlich ohnehin unstatthaft wäre,[266] kommt hier ernsthaft nur die Immunitätsausnahme für Verfahren über eine wirtschaftliche Betätigung[267] in Betracht. In den seltenen Fällen, in denen die im Prozeß zwischen Kläger und Beklagtem streitbefangene Sache Gegenstand eines Geschäfts zwischen dem Kläger und dem mittelbar beteiligten Staat ist, bestehen daher keine Schwierigkeiten.[268] Häufig fehlt es jedoch überhaupt an einer Beziehung zwischen Kläger und Staat. Dann wird zur Verneinung der Immunität wohl genügen, daß das Verhältnis zwischen Beklagtem und Staat wirtschaftlicher Art ist: auch dann würde nämlich eine Freigabe noch i. S. von sec. 3 (1)(a) eine wirtschaftliche Staatstätigkeit „betreffen". Auf diese Weise ist letztlich entscheidend, ob die der Durchführung des Prozesses entgegenstehende Rechtsposition des Staates aus einer iure gestionis wahrgenommenen Tätigkeit herrührt oder einer solchen Tätigkeit dient. Hat etwa der Staat sein Anrecht durch ein normales Handelsgeschäft und zu privaten Zwecken erworben, so steht dies einem Prozeß nicht im Wege. Hat er umgekehrt das streitbefangene Vermögen seinerzeit beschlagnahmt, so kann der Beklagte die Immunität einwenden. In der zwischen diesen Polen liegenden breiten Grauzone werden jeweils die Gerichte im Einzelfall zu entscheiden haben, inwiefern die mittelbare Betroffenheit eines Staates der Durchführung des Prozesses entgegensteht.

Nach der Formulierung des Gesetzes besteht eine weitere Immunitätsausnahme dann, wenn das angebliche Recht des Staates nicht min-

---

[266] Siehe oben § 3 H bei FN 57 f.

[267] Sec. 3 (1)(a).

[268] Vgl. das Beispiel bei Mann, B.Y.I.L. 50 (1979) 56: Der Kläger hat identifizierbare, bei einer Bank hinterlegte Goldbarren vom Staat gekauft und klagt gegen die Bank auf Herausgabe.

destens prima facie belegt wird. Hierbei handelt es sich der Sache nach nicht um eine Immunitäts*ausnahme*, sondern um eine beweismäßige Immunitäts*voraussetzung*, die zudem den Rechtsschutz für den Kläger nicht erleichtert, sondern durch eine für diesen ungünstige Beweislastregelung erschwert. Sie ist oben im systematisch richtigen Zusammenhang behandelt.

Die gesamte Konzeption des indirect impleading bei in personam-Verfahren ist ein unglückseliges Relikt aus dem Zeitalter der absoluten Immunität, so wie sie in England verstanden wurde. Das Völkerrecht hat eine so weitgehende Immunitätsgewährung zu keiner Zeit gefordert. Allein deshalb, weil ein Staat ein Recht an dem streitbefangenen Vermögen beansprucht, einem nichtstaatlichen Beklagten Immunität zu gewähren und dadurch dem Kläger Rechtsschutz zu verweigern, haben soweit ersichtlich die Gerichte anderer westlicher Länder nicht einmal in Erwägung gezogen. Umso bedauerlicher ist es, daß sich diese dem englischen Immunitätsdenken eigentümliche Anschauung in die neue Kodifikation hinübergerettet hat. Zudem liefert die vorgesehene Immunitätsausnahme mit ihrer Verweisung auf die für ganz andere Situationen entworfenen übrigen Immunitätsausnahmen eine wenig überzeugende Lösung. Die in der gesamten Bestimmung enthaltenen redaktionellen Ungeschicklichkeiten zeigen, daß die Problematik des indirect impleading im Gesetzgebungsverfahren nicht wirklich durchdacht worden ist. Nachdem nunmehr direkte Klagen gegen ausländische Staaten nicht mehr ausnahmslos unzulässig und damit von vornherein aussichtslos sind, werden die Fälle des indirect impleading allerdings voraussichtlich nur einen geringen Prozentsatz der praktischen Fälle ausmachen.[269] Im übrigen bleibt abzuwarten, wie die Gerichte den Spielraum nutzen, den ihnen die vorhandenen Unklarheiten und unbestimmten Rechtsbegriffe eröffnen.

8. Jurisdiktion über seerechtliche Streitigkeiten

Eine letzte Bestimmung betrifft seerechtliche Streitigkeiten (sec. 10). Das sind Streitigkeiten, für die gem. sec. 1 (1) Administration of Justice Act[270] die Schiffahrtsgerichtsbarkeit (Admiralty jurisdiction) des High Court gegeben ist. Hierzu zählen unter anderen die in Beziehung auf Staatsschiffe praktisch bedeutsamen Streitigkeiten um Eigentum oder Besitz an einem Schiff, Haftungsklagen wegen in Zusammenhang mit einem Schiff erlittener Personen- oder Sachschäden einschließlich Schä-

---

[269] Siehe allerdings demgegenüber die Einschätzung von Cheshire/North, S. 104, wonach das indirect impleading die häufigste Fallgestaltung darstellt.

[270] Halsbury's Statutes of England, 3. Aufl., Bd. 1, S. 20 ff.; sec. 1 (1) auch abgedruckt bei Dicey/Morris I, S. 238.

den an der Ladung, Klagen aus Transport- oder Gebrauchsüberlassungsverträgen sowie Klagen auf Zahlung des Lohns für Herstellung oder Reparatur eines Schiffes oder für geleistete Bergungs-, Abschlepp- oder Lotsendienste und weitere Verfahren ähnlicher Art. Prozeßrechtlich besteht in diesen Fällen jeweils die Möglichkeit, in rem gegen das Schiff sowie — alternativ oder zusätzlich — in personam gegen den Schuldner zu klagen.[271] Weiterhin kann der Gläubiger in bestimmten Konstellationen nicht nur gegen das haftende Schiff selbst, sondern auch gegen ein Schwesterschiff vorgehen.[272] Jurisdiktion zur Durchführung der in rem-Verfahren beanspruchen englische Gerichte unabhängig davon, wo die eingeklagte Forderung entstanden ist und ob der Streit in seinem Kern einen räumlichen Bezug zum Forum aufweist,[273] immer dann, wenn sich das beklagte Schiff in England befindet.[274]

Sobald eine solche Klage ein Staatsschiff betrifft, besteht grundsätzlich Immunität. Dies gilt nicht nur hinsichtlich in personam-, sondern ebenfalls hinsichtlich in rem-Verfahren. Auch wenn der SIA letzteres nicht eigens hervorhebt, so setzen doch die in sec. 10 niedergelegten Immunitätsausnahmen die Geltung des Prinzips der grundsätzlichen Immunität auch gegenüber in rem-Verfahren als selbstverständlich voraus. Dies entspricht der bisherigen, vom Völkerrecht geforderten Rechtslage nach Common Law, die Immunität nicht einfach deshalb zu versagen, weil der betroffene Staat nach dem nationalen Prozeßrecht nicht förmlich Partei ist und sich das Verfahren „nur" gegen sein Vermögen richtet. Der SIA stellt im übrigen durch eine Legaldefinition klar, was er unter einem Staatsschiff versteht: Immun ist im Ausgangspunkt jedes Schiff, das in Eigentum, Besitz oder Herrschaftsgewalt eines Staates steht oder an dem ein Staat ein sonstiges Recht (interest) hat. Auch das entspricht der bisherigen Präjudizienlage[275] und der Bestimmung über Immunität gegenüber indirect impleading bei in personam-Verfahren.[276]

Sowohl für in rem- als auch für in personam-Klagen im Zusammenhang mit Staatsschiffen kodifiziert sec. 10 eigene Immunitätsausnah-

[271] Sec. 3 Administration of Justice Act 1956.

[272] Sec. 3 (4)(b) Administration of Justice Act 1956; Einzelheiten bei Thomas, Rdnrn. 80—85.

[273] Sec. 1 (4) Administration of Justice Act 1956.

[274] Weiteres zur in rem jurisdiction: Dicey/Morris I, S. 230 ff.; Schröder, S. 362 f.

[275] The Gagara [1919] P. 95, 101 (C.A.); The Jupiter [1924] P. 236 (C.A.); Compania Naviera Vascongado v. Steamship „Cristina" [1938] A.C. 485, 490 ff. (H.L.); Government of the Republic of Spain v. S.S. „Arantzazu Mendi" [1939] A.C. 256, 265—267 (H.L.).

[276] Siehe sec. 6 (4); ein Unterschied zu sec. 6 (4) besteht allerdings insofern, als sec. 10 (5) keine Beweislastregel enthält, siehe dazu Higgins, N.Y.I.L. 10 (1979) 48.

men.[277] Diese sind auf das Brüsseler Abkommen über Staatshandelsschiffe vom 10. 4. 1926 abgestimmt und haben das Vereinigte Königreich in die Lage versetzt, diese von ihr bereits seinerzeit unterzeichnete Konvention nunmehr zu ratifizieren. Im Verhältnis zu den Konventionsstaaten sind die in sec. 10 enthaltenen Ausnahmen abschließend.[278] Demgegenüber kann eine seerechtliche Klage gegen einen nicht an dem Brüsseler Abkommen beteiligten Staat zusätzlich auf die allgemeinen Immunitätsausnahmen gestützt werden. Hier kommt insbesondere in Betracht, daß die eingeklagte Forderung ein wirtschaftliches Geschäft des beklagten Staates betrifft oder kraft Vertrages in England zu erfüllen ist (sec. 3), auf einem in England begangenen Delikt beruht (sec. 5) oder das Arbeitsverhältnis zwischen einem Mitglied der Schiffsbesatzung und dem Staat als seinem Arbeitgeber angeht (sec. 4). Der gegenüber Nichtvertragsstaaten mögliche Rekurs auf die allgemeinen Bestimmungen kann für den Kläger, wie sich sogleich zeigen wird, in einzelnen Konstellationen durchaus vorteilhaft sein.

Die Immunitätsausnahmen unterscheiden Klagen gegen das Schiff selbst, gegen ein Schwesterschiff und gegen die Ladung sowie die dazugehörenden flankierenden oder alleinstehenden in personam-Klagen. Diese Regelung wird dadurch noch weiter kompliziert, daß bei in rem-Verfahren gegen ausländische Staaten zusätzlich eine besondere Verfahrensvoraussetzung erfüllt sein muß. Diese besteht darin, daß der Staat mit dem beklagten Objekt zum Zeitpunkt der Anhängigkeit der Klage wirtschaftliche Ziele verfolgen muß.[279] Es ist daher stets im Auge zu halten, daß die in sec. 10 enthaltenen Immunitätsausnahmen bezüglich der in rem-Klagen nur die grundsätzliche Entstehung der in rem-Haftung betreffen, die spätere Durchführung eines solchen Verfahrens jedoch von dieser weiteren besonderen Verfahrensvoraussetzung abhängt.

a) Die wichtigste Fallgruppe betrifft in rem-Klagen gegen das angeblich haftende Staatsschiff selbst sowie zur Durchsetzung eines solchen in rem-Anspruchs gegen den Staat persönlich erhobene Klagen. Sie sind zulässig, wenn zum Zeitpunkt der Entstehung der Verbindlichkeit das Schiff für wirtschaftliche Zwecke verwandt wurde oder zukünftig für einen derartigen Einsatz vorgesehen war. Dieser Ansatz unterscheidet sich insofern von dem etwa in sec. 3 (wirtschaftliche Betätigung) zugrundegelegten, als es auf den generellen Verwendungszweck des

[277] Im Verhältnis zur UdSSR gelten diese jedoch nur sehr eingeschränkt, siehe The State Immunity (Merchant Shipping) (Union of Soviet Socialist Republics) Order 1978, S.I. 1978 No. 1524; hierzu auch Higgins, N.Y.I.L. 10 (1979).

[278] Sec. 10 (6).

[279] Sec. 13 (2)(b); dazu näher unten § 6 B I.

Schiffes ankommt und die besonderen klagebegründenden Umstände außer Betracht bleiben. Wer beispielsweise ein Kriegsschiff birgt, repariert oder mit Kraftstoff beliefert, kann gem. sec. 3 (1)(a) in personam gegen den jeweiligen Staat vorgehen, weil der Anspruch auf einem Vertrag über Warenlieferungen oder Dienstleistungen beruht. Sec. 10, der im Verhältnis zu Vertragsstaaten des Brüsseler Abkommens allein anwendbar ist, schließt eine Klage demgegenüber aus, weil das Schiff nicht-wirtschaftlichen Zwecken dient.[280] Umgekehrt kann der Staat unter sec. 10 in einem Verfahren im Zusammenhang mit einem Handelsschiff nicht mehr einwenden, die Klageforderung sei infolge hoheitlichen Handelns seinerseits entstanden. Eine solche Verteidigung, die in I Congreso del Partido nach Common Law in den beiden ersten Instanzen noch erfolgreich war und vom House of Lords nur deshalb zurückgewiesen wurde, weil zwischen Kläger und betroffenem Staat vertragliche bzw. sonstige privatrechtliche Beziehungen bestanden,[281] ist nach sec. 10 von vornherein unerheblich.[282]

Welcher Verwendungszweck als wirtschaftlich anzusehen ist, bestimmt sich auch hier wieder kraft Verweisung in sec. 17 (1) nach sec. 3 (3). Über das Vorliegen dieses Merkmals entscheidet das Gericht wie auch sonst unabhängig von der Einschätzung des betroffenen Staates nach den dort festgelegten Maßstäben des englischen Rechts. Insbesondere kommt insofern einer etwaigen Erklärung des Botschafters des betreffenden Staates, das Schiff sei kein Handelsschiff gewesen, keine besondere Beweiswirkung zu.[283] Nicht geregelt ist die in The Parlement Belge[284] aufgetretene Problematik, wie ein Schiff zu behandeln ist, das teils dem Handel und teils hoheitlichen Zwecken dient. Hier dürfte Immunität vermutlich bereits dann gewährt werden, wenn der hoheitliche Zweck nicht nur vollkommen untergeordnet ist.

Grundsätzlich ist erforderlich, daß das Schiff zum Zeitpunkt des Entstehens der Verbindlichkeit zum Handel benutzt wurde. Dabei genügt auch ein nur zeitweiliger derartiger Gebrauch. Wird z. B. ein Schiff der Kriegsmarine wegen der zu geringen Kapazität der Handelsflotte für ein bestimmtes Projekt zum Transport von Wirtschaftsgütern verwandt, so besitzt es keine Immunität für in dieser Zeit begründete Forderungen. Darüber hinaus ist allgemein unschädlich, daß ein Handelsschiff zum relevanten Zeitpunkt der Forderungsentstehung bereits für eine demnächstige hoheitliche Verwendung eingeplant war. Um-

---

280 Ebenso Higgins, N.Y.I.L. 10 (1979) 49.

281 [1981] 3 W.L.R. 328; [1981] 2 Lloyd's Rep. 367.

282 Ebenso Lewis, Immunity, 7.19 und 7.20.

283 Das folgt im Gegenschluß aus der insoweit unanwendbaren sec. 13 (5).

284 (1880) 5 P.D. 197.

gekehrt jedoch nützt es dem Kläger kraft ausdrücklicher Bestimmung in sec. 10 (2) („if ... the ship was ... intended for use for commercial purposes"), wenn ein seinerzeit zu Hoheitszwecken betriebenes Schiff bereits für einen künftig kommerziellen Einsatz bestimmt war. Auch wenn eine solche Absicht der Änderung der Verwendungsart häufig nur schwer nachzuweisen ist, hilft diese Alternative dem Kläger jedoch insbesondere dann, wenn mit dem betreffenden Schiff nur zeitweilig Hoheitsfunktionen wahrgenommen werden. Zur Illustration kann das soeben gebildete Beispiel umgekehrt werden: Wird ein Schiff der staatlichen Handelmarine im Kriegsfall zeitweilig für den Transport von Truppen oder Waffen verwandt, so wird sich der Kläger darauf berufen können, daß das Schiff nach Kriegsende wieder in die Handelsmarine eingegliedert werden soll.

b) Häufig geht der Kläger gemäß sec. 3 (4)(b) Administration of Justice Act 1956 gegen ein Schwesterschiff vor, weil sich das primär haftende Schiff nicht in England befindet und daher nicht arrestiert werden kann.[285] In diesem Fall müssen zum Zeitpunkt der Forderungsentstehung sowohl das primär haftende als auch das nunmehr in rem beklagte Schwesterschiff Handelsschiffe gewesen oder für eine solche Verwendung vorgesehen gewesen sein.[286] Aus welchem Grund dieses Erfordernis auf das Schwesterschiff erstreckt wird, ist auf den ersten Blick nicht ohne weiteres einzusehen; denn dem Schwesterschiff kommt ggf. ja bereits die allgemeine Verfahrensbestimmung zugute, daß dem in rem-Verfahren nur Vermögen unterliegt, das bei Klageerhebung wirtschaftlichen Zwecken gewidmet ist. Dem zusätzlichen Erfordernis, daß auch zum Zeitpunkt der Forderungsentstehung das Schwesterschiff bereits wirtschaftlichen Zwecken gedient haben muß, scheint die Vorstellung zugrunde zu liegen, daß die in rem-Haftung sich von vornherein latent auch auf alle Schwesterschiffe erstreckt und in den häufig späteren Verfahren diese ursprüngliche Haftung realisiert wird. Diese Konzeption harmoniert jedoch nicht mit dem allgemeinen Grundsatz in Schiffahrtssachen, wonach auch gegen ein Schwesterschiff vorgegangen werden kann, das der in personam Haftende und seinerzeitige Eigentümer des Erstschiffes nachträglich erworben hat.[287]

c) Einem besonderen Regime unterliegen Admiralty-Klagen, soweit sie eine dem ausländischen Staat gehörende Ladung betreffen.[288] Im

[285] So geschehen in I Congreso del Partido (FN 281).

[286] Sec. 10 (3).

[287] Siehe sec. 3 (4)(b) Administration of Justice Act 1956 und die Erläuterungen etwa bei Thomas, Rdnrn. 80—85.

[288] Gem. sec. 10 (5) gelten wie in Bezug auf Schiffe solche Ladungen als einem Staat ‚gehörend', die in dessen Eigentum, Besitz oder Herrschaftsgewalt stehen oder an denen er ein sonstiges Recht (interest) hat.

Hinblick auf Ladungen besteht in rem-Jurisdiktion, wenn Schiff und Ladung zum Zeitpunkt der Forderungsentstehung für wirtschaftliche Zwecke vorgesehen waren.[289] Auch die Ladung auf einem privaten Handelsschiff ist daher immun, sofern der Staat an ihr bereits ein Recht erworben hat und er sie für hoheitliche Staatszwecke zu verwenden gedenkt. In den Fällen, in denen sich die Ladung auf einem Staatsschiff befindet, kommt dem zusätzlichen Erfordernis, daß zur Verneinung der Immunität auch das Schiff selbst Handelsschiff sein muß, kaum praktische Bedeutung zu. Denn der Verwendungszweck des geladenen Gutes bestimmt zugleich den Zweck des Seetransports und damit den (zumindest vorübergehenden) Verwendungszweck des Schiffes: Ein Schiff, das Handelsgüter geladen hat, ist für den Zeitraum der Verschiffung dieser Ladung eine Handelsschiff. Das Erfordernis wird allerdings dort praktisch erheblich, wo etwa ein Kriegsschiff neben seinen eigentlichen Aufgaben zugleich in gewissem Umfang Handelsgut an Bord hat. Hier kann der Kläger auch nicht gegen die kommerzielle Ladung vorgehen, weil das Schiff hoheitlichen Zwecken dient. — Geht schließlich der Kläger bezüglich einer Ladung in personam gegen den Staat vor, so kommt es ungeachtet des Zwecks der Ladung nur noch auf den Charakter des Schiffes als Handelsschiff an. Dies folgt aus dem insoweit eindeutigen Wortlaut von sec. 10 (4)(b).[290] Weshalb das Gesetz anders als bei Schiffen hier plötzlich in rem- und in personam-Klagen unterschiedlich behandelt und ausgerechnet auf die Art des Schiffes abstellt, ist nur schwer zu verstehen.

9. Jurisdiktion über selbständige Einheiten

Die bisher behandelten Immunitätsausnahmen finden unmittelbar nur auf den Staat, sein Oberhaupt sowie seine Regierung und Regierungsorgane (departments of government) Anwendung. Die sog. selbständigen Einheiten[291] werden vom SIA unterschiedlich behandelt. Sie unterliegen grundsätzlich der englischen Jurisdiktion und können Immunität nur dann in Anspruch nehmen, wenn

(a) der Rechtsstreit eine hoheitlich (iure imperii) ausgeübte Tätigkeit betrifft und

(b) an ihrer Stelle auch der Staat selbst immun wäre.[292]

---

289 Sec. 10 (4)(a).

290 Ebenso Dicey/Morris I, S. 171; Lewis, Immunity, 7.21; Thomas, Rdnr. 156.

291 Zum Kreis der damit erfaßten Immunitätsträger im einzelnen oben § 4 B.

292 Sec. 14 (2); entspr. Art. 27 (2), (3) EK.

Um Immunität zu erhalten, muß die selbständige Einheit daher zunächst nachweisen, daß ihre den Streitgegenstand bildende Tätigkeit hoheitlich, d. h. „ihrer Natur nach" typisch staatlich war.[293] Durch die zusätzliche Voraussetzung (b) kommt der allgemeine Katalog von Immunitätsausnahmen ins Spiel. Die selbständige Einheit muß neben ihrer hoheitlichen Betätigung nachweisen, daß keine der auch für den Staat selbst geltenden Immunitätsausnahmen eingreift. Diese Verweisung auf die Bestimmungen in sec. 2—10 soll verhindern, daß einer selbständigen Einheit trotz ihres niederen Ranges im Einzelfall mehr Immunität zu gewähren ist als ihrem Trägerstaat.

---

[293] Was eine i.S.d. SIA hoheitliche Tätigkeit darstellt, ist sub § 5 B II 1 a cc bei FN 195—197 näher erörtert worden.

§ 6: Zwangsvollstreckung und einstweiliger Rechtsschutz

Die Immunität ausländischer Staaten gegenüber Maßnahmen der Zwangsvollstreckung und des einstweiligen Rechtsschutzes behandelt das angloamerikanische Recht getrennt von der Immunität im Erkenntnisverfahren.[1] Auch aus einem erwirkten Titel kann nicht beliebig vollstreckt werden. Hierzu muß vielmehr einer der Ausnahmetatbestände erfüllt sein, die die eigenständige grundsätzliche Immunität gegen Zwangsmaßnahmen [§ 1609 SIA; sec. 13 (2)(b) SIA] durchbrechen.[2] Generell wird die Anwendung gerichtlichen Zwanges als einschneidendere Beeinträchtigung der Souveränität eines ausländischen Staates angesehen als die Ausübung von Beurteilungsgewalt im Erkenntnisverfahren. Dementsprechend ist namentlich das amerikanische Recht — auch hier in Übereinstimmung mit der vorherrschenden völkerrechtlichen Tendenz — in der Zulassung von Zwangsmaßnahmen zurückhaltender als in der Eröffnung von Klagemöglichkeiten.

A. USA

I. Zwangsvollstreckung

Das amerikanische Recht enthält zunächst für alle Träger der Staatenimmunität gleichermaßen geltende Immunitätsausnahmen (dazu sogleich sub 1), erweitert sodann in einer eigenen Bestimmung die Zulässigkeit der Zwangsvollstreckung gegenüber bestimmten Behörden und Einrichtungen (dazu sub 2) und nimmt schließlich einige Bereiche von jedweder Vollstreckung aus (dazu sub 3). Auch wenn eine Ausnahme von der Vollstreckungsimmunität eingreift, ist ein Urteil jedoch nicht sofort mit seinem Erlaß vollstreckungsreif. Eine Vollstreckung darf vielmehr erst beginnen, nachdem das Gericht verfügt hat, daß seit Urteilserlaß eine „reasonable period of time“ verstrichen ist, während derer der Schuldnerstaat freiwillig hätte erfüllen können.[3]

---

[1] Siehe oben § 3 B.

[2] Zum auch insoweit bestehenden Regel-Ausnahme-Verhältnis oben § 3 C.

[3] § 1610 (c).

1. Allgemeine Immunitätsausnahmen

Die grundlegende Bestimmung stellt § 1610 (a) dar. Taugliches Vollstreckungsobjekt ist danach Vermögen, das einer wirtschaftlichen Betätigung in den Vereinigten Staaten dient. Zur Ermittlung dessen, was als wirtschaftliche Betätigung in den Vereinigten Staaten gilt, ist auf die Legaldefinition in § 1603 zurückzugreifen.[4] Um die Aufhebung einer gegen ihn ergangenen Zwangsmaßnahme zu erreichen, muß der Vollstreckungsschuldner also nachweisen, daß er eine hoheitliche Tätigkeit ausübt und das ergriffene Vollstreckungsobjekt gerade für diesen bestimmten Zweck verwendet wird. Angesichts der Weite des Begriffs der wirtschaftlichen Tätigkeit wird dies nur selten gelingen. Eine Zweifelsfrage dürfte allerdings dann auftauchen, wenn das Vollstreckungsobjekt sowohl wirtschaftlicher als auch hoheitlicher Betätigung dient. Dies trifft beispielsweise auf ein von einer Botschaft unterhaltenes Bankkonto zu, das regelmäßig nicht nur der Finanzierung von hoheitlichen, sondern von in weitem Umfang gem. § 1603 (d) als wirtschaftlich geltenden Tätigkeiten dient (Anmietung von Gebäuden, Beschäftigung von Angestellten, Vergabe von Aufträgen aller Art).[5] Hinsichtlich solcher Vermögensobjekte mit Doppelfunktion ist die Rechtslage bisher ungeklärt. Will man sich nicht in eine Suche nach dem überwiegenden Zweck verlieren oder sich gar, sofern das betreffende Objekt eine Spaltung überhaupt ermöglicht, in eine jeweils teilweise Zulassung der Vollstreckung entsprechend den prozentualen Anteilen der einzelnen Zwecke verstricken,[6] wird man schon der einfacheren Handhabung willen § 1610 (a) sinnvollerweise wohl so auszulegen haben, daß das Vollstreckungsobjekt zu ausschließlich oder zumindest weit überwiegend wirtschaftlichen Zwecken bestimmt sein muß.[7]

Zusätzlich zu der erforderlichen wirtschaftlichen Widmung des Vollstreckungsobjekts muß eine der in Abs. (1)—(5) genannten Voraussetzungen erfüllt sein. Diese sind jeweils abgestimmt auf die Immunitätsausnahmen für das Erkenntnisverfahren in den entsprechenden Ziffern des § 1605 (a).

a) Abs. (1) ermöglicht die Zwangsvollstreckung im Falle eines Verzichts. Wie bei der freiwilligen Unterwerfung unter das Erkenntnis-

---

[4] Vgl. oben § 5 B I 1 a, c.

[5] Eingehend zur Zulässigkeit der Vollstreckung in Botschaftskonten aus völkerrechtlicher Sicht: BVerfGE 46, 342, 392 ff. (verneinend).

[6] So aber del Bianco, Yale St.W.P.O. 5 (1979) 126; dagegen auch Crawford, A.J.I.L. 75 (1981) 863 f.

[7] Genau umgekehrt hingegen jüngst Birch Shipping Corporation v. Embassy of the United Republic of Tanzania, 507 F.Supp. 311 (D.C.D.C. 1981): Botschaftskonto dient „mixed purposes“ und ist daher in vollem Umfang immunitätslos.

verfahren ist sowohl ein ausdrücklicher als auch ein stillschweigender Verzicht wirksam und bindend. Infolge der Eigenständigkeit der Vollstreckungsimmunität kann jedoch die Zwangsvollstreckung nicht auf einen Verzicht für das Erkenntnisverfahren gestützt werden.[8] Eine vertragliche Verzichtklausel taugt als Grundlage der Vollstreckung nur dann, wenn ihr im Wege der Auslegung zumindest ein konkludenter Verzicht auch für das Vollstreckungsverfahren entnommen werden kann. Ebenso stellt eine Einlassung im Erkenntnisverfahren (general appearance) zwar insoweit einen konkludenten Verzicht dar, ist aber für eine spätere Vollstreckung ohne Belang.

b) Abs. (2) sieht eine Möglichkeit der Vollstreckung in allen Fällen vor, in denen der mittlerweile rechtskräftig entschiedene Anspruch auf einer wirtschaftlichen Betätigung des beklagten Staates beruht. Diese Immunitätsausnahme kommt daher vornehmlich dann in Betracht, wenn das Urteil auf der Grundlage von § 1605 (a)(2) (wirtschaftliche Betätigung) oder § 1605 (b) (seerechtliche Pfand- und Zurückbehaltungsrechte) ergangen ist. Darüber hinaus kann sie dort Anwendung finden, wo der beklagte Staat im Erkenntnisverfahren nur „deklaratorisch" [weil ohnehin Jurisdiktion gem. § 1605 (a)(2) gegeben war] verzichtet hat und das Gericht seine Jurisdiktion der Einfachheit halber mit dem Verzicht begründet hat. In allen diesen Fällen kann gem. Abs. (2) in Vermögen vollstreckt werden, das derjenigen wirtschaftlichen Tätigkeit dient oder zum Zeitpunkt der Forderungsentstehung gedient hat, auf der der eingeklagte Anspruch beruhte. Erkennbar soll die Einbeziehung auch der früher für die betreffende wirtschaftliche Tätigkeit benutzten Vermögensgegenstände verhindern, daß der Staat durch Umwidmung einzelner Vermögensteile die Vollstreckung vereiteln kann.[9] Schwerer zu verstehen ist, weshalb Abs. (2) überhaupt einen Zusammenhang zwischen dem Vollstreckungsobjekt und dem Grund des materiellen Anspruchs fordert, statt allgemein die Vollstreckung in jedwedes wirtschaftlich genutztes Vermögen freizugeben. In den Gesetzesmaterialien sucht man vergeblich nach einer Begründung für dieses Erfordernis. Eine Begründung enthält jedoch die Section-by-Section Analysis der Regierung, die die entsprechende Voraussetzung in einer früheren Gesetzesvorlage[10] erläuterte. Darin heißt es, vor allem die Staatshandelsländer betrieben in den USA häufig zentral Tätigkeiten aus verschiedenen wirtschaftlichen Sparten, die im Gegensatz dazu von der amerikanischen Exportwirtschaft durch jeweils rechtlich selbständige Unter-

---

[8] Ebenso Delaume, A.J.I.L. 71 (1977) 416; Dellapenna, Comm.L.J. 85 (1980) 301.

[9] Siehe auch Section-by-Section Analysis, H.R.Rep. 28 = ILM 15 (1976) 1413.

[10] Regierungsvorlage an den Senat S. 566 vom 22. 1. 1973, abgedruckt in ILM 12 (1973) 118 ff.

nehmen ausgeübt würden; lasse man gegen solche Staaten die Vollstreckung in jedwedes auch für eine andere Wirtschaftssparte genutztes Vermögen zu, so stehe zu befürchten, daß reziprok die betroffenen Staaten die amerikanischen Exportunternehmen entsprechend behandelten und mithin wegen eines Anspruchs gegen Unternehmen A die Vollstreckung gegen Unternehmen B zuließen.[11]

Ob diese Befürchtung begründet ist und ferner die Aufnahme des Zusammenhangserfordernisses überhaupt zu tragen vermöchte, kann bezweifelt werden.[12] Jedenfalls scheint diese Erwägung, obwohl in der später Gesetz gewordenen Neuvorlage nicht mehr erwähnt, Abs. (2) nach wie vor zugrunde zu liegen. Die Voraussetzung, daß das Vollstrekkungsobjekt der wirtschaftlichen Tätigkeit dienen muß, aus der der klägerische Anspruch entstanden ist, ist jedoch nicht nur deshalb zu bedauern, weil sie für den im Erkenntnisverfahren siegreichen Kläger die Vollstreckung unnötig erschwert.[13] Sie beschwört zusätzlich geradezu zwangsläufig Streitigkeiten darüber herauf, welche Gegenstände mit der die Klage veranlassenden wirtschaftlichen Tätigkeit noch eng genug verbunden sind, um für die Vollstreckung in Frage zu kommen. Je nachdem, wie breit man die den Rechtsstreit auslösende wirtschaftliche Tätigkeit zuschneidet, erweitert oder verengt man den Bereich der denkbaren Zugriffsobjekte. Mit der daraus resultierenden Unsicherheit wird das Vollstreckungsverfahren belastet. Dies mag ein einfaches Beispiel veranschaulichen: Wenn ein Staatsbediensteter mit einem Fahrzeug einen Verkehrsunfall verursacht, genügt in einem daraufhin gegen den Staat angestrengten Haftpflichtprozeß festzustellen, daß die Teilnahme am Verkehr ihrer Natur nach nicht spezifisch hoheitlich und damit i. S. d. § 1603 (d) wirtschaftlich ist. Es ergeht ein Urteil mit der Begründung, daß das dem beklagten Staat zuzurechnende ordnungswidrige Führen eines Fahrzeugs eine wirtschaftliche Tätigkeit darstellt. Vollstreckt werden kann nun in Gegenstände, die für diese bestimmte Tätigkeit benutzt werden. Nimmt man die Bestimmung beim Wort, so bleibt dem Kläger kaum mehr, als sich aus dem in den Unfall verwickelten Fahrzeug zu befriedigen zu versuchen.[14] Dies ist natürlich nicht bezweckt. Aber selbst wenn sich einzelne wirtschaftliche Akte für die Vollstreckung einer breiteren, laufenden Wirtschaftstätigkeit zuordnen lassen, ergeben sich notwendig Abgrenzungsschwierigkeiten.

---

[11] Vgl. ILM 12 (1973) 152.

[12] Wohl zu Recht kritisch Falk, N.Y.U.J.Int'l L. & Pol. 6 (1973) 493 f.; Richard, Harv.Int.L.J. 15 (1974) 167.

[13] Zu dem aus diesem Erfordernis resultierenden Vollstreckungshindernis speziell im Anleihewesen: Delaume, A.J.I.L. 70 (1976) 536.

[14] Allenfalls kommt hier zusätzlich eine Vollstreckung in etwaige Rechte des Staates aus einer bestehenden Versicherungspolice in Betracht.

Summiert sich etwa der Betrieb von Flug-, Schiff- und Bahnlinien zu einer einzigen wirtschaftlichen Gesamttätigkeit („Verkehr") oder zerfällt diese entsprechend den Arten der eingesetzten Verkehrsmittel oder sonstwie (etwa: inländischer Binnen- und internationaler Verkehr) in verschiedene eigenständige Tätigkeiten? Von Mehren[15] schlägt vor, die Vollstreckung in ähnlich oder gattungsgleich genutztes Vermögen zuzulassen. Einen vielleicht etwas schärfer konturierten Entscheidungsmaßstab kann man gewinnen, wenn man sich auf den mit der Bestimmung verfolgten Zweck besinnt und die einzelnen Sparten in etwa so unterteilt, wie dies in der spiegelbildlichen Situation die amerikanische Exportwirtschaft durch Etablierung jeweils eigenständiger Gesellschaften täte. Letztlich eröffnet sich hier ein weiter Beurteilungsspielraum für die Gerichte und reichhaltiger Konfliktstoff für die Parteien.

c) Abs. (3) ist das Gegenstück zu § 1605 (a)(3), der Klagen zur Wiedergutmachung völkerrechtswidriger Vermögensentziehungen zuläßt.[16] Hier kann in das entzogene Vermögen selbst oder dessen Surrogat vollstreckt werden. Daß nicht auf jedwedes wirtschaftlich genutztes Vermögen, sondern nur auf das rechtswidrig entzogene oder dessen Surrogat zurückgegriffen werden kann, ist zwar dem Wortlaut des Abs. (3) nicht zu entnehmen, ergibt sich jedoch aus der Systematik des § 1610 (a), im Gegensatz zu § 1610 (b) grundsätzlich jeweils einen Zusammenhang zwischen Klagegrund und Vollstreckungsobjekt zu verlangen. In den Gesetzesmaterialien[17] wird diese sich aus dem Gesetzestext nicht ergebende Einschränkung daher auch als geradezu selbstverständlich vorausgesetzt. Nur so erklärt sich im übrigen die für das Erkenntnisverfahren bestehende Voraussetzung, daß sich das entzogene Vermögen in den Vereinigten Staaten befinden muß.[18]

d) Abs. (4) erstreckt § 1605 (a)(4) in das Vollstreckungsverfahren. Er gestattet Zwangsmaßnahmen in den Fällen, in denen das Erkenntnisverfahren durch Erbfall oder Schenkung erworbenes[19] oder unbewegliches[20] Vermögen betraf. Immobilien, die eine diplomatische oder konsularische Mission beherbergen, sowie die Residenz eines Missionschefs werden der Klarstellung halber von jedweden Vollstreckungsmaßnahmen ausdrücklich ausgenommen.[21]

[15] Colum.J.Transnat'l L. 17 (1978) 63; vgl. auch del Bianco, Yale St.W.P.O. 5 (1979) 130 f.

[16] Vgl. oben § 5 B I 2.

[17] H.R.Rep. 28 = ILM 15 (1976) 1413.

[18] Unzutreffend daher Weber, Yale St.W.P.O. 3 (1976) 86 in FN 143. Richtig: von Mehren, Colum.J.Transnat'l L. 17 (1978) 63 f.; del Bianco, Yale St.W.P.O. 5 (1979) 140.

[19] Siehe oben § 5 B I 3.

[20] Siehe oben § 5 B I 4.

e) Abs. (5) schließlich sieht eine Vollstreckungsmöglichkeit für hoheitlich begangene Delikte vor. Zur Vollstreckung des im Obsiegensfall erstrittenen Zahlungsurteils wird die Pfändung einer etwaigen aus dem Vorfall entstandenen Forderung des Staates gegen seine private Haftpflichtversicherung gestattet. Hat der Staat die Versicherungsforderung bereits eingezogen, ist die Pfändung des Erlöses zulässig. Hier zeigt sich deutlich, daß die pompöse Bestimmung des § 1606 (a)(5) in Wirklichkeit nur auf die von ausländischen Hoheitsträgern verursachten Verkehrsunfälle zugeschnitten ist; denn kein Staat wird zur Abdeckung von Schäden aus anderweitiger Hoheitstätigkeit private Haftpflichtversicherungsverträge abschließen. Selbst wenn daher § 1605 (a)(5) trotz seiner zahlreichen Kautelen einmal zur Verurteilung wegen eines anderen als eines Verkehrsunfalldelikts führt, ist ein solches Urteil mit großer Sicherheit nicht vollstreckbar.

2. Vollstreckung gegen Behörden oder Einrichtungen

Gem. § 1610 (b) verbessern sich die Aussichten des Klägers, wenn er ein Urteil gegen eine Behörde oder Einrichtung des ausländischen Staates erwirkt hat, die in den Vereinigten Staaten wirtschaftlich tätig ist. Damit sind offenbar sämtliche Behörden oder Einrichtungen gemeint, die i. S. d. § 1603 (e) eine wirtschaftliche Tätigkeit in den Vereinigten Staaten ausüben. Da wohl die Mehrzahl der Behörden und Einrichtungen, die überhaupt ein für eine Vollstreckung in Betracht kommendes Vermögensobjekt in den USA besitzen, dort zumindest beiläufig auch irgendwelche ihrer Natur nach privaten Handlungen vornehmen, wird durch dieses gesetzliche Merkmal wohl kaum eine Behörde oder Einrichtung von der strengeren Vollstreckung gem. § 1610 (b) verschont. Mehr noch: Falls der Kläger keine sonstige wirtschaftliche Betätigung in den Vereinigten Staaten aufzufinden vermag, wird er wohl mit gewissen Erfolgschancen darauf hinweisen können, daß jedenfalls die ihrer Natur nach notwendigerweise private Innehabung des in den USA belegenen Vollstreckungsobjekts eine wirtschaftliche Tätigkeit in den USA darstellt. Wenn diese Überlegung zutrifft, unterliegen logisch zwingend alle Behörden und Einrichtungen, gegen die wegen in den USA belegenen Vermögens eine Vollstreckung überhaupt in Betracht kommt, dem erweiterten Regime des § 1610 (b).

Eine Erleichterung der Zwangsvollstreckung bedeutet § 1610 (b) in zweierlei Hinsicht. Zum einen kann sich der Kläger im Gegensatz zu

[21] § 1610 (a)(4)(B); deren Immunität folgt streng genommen bereits aus dem Grunderfordernis des § 1610 (a), daß das ergriffene Objekt für wirtschaftliche Zwecke bestimmt sein muß.

§ 1610 (a) auch aus nichtwirtschaftlichen Zwecken gewidmetem Vermögen zu befriedigen suchen. Aus der Sicht des Gläubigers erübrigt das eine Auseinandersetzung mit einer etwaigen Einrede, das ergriffene Vermögen diene der Wahrnehmung hoheitlicher Aufgaben. Unüberschaubar kann hierdurch jedoch die Vollstreckung in einzelnen Fällen bedenklich weit getrieben werden. So kann beispielsweise eine Behörde oder Einrichtung, die wegen einer bestimmten wirtschaftlichen Handlung verurteilt wird, im übrigen auch oder sogar hauptsächlich in den USA hoheitlich tätig sein. Bei strikter Anwendung des FSIA genießt in einem solchen Fall selbst ihr für Hoheitszwecke verwandtes Vermögen keinerlei Schutz vor gerichtlichem Zwang.

Zweitens hebt § 1610 (b) überall dort, wo § 1610 (a) einen Bezug zwischen Klagegrund und Vollstreckungsobjekt voraussetzt, dieses Erfordernis auf. Die dadurch bewirkte Erleichterung ist beträchtlich. Aus einem Titel, der die Behörde oder Einrichtung aufgrund einer wirtschaftlichen Betätigung verurteilt, kann gegen sämtliches Vermögen vollstreckt werden. Dies erspart dem Gläubiger die Suche nach mit dem Klagegrund genügend zusammenhängendem Vermögen und vermeidet von einem widerspenstigen Schuldner unschwer zu provozierende leidvolle Streitereien darüber, ob das endlich beschlagnahmte Vermögen der die Klage veranlassenden Tätigkeit nun zuzuordnen ist oder nicht. In gleicher Weise wird die zwangsweise Befriedigung vereinfacht, wenn der Titel ergangen ist, weil die Behörde oder Einrichtung im Besitz völkerrechtswidrig entzogenen Vermögens ist. Hier ist die Vollstreckung in jedwedes, auch mit dem enteigneten in keiner Weise verbundenes Vermögen statthaft. Dies harmoniert mit § 1605 (a)(3), wonach in solchen Fällen gegen Behörden und Einrichtungen auch dann geklagt werden kann, wenn das entzogene Vermögen sich außerhalb der USA befindet. Ebenso ist — anders als gegenüber sonstigen Immunitätsträgern — eine Vollziehung des Urteils in jedwedes Vermögen der Behörde oder Einrichtung zulässig, wenn das Urteil über ein hoheitlich begangenes Delikt[22] oder eine Haftung aus einem seerechtlichen Pfand- oder Zurückbehaltungsrecht[23] ergangen ist.

Insgesamt kann mithin ein gegen eine Behörde oder Einrichtung ergangenes Urteil in aller Regel frei vollstreckt werden. Die einzelnen Bestimmungen in § 1610 (b) haben den Effekt, daß überhaupt nur eine Konstellation übrig bleibt, in der sich die grundsätzliche Vollstreckungsimmunität behauptet. Diese Konstellation liegt dann vor, wenn das Urteil infolge eines („konstitutiven") Immunitätsverzichts gem. § 1605 (a)(1) ergangen ist, ein Verzicht auf die Vollstreckungsimmunität jedoch

---

[22] § 1605 (a)(5).

[23] § 1605 (b).

nicht erklärt worden ist. In allen anderen Fällen kann das einmal ergangene Urteil ohne Rücksicht auf den staatlichen Status des Schuldners vollzogen werden. In dieser Erleichterung der Vollstreckung liegt für den Kläger der eigentliche Vorteil, es mit einer Behörde oder Einrichtung statt mit einem sonstigen Immunitätsträger zu tun zu haben.

3. Absolut immunes Vermögen

Für zwei Bereiche gewährt der FSIA in § 1611 (b) absolute Vollstrekkungsimmunität, auch wenn insoweit gem. § 1610 eine zwangsweise Befriedigung statthaft wäre. Hinter beiden Bereichsausnahmen stehen politische Interessen der Vereinigten Staaten.

a) Absolute Immunität genießen zunächst — außer im Falle eines Verzichts — die im Inland belegenen Mittel einer ausländischen Zentralbank oder Währungsbehörde, sofern es sich um ihre Eigenmittel (property held for its own account) und nicht bloß um treuhänderisch für andere verwaltete Gelder handelt.[24] Damit soll im Interesse der amerikanischen Zahlungsbilanz ein Anreiz geschaffen werden, Zentralbankgelder in den Vereinigten Staaten anzulegen.[25] Unter dem Gesichtspunkt eines effektiven Rechtsschutzes bedeutet diese gesetzliche Regelung allerdings insofern einen Rückschritt, als in der bisherigen Praxis Zentralbankvermögen nicht anders als sonstiges Staatsvermögen behandelt worden ist.[26] Nach dem Wortlaut des § 1611 (b)(1) genießt jedwedes eigene Vermögen der Zentralbank Immunität, gleich ob es im eigentlichen Sinne notenbank- und währungspolitischen Zwecken dient oder nicht. Dem kommt insofern Bedeutung zu, als Zentralbanken in unterschiedlichem Maße auch Tätigkeiten verfolgen, die aus amerikanischer Sicht nicht zentralbankspezifisch sind, sondern auch von Privatbanken vorgenommen werden könnten.[27] So gilt etwa die Ausgabe einer internationalen Anleihe oder die Aufnahme eines Kredits in anderer Form durch eine ausländische Zentralbank im Rahmen des Erkenntnisverfahrens als wirtschaftliche Tätigkeit,[28] so daß auch ohne Vorliegen eines Verzichts mit guten Erfolgsaussichten eine Klage gegen die Zen-

---

[24] § 1611 (b)(1).

[25] Vgl. die Section-by-Section Analysis, H.R.Rep. 31 = ILM 15 (1976) 1414 und noch deutlicher die Section-by-Section Analysis zur früheren Gesetzesvorlage, S. 566 (siehe FN 10), ILM 12 (1973) 155.

[26] Vgl. National American Corporation v. Federal Republic of Nigeria, 420 F.Supp. 954 (S.D.N.Y. 1976) = ILM 16 (1977) 505: Beschlagnahme von Fonds der Zentralbank von Nigeria bei einer amerikanischen Treuhandgesellschaft (zur Erlangung von quasi in rem jurisdiction) zulässig.

[27] Vgl. etwa Panhuys, ICLQ 13 (1964) 1198; Delaume, A.J.I.L. 71 (1977) 412 f.

[28] Siehe oben § 5 B I 1 a bei FN 73.

tralbank angestrengt werden kann, falls sie ihrer Rückzahlungsverpflichtung nicht nachkommt. In diesen Fällen will nicht recht einleuchten, daß entgegen der sonst durchgehenden Unterscheidung zwischen kommerzieller und hoheitlicher Tätigkeit bzw. kommerziell und hoheitlich genutztem Vermögen ein Zugriff auf Zentralbankvermögen ausnahmslos unzulässig sein soll. Es ist denn auch bereits vorgeschlagen worden, diesen Systembruch zu kitten und das Merkmal „held for its own account" einschränkend dahin auszulegen, daß nur für spezifisch währungspolitische Zwecke unterhaltene Fonds absolute Immunität genießen.[29] Einen gewissen Anhalt in dieser Richtung gibt auch eine etwas nebulöse Formulierung in den Gesetzesmaterialien[30]. Auch wenn sich die Gerichte dieser einschränkenden Auffassung im Ausgangspunkt anschließen sollten,[31] wäre damit der Erfolg von Vollstreckungsmaßnahmen jedoch noch nicht garantiert; denn die Grenze zwischen spezifisch zentralbanklicher und handelsbanklicher Tätigkeit ist fließend und insbesondere Buchgeld kann häufig zumindest potentiell für mehrere Verwendungszwecke bestimmt sein.[32] Es dürfte daher einer Zentralbank im Ernstfall nicht schwerfallen nachzuweisen, daß sie bestimmte Reserven an Dollardevisen in der einen oder anderen Form letztlich auch deshalb hält, um auf dem Devisenmarkt intervenieren und etwa durch verstärkte Ankäufe der eigenen Währung über eine plötzliche und zeitweilige Schwächeperiode hinweg deren Kurs stabilisieren zu können (eine Tätigkeit, deren währungs- und zentralbankpolitischer Charakter außer Zweifel steht). Selbst nach der vorgeschlagenen einschränkenden Auslegung des § 1611 (b)(1) bleibt daher eine gegen eine Zentralbank betriebene Zwangsvollstreckung wenig aussichtsreich, solange man nicht einen zumindest stillschweigenden Immunitätsverzicht vorzuweisen vermag.

[29] Vgl. Falk, N.Y.U.J.Int'l L. & Pol. 6 (1973) 495; Delaume, A.J.I.L. 71 (1977) 412 f.; Martin, Harv.Int. L.J. 18 (1977) 448 in FN 98; del Bianco, Yale St. W.P.O. 5 (1979) 116—118.

[30] Sie erklärt das Merkmal „held for its own account" als „funds used or held in connection with central bank activities, as distinguished from funds used solely to finance the commercial transactions of other entities or of foreign states", H.R.Rep. 31 = ILM 15 (1976) 1414. Dies kann — muß aber keineswegs — als Indiz dafür verstanden werden, daß auch Eigenmittel nur insoweit Immunität genießen sollen, als sie im Zusammenhang mit typischen Zentralbankaktivitäten unterhalten werden.

[31] In diesem Sinne bereits eine Entscheidung des englischen Court of Appeal, der die Bestimmung zur Ermittlung der allgemeinen Regeln des Völkerrechts heranzog: Hispano America Mercantil S.A. v. Central Bank of Nigeria [1979] 2 Lloyd's Rep. 277, 279 per Lord Denning, M.R.

[32] Allg. zur Schwierigkeit festzustellen, ob Geld einem „governmental" oder „commercial use" dient, etwa Collins, Colum.J.Transnat'l L. 4 (1965) 149 f.; Lowenfeld, N.Y.U.L.Rev. 44 (1969) 909.

b) Die zweite Gegenausnahme betrifft militärisches Vermögen. Gem. § 1611 (b)(2) genießen absolute Vollstreckungsimmunität alle Sachen, die zum gegenwärtigen oder künftigen militärischen Gebrauch bestimmt sind und entweder

(a) in sich militärischer Natur sind wie Waffen, Munition etc. oder aber

(b) unter der Verfügungsgewalt einer militärischen Behörde oder Organisation stehen.[33]

Durch die erste dieser Alternativen werden spezifisch militärische Gegenstände auch dann immunisiert, wenn sie nicht (oder noch nicht) in Besitz oder sonstiger Verfügungsgewalt des staatlichen Militärs sind; diese Alternative soll in erster Linie ausländische Staaten zum Kauf amerikanischer Waffensysteme animieren, indem sie eventuelle, die Kauflust mindernde Befürchtungen zerstreut, daß Gläubiger der Käuferstaaten versuchen könnten, sofort nach Eigentumsübergang in die frischerworbenen Waffen zu vollstrecken.[34] Die andere Alternative schützt alles im Besitz des ausländischen Militärs befindliche Material, auch wenn es, wie beispielsweise Verpflegung und Treibstoff, nicht spezifisch kriegerisch ist.[35] Auch diese Bereicherungsausnahme verfolgt einen handfesten politischen Zweck: Sie soll verhindern, daß durch spiegelbildliche Anwendung des amerikanischen Rechts im Ausland die dort stationierten amerikanischen Truppen und ihre Ausrüstung einer Vollstreckung unterworfen werden.[36] Da das militärische Engagement der USA im Ausland sehr viel umfangreicher zu sein pflegt als dasjenige anderer Staaten auf U.S.-amerikanischem Boden, überwogen nach der Einschätzung des Gesetzgebers offenbar die durch diese Bereichsausnahme zu erzielenden Vorteile für die amerikanische Außen- und Verteidigungspolitik etwaige Rechtsschutzeinbußen für titulierte Privatgläubiger.

II. Einstweiliger Rechtsschutz

Die Möglichkeiten, gegen ausländische Staaten[37] einstweiligen Rechtsschutz zu erwirken, sind nach amerikanischem Recht stark einge-

---

[33] Eingehend zum folgenden: del Bianco, Yale St.W.P.O. 5 (1979) 118—123.

[34] Vgl. Section-by-Section Analysis, H.R.Rep. 31 = ILM 15 (1976) 1414 f.

[35] Der Begriff Vermögen in § 1611 (b)(2) umfaßt nur körperliches Vermögen, so daß insbes. Bankkonten eines Verteidigungsministeriums nicht absolut immun sind, so jedenfalls Electronic Data Sys. Corp. Iran v. Social Securities Organization of Iran, zit. nach Carl, Sw.L.J. 33 (1979) 1043 f.

[36] Vgl. Section-by-Section Analysis (FN 34) sowie Bennett, Vand.J.Transnat'l L. 6 (1973) 580.

[37] Hier wie sonst zu verstehen i.S.d. weiten Begriffsbestimmung in § 1603 (a).

schränkt. Auch für etwaige Zwangsmaßnahmen in einem Verfahren des einstweiligen Rechtsschutzes gilt der Grundsatz der Immunität ausländischen Staatsvermögens (§ 1609). Vor Erlaß eines Urteils oder vor der nach § 1610 (c) zur endgültigen Vollstreckung erforderlichen gerichtlichen Bescheinigung der Vollstreckungsreife[38] ist ein Arrest in wirtschaftlich genutztes Vermögen nur möglich, wenn

(i) der ausländische Staat ausdrücklich auf seine Immunität gegenüber Beschlagnahmen vor Urteilserlaß verzichtet hat und außerdem

(ii) der Arrest die Erfüllung eines künftigen oder bereits ergangenen, aber nicht vollstreckungsreifen Urteils sicherstellen soll und nicht zu dem Zweck ergeht, (quasi in rem) Jurisdiktion zu erlangen.[39]

Diese Voraussetzungen sind so eng gefaßt, daß ein Arrest kaum jemals in Betracht kommt; denn nur in den seltensten Fällen wird ein Gläubiger eine Erklärung vorweisen können, in der der betreffende Staat ausdrücklich einer Beschlagnahme seines Vermögens noch vor Abschluß des Erkenntnisverfahrens zustimmt. Der Gläubiger hat daher in aller Regel keine Handhabe, um zu verhindern, daß der beklagte Staat während des Prozesses oder sogar noch zwischen Urteilserlaß und dem Eintritt der Vollstreckungsreife Vermögenswerte aus dem Jurisdiktionsbereich des betreffenden Gerichts abzieht und so die Vollstreckung vereitelt. Dies mindert in erheblichem Maß die Aussichten eines privaten Klägers, notfalls mit gerichtlicher Hilfe Befriedigung zu erlangen. Hält man sich vor Augen, daß diese Bestimmung uneingeschränkt für sämtliche Immunitätsträger und damit auch etwa für mehrheitlich in Staatsbesitz befindliche Handelsunternehmen gilt, so zeigt sich, wie sehr hier die Immunitätsgewährung überzogen wird. Die Bestimmung ist jedoch nicht nur unter Rechtsschutzgesichtspunkten verfehlt,[40] sondern auch wenig systemkonform: Ein Recht, das zugunsten privater Gläubiger eine Vollstreckung in fremdes Staatsvermögen zuläßt, sollte sich nicht zieren, parallel zum Erkenntnisverfahren einen Arrest zu gestatten, wenn nur so der gesetzlich angestrebte effektive Rechtsschutz zu erreichen ist. Es ist geradezu paradox, die Beschlagnahme und zwangsweise Verwertung von Staatsvermögen zuzulassen, aus Furcht vor möglichen diplomatischen Spannungen die bloße Sicherstellung jedoch praktisch unmöglich zu machen. Hier wie bei der gänz-

---

[38] Siehe oben § 6 A I bei FN 3.

[39] § 1610 (d).

[40] Kritisch daher auch Richard, Harv.Int.L.J. 15 (1974) 164; Atkeson/Perkins/Wyatt, A.J.I.L. 70 (1976) 308; Martin, Harv.Int.L.J. 18 (1977) 450 f.; Leigh, Proc. Am. Soc'y Int'l L. 74 (1980) 73; Smit, ebenda 67—69.

lichen Eliminierung der in rem-Verfahren[41] war ein nur auf dem Hintergrund der bisherigen Praxis begreiflicher legislatorischer Übereifer am Werk. In seiner monomanen Fixierung auf das Ziel, die durch die ständigen pre-judgment attachments zur Begründung von Jurisdiktion erzeugten diplomatischen Unstimmigkeiten künftig zu vermeiden,[42] ist der Gesetzgeber in das andere Extrem verfallen und hat nunmehr auch Beschlagnahmen zum Zwecke des einstweiligen Rechtsschutzes beinahe unmöglich gemacht.

Andere Maßnahmen, die sich unmittelbar gegen Staatsvermögen richten, unterliegen ebenfalls dem grundsätzlichen Verbot in § 1609 und sind ausnahmslos unzulässig. Ein Gläubiger kann daher nicht vorläufig den Besitz einer Sache erhalten oder deren Sequestrierung erwirken. Sonstige, nicht unmittelbar gegen Staatsvermögen gerichtete gerichtliche Maßnahmen des einstweiligen Rechtsschutzes wie insbesondere einstweilige Unterlassungsverfügungen behandelt der FSIA nicht. Ein Bedürfnis für derartige Anordnungen besteht unbestreitbar. Es ist jedoch eine Frage der den Gerichten zukommenden Gesetzesauslegung, ob man derartige Anordnungen vor Abschluß des Erkenntnisverfahrens in Analogie zu den einstweiligen Beschlagnahmen ebenfalls für unzulässig erklärt oder (was wahrscheinlicher ist) umgekehrt aus dem diesbezüglichen Schweigen des Gesetzes ihre Zulässigkeit folgert. Jedenfalls dürften solche Verfügungen unzulässig sein, die den Staat in der Verfügungsbefugnis über sein Vermögen beschränken (etwa Anordnungen des Inhalts, ein bestimmtes Objekt nicht aus dem Bereich der amerikanischen Hoheitsgewalt zu entfernen oder über ein Konto nicht zu verfügen) und damit auf eine Umgehung der Arrestvorschriften hinauslaufen.[43] Im übrigen ist allerdings die Vollziehbarkeit solcher einstweiliger Verfügungen ebenso ungewiß wie die endgültiger Verfügungen nach Abschluß eines ordentlichen Erkenntnisverfahrens.[44]

B. England

I. Zwangsvollstreckung

Die grundsätzliche Unzulässigkeit gerichtlicher Zwangsmaßnahmen folgt aus sec. 13 (2)(b). Sie verhindert nicht nur Vollstreckungsverfahren zur Durchsetzung eines gegen den Staat in personam ergangenen Urteils oder Schiedsspruchs, sondern auch die Durchführung von in

---

[41] Siehe oben § 5 B I 6.
[42] Siehe oben § 3 A I bei FN 5 und zur früheren Praxis § 2 A bei FN 24—29.
[43] Ebenso Carl, Sw.L.J. 33 (1979) 1043—1047.
[44] Hierzu oben § 3 H bei FN 63—65.

rem-Verfahren. Letzteres ist deshalb folgerichtig, weil das durch Arrestierung des Schiffes eingeleitete in rem-Verfahren bereits in gleicher Weise wie die Vollstreckung eines zuvor erwirkten Titels hoheitlich in ausländisches Staatsvermögen eingreift. Anders als das amerikanische Recht[45] erklärt der englische SIA in rem-Verfahren jedoch nicht für ausnahmslos unstatthaft, sondern läßt sie unter denselben Voraussetzungen zu wie Maßnahmen zur Vollstreckung eines in personam-Titels.

Die Erlangung von Gerichtszwang gegen ausländische Staaten wird im Vergleich zum amerikanischen Recht wesentlich erleichtert. Es besteht insbesondere keine Beschränkung, wonach die Zwangsvollstreckung nur in mit der Klage zusammenhängendes Vermögen betrieben werden könnte. Die beiden sogleich (sub 1) zu erörternden alternativen Immunitätsaunahmen geben die Vollstreckung jeweils auch in solches Vermögen frei, das mit dem streitigen Rechtsverhältnis nicht in Zusammenhang steht.

1. Allgemeine Immunitätsausnahmen

a) Die Vollstreckung kann erstens dann erfolgen, wenn der Schuldnerstaat schriftlich auf seine Vollstreckungsimmunität verzichtet hat.[46] Infolge der prinzipiellen Eigenständigkeit der Vollstreckungsimmunität liegt in einer Unterwerfung unter das Erkenntnisverfahren nicht bereits ein vorweggenommenes Einverständnis mit Vollstreckungsmaßnahmen. Der Verzicht muß daher so abgefaßt sein, daß aus ihm der Wille des Staates zu entnehmen ist, sich für den Fall des Unterliegens der gerichtlichen Vollstreckungsgewalt zu beugen. Ein solcher Verzicht kann, wie das Gesetz eigens hervorhebt, umfassend oder begrenzt erklärt werden. So kann der Staat etwa nur einzelne Vermögensobjekte freigeben, den vollstreckbaren Betrag auf eine bestimmte Höchstsumme begrenzen oder den Verzicht befristet oder durch das Vorliegen irgendwelcher zusätzlicher Umstände bedingt erklären. Falls der Verzicht keine dahingehende Einschränkung enthält, kann jedoch insbesondere auch in nichtwirtschaftlich genutztes Vermögen vollstreckt werden.[47] Je hoheitlicher der Charakter des ergriffenen Objekts ist, desto eher werden die Gerichte allerdings vermutlich geneigt sein anzunehmen, daß der Verzicht konkludent derartige Vermögensgegenstände ausnimmt: Auch einen seinem Wortlaut nach uneingeschränkten Verzicht wird man wohl einschränkend dahin auslegen müssen, daß der Staat

---

[45] In § 1605 (b); dazu oben § 5 B I 6.

[46] Sec. 13 (3).

[47] Anders auch hier das amerikanische Recht, das den Verzicht nur als eine zusätzliche Voraussetzung neben dem Grunderfordernis der kommerziellen Verwendungsrichtung des Vollstreckungsobjekts behandelt, siehe oben § 6 A I 1.

beispielsweise nicht in die Beitreibung einer titulierten Forderung durch Versteigerung seiner Botschaft einwilligt.

Der Botschafter des Schuldnerstaates oder sein Amtsvertreter gilt als befugt, einen derartigen Verzicht zu erklären.[48] Im Gegenschluß hieraus folgt, daß — anders als hinsichtlich der Immunität im Erkenntnisverfahren[49] — jeder sonstige Vertreter, der den Staat vertraglich verpflichten kann, damit nicht bereits automatisch als bevollmächtigt gilt, auch auf die Vollstreckungsimmunität zu verzichten. Dieser Einschränkung kommt erhebliche Bedeutung zu. Während der Vertragspartner eines Staates kraft Gesetzes darauf vertrauen kann, daß der Staat durch eine in einem wirksam zustande gekommenen Vertrag enthaltene Verzichtsklausel hinsichtlich des Erkenntnisverfahrens gebunden ist, muß er bei jedem nicht durch den Botschafter geschlossenen Vertrag gewärtigen, daß der Staat im Vollstreckungsverfahren die Bindung an eine etwaige vertragliche Unterwerfung unter die Gerichtsgewalt bestreitet und einwendet, der Unterhändler habe insoweit seine Rechtsmacht überschritten. In diesem Fall muß sich dann der Gläubiger um den Nachweis bemühen, daß entgegen dem Vorbringen des Staates der Vertreter seinerzeit zur Abgabe eines derartigen Verzichts befugt war.

b) Die andere Immunitätsausnahme betrifft wirtschaftlich genutztes Vermögen. Der Gläubiger kann in jedwedes Vermögen vollstrecken, das für wirtschaftliche Zwecke verwandt wird oder für eine künftige derartige Verwendung vorgesehen ist.[50] Was im einzelnen als wirtschaftlich zu betrachten ist, bestimmt sich auch hier nach der allgemeinen Definition in sec. 3 (3).[51] Auf Gegenstände mit teils wirtschaftlichen und teils nichtwirtschaftlichen Funktionen wird voraussichtlich nur dann zugegriffen werden können, wenn die nichtwirtschaftlichen prozentual nur den weitaus geringeren Teil ausmachen. Allgemeine Botschaftskonten beispielsweise dürften mithin immun sein.

Von besonderer Bedeutung ist in diesem Zusammenhang eine in sec. 10 (5) enthaltene Beweislastregelung. Danach ist ein Zeugnis des betreffenden Botschafters über den nichtwirtschaftlichen Zweck eines bestimmten Gegenstandes für das Gericht bindend, sofern nicht der Gläu-

---

[48] Sec. 13 (5).

[49] Vgl. sec. 2 (7), dazu oben § 5 A II bei FN 41.

[50] Sec. 13 (4). — Diese Ausnahme gilt für Zwangsmaßnahmen gegen Vertragsstaaten der EK nur unter näher bezeichneten weiteren Voraussetzungen. Damit trägt der SIA dem Umstand Rechnung, daß die EK Zwangsvollstrekkungsmaßnahmen grundsätzlich ausschließt und statt dessen andere Mechanismen vorsieht, um die Vertragsstaaten zur Erfüllung der gegen sie ergangenen Entscheidungen anzuhalten, siehe dazu im einzelnen Art. 20 ff. EK.

[51] Dazu oben § 5 B II 1 a. Die Verweisung folgt aus sec. 17 (1).

biger den Gegenbeweis erbringt. Der Sinn dieser Regelung ist offenbar ein doppelter. Zum einen soll das Vollstreckungsverfahren aus Gründen der Praktikabilität nach Möglichkeit von Disputen über die jeweiligen tatsächlichen Verwendungszwecke einzelner Objekte und deren häufig nicht unzweifelhafte Klassifizierung als wirtschaftlich oder nichtwirtschaftlich entlastet werden. Darüber hinaus soll dem Staat erspart werden, über die mit einzelnen Gegenständen verfolgten Zwecke genau Rechenschaft ablegen und damit unter Umständen einen geheimhaltungsbedürftigen Teil seiner politischen Strategie offenlegen zu müssen. Die dahinterstehende rechtspolitische Wertung ist durchaus als berechtigt anzuerkennen. Ein reizvolles Vollstreckungsobjekt stellen etwa die von ausländischen Staaten unterhaltenen Bankkonten dar. Hier soll dem Staat nicht zugemutet werden, im einzelnen darüber Rechenschaft zu legen, welche Tätigkeiten er mit den Geldern des betreffenden Auslandskontos finanziert. Andererseits birgt diese Beweisregel in besonderem Maße die Gefahr des Mißbrauchs in sich. Das Botschafterzeugnis ist nicht nur bezüglich etwaiger in ihm enthaltener Tatsachen, sondern auch in seiner rechtlichen Würdigung grundsätzlich bindend. Das englische Recht gesteht damit dem ausländischen Staat die Prärogative zu, selbständig unter sections 13 (4), 3 (3) des englischen SIA zu subsumieren. Dem ausländischen Staat steht frei, diese Bestimmungen bewußt oder unbewußt mißzuverstehen. Da es ohnehin nur dann zur Zwangsvollstreckung kommt, wenn der Schuldnerstaat sich weigert, seiner Zahlungspflicht nachzukommen, wird er in aller Regel versucht sein, auch auf diesem Wege eine Befriedigung des Gläubigers zu vereiteln. Bemerkenswerterweise unterliegt er nicht einmal einem Begründungszwang. Sofern der Schuldnerstaat durch seinen Botschafter daher lapidar mitteilen läßt, der zur Durchsetzung des Titels in Aussicht genommene Gegenstand diene der Wahrnehmung von Hoheitsfunktionen, und weder die zugrundeliegenden Tatsachen aufdeckt noch seine rechtliche Subsumtion offenlegt, wird daher auch die Führung des Gegenbeweises weitgehend illusorisch. Der Staat, der geschickt taktiert, hält seine Stellungnahme denkbar knapp, so daß sie für das Gericht bereits in sich nicht nachprüfbar und für den Gegner kaum zu widerlegen ist. Diese Mißbrauchsmöglichkeit mindert in nicht gering zu erachtendem Maße die Aussichten eines siegreichen Klägers, seinen Titel letztlich notfalls mit gerichtlicher Hilfe durchsetzen zu können.

2. *Zwangsvollstreckung gegen selbständige Einheiten*

Selbständige Einheiten[52] genießen keinerlei Vollstreckungsimmunität. Der Durchsetzung eines gegen sie einmal erwirkten Titels stehen

---

52 Zum Begriff oben § 4 B.

daher keine immunitätsrechtlichen Hindernisse mehr im Wege. Eine Ausnahme besteht nur für den Fall, daß die selbständige Einheit im Erkenntnisverfahren nach der Art des Streitgegenstands Immunität hätte beanspruchen können, sich jedoch der englischen Jurisdiktion unterworfen hatte. In dieser Konstellation des „konstitutiven" Immunitätsverzichts im Erkenntnisverfahren genießt sie grundsätzlich Immunität im Vollstreckungsverfahren. Diese Immunität ist dann allerdings gleich stark wie die des Staates selbst.[53]

3. *Absolut immunes Vermögen*

Absolute Immunität gegenüber gerichtlichen Zwangsmaßnahmen genießen ausländische Zentralbanken oder andere oberste Währungsbehörden. Dies gilt selbst dann, wenn diese aus der Sicht des englischen Rechts selbständige Einheiten darstellen. Rechtstechnisch erreicht der SIA dies dadurch, daß er deren Vermögen ausdrücklich zu nichtwirtschaftlichem Vermögen erklärt und auch die als selbständige Einheiten organisierten Zentralbanken den ansonsten nur für Staaten geltenden Vollstreckungsbeschränkungen unterstellt.[54] Während das Erkenntnisverfahren gegen Zentralbanken nach den allgemeinen Bestimmungen zulässig sein kann, ist eine Vollstreckung daher nur im Falle eines Verzichts möglich. Diese Rechtslage stimmt mit der des amerikanischen Rechts[55] überein. Hier wie dort haben wirtschaftliche Interessen über Gerechtigkeitsgebote dominiert.[56]

II. Einstweiliger Rechtsschutz

Einstweiliger Rechtsschutz wird im englischen Recht durch einstweilige Verfügungen (sog. interim oder auch interlocutory injunctions) gewährt, die das Gericht erläßt, wenn es ihm „just or convenient"[57] erscheint. Nach dem Anordnungsinhalt unterscheidet man Verfügungen

[53] Sec. 14 (3); allerdings kommt ihr nicht die besondere Beweislastregel in sec. 13 (5) zugute.

[54] Sec. 14 (4). Mit der eigenen Klausel für die Zentralbanken in der Gestalt von selbständigen Einheiten reagiert der SIA auf die während des Gesetzgebungsverfahrens ergangene Trendtex-Entscheidung, in der der Court of Appeal sich außerstande sah, die Zentralbank Nigerias als Department der nigerianischen Regierung anzuerkennnen, siehe Trendtex Trading Corporation v. Central Bank of Nigeria [1977] Q.B. 529; [1977] 2 W.L.R. 356; ILM 16 (1977) 471.

[55] Gem. § 1611 (b)(1) FSIA; dazu oben § 6 A I 3.

[56] Scharfe rechtspolitische Kritik bei Mann, B.Y.I.L. 50 (1979) 61 f.; die Vorschrift wird demgegenüber grds. befürwortet von Crawford, A.J.I.L. 75 (1981) 864 f.

[57] Siehe etwa sec. 45 Supreme Court of Judicature (Consolidation) Act 1925.

auf Vornahme (mandatory) oder auf Unterlassung einer Handlung (prohibitory injunctions). Seit zwei grundlegenden Entscheidungen aus dem Jahre 1975[58] kann ein Gläubiger insbesondere eine arrestähnliche sog. Mareva injunction beantragen, durch die dem Schuldner untersagt wird, über näher bezeichnete Vermögensgegenstände zu verfügen, um diese für einen etwaigen späteren Vollstreckungszugriff zu erhalten.[59]

In diesem Bereich kommt die allgemeine immunitätsrechtliche Regel zum Zuge, daß gegenüber Staaten keine gerichtlichen Anordnungen zu einem Tun oder Unterlassen ergehen dürfen. Demzufolge sind derartige einstweilige Verfügungen einschließlich der Mareva injunctions unzulässig, es sei denn, der betreffende Staat hätte sich schriftlich mit einem Verfahren des einstweiligen Rechtsschutzes einverstanden erklärt.[60] Dadurch wird einstweiliger Rechtsschutz weitgehend unmöglich gemacht. Auch für selbständige Einheiten gelten insoweit die — für den Gläubiger allerdings sehr viel günstigeren — allgemeinen Bestimmungen: Sind sie im Erkenntnisverfahren nicht immun, so sind einstweilige Verfügungen gegen sie wie gegen Private statthaft. Sie genießen nur dann das Privileg, Maßnahmen des einstweiligen Rechtsschutzes nicht ausgesetzt zu sein, wenn sie nach der Art des Streitgegenstandes immun wären, jedoch auf diese Immunität „konstitutiv" verzichtet haben[61]. Infolge dieses gegensätzlichen Ausgangspunkts bei der Behandlung von Staaten und selbständigen Einheiten wird deren Abgrenzung gerade im Bereich des einstweiligen Rechtsschutzes praktisch bedeutsam. Der Gläubiger, der eine einstweilige Verfügung begehrt und nicht gerade einen speziell hierauf sich beziehenden Immunitätsverzicht vorweisen kann, muß alles daransetzen, seinen staatlichen Schuldner als lediglich selbständige Einheit erscheinen zu lassen. Zentralbanken oder andere oberste Währungsbehörden genießen im übrigen auch hier absolute Immunität.[62] Das beruht auf denselben Erwägungen wie ihre absolute Immunität gegenüber endgültigen Vollstreckungsmaßnahmen.

---

[58] Nippon Yusen Kaisha v. Karageorgis [1975] 1 W.L.R. 1093; Mareva Compania Naviera S.A. v. International Bulkcarrier S.A. [1975] 2 Lloyd's Rep. 509 (C.A.).

[59] Die jüngsten einer Kette von Entscheidungen: Galaxia Maritime S.A. v. Mineralimportexport [1982] 1 W.L.R. 539 (C.A.); Z Ltd. v. A—Z and AA—LL [1982] 2 W.L.R. 288; [1982] 1 All E.R. 556 (C.A.). Zum Gang der Rechtsprechung in der Anfangszeit insbes. Kerr, M.L.R. 41 (1978) 11—15.

[60] Sec. 13 (2)(a) i.V.m. sec. 13 (3), siehe bereits oben § 3 H bei FN 57. — Nach Higgins, N.Y.I.L. 10 (1979) 50 bei und in FN 10, wurde im Gesetzgebungsverfahren erfolglos vorgeschlagen, zumindest Mareva injunctions in weiterem Maße zuzulassen; zu ähnlichen Vorschlägen im Oberhaus durch Lords Wilberforce und Denning: G. White, J.Bus.Law 1979, 113.

[61] Sec. 13 (2)(a) i.V.m. sec. 14 (1) und (3).

[62] Sec. 14 (4).

Im Vergleich zur Rechtslage in der Phase des Übergangs von der absoluten zur beschränkten Immunität vor Inkrafttreten des SIA[63] stellen diese Bestimmungen einen Rückschritt dar. In dieser Zwischenphase galt den Gerichten die Gewalt zum Erlaß einstweiliger Verfügungen auch gegen Staaten als geradezu selbstverständlicher Annex ihrer Jurisdiktion im Erkenntnisverfahren. Infolgedessen kamen Mareva injunctions prinzipiell gegen sämtliche Immunitätsträger in Betracht, sofern diese im Erkenntnisverfahren keine Immunität beanspruchen konnten.[64] Weiterhin führt die gesetzliche Sonderbehandlung der Zentralbanken dazu, daß beide in der Übergangsphase nach Common Law ergangenen einstweiligen Verfügungen gegen die Zentralbank Nigerias[65] nach heutigem Recht nicht mehr möglich wären. Insgesamt ist die starke Beschneidung des einstweiligen Rechtsschutzes ebenso bedauerlich wie im amerikanischen Recht,[66] aber immerhin hier weniger weitreichend als dort, weil die diesbezügliche Immunität auf einen sehr viel engeren Kreis von Trägern beschränkt ist.

---

[63] Dazu oben § 2 B bei FN 49 ff.

[64] The Uganda Co. (Holding) Ltd. v. The Government of Uganda [1979] 1 Lloyd's Rep. 481; Trendtex Trading Corporation v. Central Bank of Nigeria [1977] Q.B. 529, 561 (per Lord Denning, M.R.), 572 (per Stephenson, L.J.), 580 (per Shaw, L.J.), wo sich allerdings die Problematik trotz des von allen Richtern betonten Gleichlaufs von Jurisdiktion und Anordnungsgewalt zugespitzt nur für das Urteil von Lord Denning, M.R., stellte, da dieser als einziger bereit war, der Beklagten überhaupt u. U. den Status einer Immunitätsträgerin zuzugestehen.

[65] Vgl. die Trendtex-Entscheidung (FN 64) sowie Hispano America Mercantil S.A. v. Central Bank of Nigeria [1979] 2 Lloyd's Rep. 277.

[66] Kritisch insbes. Mann, B.Y.I.L. 50 (1979) 60.

§ 7: Ausblick

Das 1976 verabschiedete amerikanische Gesetz hat man teils als „bicentennial accomplishment"[1] gefeiert, teils für drastisch nachbesserungsbedürftig befunden[2]. Die Wahrheit liegt wohl in der Mitte. Sicherlich bedeutet der Foreign Sovereign Immunities Act einen Fortschritt in die richtige Richtung. Das gilt ebenso für den State Immunity Act, der das englische Recht endlich von einer Immunitätsvorstellung befreit hat, die sich längst überholt hatte und erst jüngst durch einzelne richterliche Entscheidungen zu erodieren begann. Gleichwohl sind beide Statuten keine ehrfurchtgebietenden Jahrhundertwerke. Weder ist die den Gesetzen zugrundeliegende Konzeption revolutionär noch ihre rechtstechnische Durchführung brillant. Die Idee der nur beschränkten Staatenimmunität ist völkerrechtlich nun schon seit Jahrzehnten abgesichert. Ihre nationalgesetzliche Ausführung ist, wenn auch im ganzen gelungen, mit gewissen Schwächen behaftet. Das beginnt mit gesetzgeberischen Ungeschicklichkeiten wie etwa in der Bestimmung über indirect impleading im englischen Recht und endet bei ärgeren Mißgriffen wie dem im amerikanischen Recht bei der Vollstreckung geforderten Bezug zwischen dem Vollstreckungsobjekt und dem Klageanspruch sowie der weitgehenden Eliminierung des einstweiligen Rechtsschutzes sowohl durch das amerikanische als auch durch das britische Gesetz. Über manches andere, wie beispielsweise die Immunisierung der Zentralbanken, ließe sich trefflich streiten. Im Vergleich der beiden Kodifikationen miteinander schneidet die britische insgesamt besser ab. Namentlich in der zentralen Bestimmung über den Immunitätsverlust kraft wirtschaftlicher Betätigung übertrifft sie an Prägnanz und Klarheit die amerikanische, die durch ihre erkanntermaßen ausfüllungsbedürftige Generalklausel zu Streitereien über den jeweiligen Fall geradezu einlädt.

Die weitere Entwicklung in den USA und in England liegt vorerst in den Händen der Gerichte. In den USA gibt es bislang lediglich erst- und zweitinstanzliche, in England noch überhaupt keine Urteile zum

[1] Siehe den Beitrag von Delaume in J.Mar.L. & Comm. 8 (1977) 349 ff. mit dem Titel „Sovereign Immunity in America: A Bicentennial Accomplishment".

[2] Siehe den Beitrag von Smit in Proc.Am.Soc'y Int'l L. 74 (1980) 49 ff. mit dem Titel „The Foreign Sovereign Immunities Act of 1976: A Plea For Drastic Surgery".

jeweiligen Immunitätsgesetz. Die künftige richterliche Handhabung dieser Gesetze wird international mit Interesse verfolgt werden. Ihr Einfluß auf das Recht der Staatenimmunität in anderen Ländern ist derzeit noch nicht im einzelnen verläßlich zu prognostizieren. Möglicherweise löst das Vorbild der USA und Großbritanniens eine Welle von Kodifikationsbestrebungen aus. Dem Vernehmen nach beschäftigen sich mit dem Thema der Staatenimmunität augenblicklich nebeneinander die International Law Commission und die International Law Association jeweils mit dem Ziel, ein weltweit akzeptables Übereinkommen über Staatenimmunität zu erarbeiten. Hierbei werden das amerikanische und das britische Gesetz mit Sicherheit als Arbeitsgrundlage dienen. Von den Arbeiten dieser Kommissionen werden ihrerseits zusätzliche Impulse ausgehen. Unabhängig davon, ob es zu etwaigen weiteren nationalen Gesetzen oder internationalen Konventionen kommt, üben jedoch das amerikanische und das englische Recht bereits jetzt einen beträchtlichen Einfluß auf das ungeschriebene Völkerrecht und damit mittelbar auf die Immunitätspraxis solcher Staaten aus, die — wie beispielsweise die Bundesrepublik Deutschland — die Staatenimmunität nach allgemeinen völkerrechtlichen Regeln behandeln; denn bei der Ermittlung dessen, was das Völkergewohnheitsrecht bezüglich der Staatenimmunität besagt, kann an den Immunitätsgesetzen zweier der bedeutendsten Mitglieder der Völkerrechtsgemeinschaft nicht vorbeigegangen werden.

Literaturverzeichnis

Adede, A. O.: The Doctrine of Sovereign Immunity Under International Commercial Law: An Oberservation on Recent Trends; Indian J. Int'l L. 17 (1977) 245—260

— The United Kingdom Abandons the Doctrine of Absolute Sovereign Immunity; Brooklyn J. Int'l L. 6 (1980) 197—215

Alexy, H. G.: Die Immunität fremder Staaten vor amerikanischen Gerichten, maschinenschriftl. Diss., Heidelberg 1960

— Der Einfluß der Exekutive und innerstaatlicher Rechtsgrundsätze auf die amerikanische Rechtsprechung zur Immunität fremder Staaten; ZaöRV 22 (1962) 661—696

Atkeson, T. / *Perkins*, S. / *Wyatt*, M.: H.R. 11315 — The Revised State-Justice Bill on Foreign Sovereign Immunity: Time for Action; A.J.I.L. 70 (1976) 298—321

Aubin, B. C. A.: Anmerkung zu LG Kiel, Beschluß vom 19. 3. 1953 — 7 T 68/53; JZ 1954, 118—121

Backer, J. R.: Sherman Act Jurisdiction and the Acts of Foreign Sovereigns; Colum. L.R. 77 (1977) 1247—1265

Baker, D. I.: Antitrust Conflicts between Friends: Canada and the United States in the Mid-1970's; Cornell Int'l L.J. 11 (1978) 165—194

Bauerle, J. F. / *MacKenzie*, K. I.: American Antitrust Liability of Foreign State Instrumentalities: A New Application of the Parker Doctrine; Cornell Int'l L.J. 11 (1978) 305—321

Becker, S. H.: The Applicability of Shaffer to the Quasi-in-Rem Attachment of Foreigners' Assets; Vand. J. Transnat'l L. 12 (1979) 393—420

Beckett, E.: Brief an Ernest Lémonon, Vorsitzenden der 1. Kommission des Institut de Droit International, mit Appendix: The principles of English Law with regard to the immunity from suit of sovereign Foreign States and their Governments; Annuaire IDI 44 I (1952) 53—93

Belman: New Departures in the Law of Sovereign Immunity; Proc. Am. Soc'y Int'l L. 63 (1969) 182—187

Bennet, R. L.: The Statutory Proposal to Regulate the Jurisdictional Immunities of Foreign States; Vand. J. Transnat'l L. 6 (1973) 549—593

Bernstein, H.: Kollisionsrechtliche Fragen der culpa in contrahendo; RabelsZ 41 (1977) 281—298

— Prozessuale Risiken im Handel mit den USA; Festschrift Ferid, München 1978, S. 75—101

del Bianco, M. C.: Execution and Attachment Under the Foreign Sovereign Immunities Act of 1976; Yale St.W.P.O. 5 (1979) 109—146

Bilder, R. B.: The Office of the Legal Adviser: The State Department Lawyer and Foreign Affairs; A.J.I.L. 56 (1962) 633—684

Bishop, W. W.: New United States Policy Limiting Sovereign Immunity; A.J.I.L. 47 (1953) 93—106

Blatt: Sovereign Immunity: Jury Trial — Icenogle v. Olympic Airways, 82 F.R.D. 36 (D.D.C. 1979); Harv. Int'l L.J. 20 (1979) 720—725

Bohmann, A. M.: International Law — Act of State Doctrine — Foreign Sovereign Immunities Act of 1976 — Alfred Dunhill of London, Inc. v. Republic of Cuba; B.C.Indus. & Comm. L.Rev. 18 (1977) 318—348

Bonner Kommentar zum Grundgesetz, Hamburg 1950 ff., Stand: 43. Lieferung, Oktober 1981

Bowett, D. W.: Libyan Nationalisation of American Oil Companies' Assets; Camb. L.J. 37 (1978) 5—8

— The State Immunity Act 1978; Camb. L.J. 37 (1978) 193—196

Boynton, F. G.: International Law — Sovereign Immunity — The Last Straw in Judicial Abdication; Tul. L.R. 46 (1972) 841—848

Brower, C. N.: Litigation of Sovereign Immunity before a State Administrative Body and the Department of State: The Japanese Uranium Tax Case; A.J.I.L. 71 (1977) 438—460

Brower, C. N. / *Bistline*, F. W. / *Loomis*, G. W.: The Foreign Sovereign Immunities Act of 1976 in Practice; A.J.I.L. 73 (1979) 200—214

Brownlie, I.: Principles of Public International Law, 3rd ed., Oxford 1979

Cardozo, M. H.: Sovereign Immunity: The Plaintiff Deserves a Day in Court; Harv. L.R. 67 (1954) 608—618

— Judicial Deference to State Department Suggestions: Recognition of Prerogative or Abdication to Ursurper? Cornell L.Q. 48 (1963) 461—498

— The Proposed Legislation on the Jurisdictional Immunities of Foreign States; Int. Law. 8 (1974) 441—445

— A Note on Sovereign Immunity; Virginia J. Int. L. 17 (1977) 491—493

Carl, B. M.: Suing Foreign Governments in American Courts: The United States Foreign Sovereign Immunities Act in Practice; Sw. L.J. 33 (1979) 1009—1077

Catranis, A.: Probleme der Nationalisierung ausländischer Unternehmen vor internationalen Schiedsgerichten; RIW/AWD 1982, 19—27

Cheshire, G. C. / *North*, P. M.: Private International Law, 10th ed., London 1979

Cohen-Jonathan, G.: L'arbitrage Texaco-Calasiatic contre Gouvernement Libyen; Ann. franc. 23 (1977) 452—479

Collier, J. G.: Transactions between States — Non-Justiciability — International Law and the House of Lords in a Judicial No-Man's Land; Camb. L.J. 41 (1982) 18—21

Collins, L. A.: The Effectiveness of the Restrictive Theory of Sovereign Immunity; Colum. J. Transnat'l L. 4 (1965) 119—150

Cooper, C. G.: Act of State and Sovereign Immunity: A Further Inquiry; Loyola U.L.J. 11 (1980) 193—236

Crawford, J.: Decisions of British Courts During 1976—1977 Involving Questions of Public International Law; B.Y.I.L. 48 (1976/77) 333—362

— Decisions of British Courts During 1979 Involving Questions of Public International Law; B.Y.I.L. 50 (1979) 217—241

— Execution of Judgments and Foreign Sovereign Immunity; A.J.I.L. 75 (1981) 820—869

Crocker, L.: The Suit Against OPEC: Foreign Sovereign Immunity in the United States; ICLQ 29 (1980) 508—510

Dahm, G.: Völkerrecht, Bd. 1, Stuttgart 1958

Danaher, M. J.: Anti-Antitrust Law: The Clawback and Other Features of the United Kingdom Protection of Trading Interests Act, 1980; L. & Pol'y Int'l Bus. 12 (1980) 947—972

Davidow, J.: Extraterritorial Antitrust and the Concept of Comity; J. World Trade L. 15 (1981) 500—520

Delaume, G. R.: Public Debt and Sovereign Immunity: Some Considerations Pertinent to S. 566; A.J.I.L. 67 (1973) 745—756

— Public Debt and Sovereign Immunity Revisited: Some Considerations Pertinent to H.R. 11315; A.J.I.L. 70 (1976) 529—543

— Public Debt and Sovereign Immunity: The Foreign Sovereign Immunities Act of 1976; A.J.I.L. 71 (1977) 399—422

— Sovereign Immunity in America: A Bicentennial Accomplishment; J. Mar. L. & Comm. 8 (1977) 349—373 (geringfügig überarbeitete Fassung des Beitrags mit dem Titel ‚Sovereign Immunity in America: A Bicentennial Proposal' in der Festschrift für F. A. Mann, München 1977, S. 339—365)

— Le Foreign Sovereign Immunities Act of 1976, Clunet 105 (1978) 187—207

— The State Immunity Act of the United Kingdom; A.J.I.L. 73 (1979) 185—199

— Long-Arm Jurisdiction Under the Foreign Sovereign Immunities Act; A.J.I.L. 74 (1980) 640—655

— State Contracts and Transnational Arbitration; A.J.I.L. 75 (1981) 784—819

Dellapenna, J. W.: Suing Foreign Governments and Their Corporations: Sovereign Immunity; Comm. L.J. 85 (1980) 167—172, 228—234, 298—304, 364—372, 497—508

— Suing Foreign Governments and Their Corporations: Choice of Law; Comm. L.J. 86 (1981) 210—220, 346—355, 438—446, 486—494; 87 (1982) 8—17, 129—136

Denza, E.: Diplomatic Law — Commentary on the Vienna Convention on Diplomatic Relations, Dobbs Ferry, New York, und London 1976

Dicey, A. V. / *Morris*, J. H. C.: The Conflict of Laws, 10th ed., 2 vol., London 1980

Doehring, K.: Die Pflicht des Staates zur Gewährung diplomatischen Schutzes, Köln/Berlin 1959

Dreßler, G.: L'immunité de juridiction et d'exécution des états étrangers devant la juridiction nationale, Diss. Genf 1978

Drobnig, U.: American-German Private International Law, 2d ed., 1972

Dunbar, N. C. H.: Controversial Aspects of Sovereign Immunity in the Case Law of Some States; Recueil 132 (1971 I) 197—362

Edgar, S. G. G.: Craies on Statute Law, 7th ed., London 1971

Ehrenzweig, A. A. / *Jayme*, E.: Private International Law, vol. II, Leiden, Dobbs Ferry (New York) 1973

Eskridge, W. N. Jr.: The Iranian Nationalization Cases: Toward a General Theory of Jurisdiction over Foreign States; Harv. Int. L.J. 22 (1981) 525—591

Explanatory Reports on the European Convention on State Immunity and the Additional Protocol, herausgegeben vom Europarat, Straßburg 1972

Falk, B. B.: The Immunity of Foreign Sovereigns in U.S. Courts — Proposed Legislation; N.Y.U.J. Int'l L. & Pol. 6 (1973) 473—498

Fatouros, A. A.: International Law and the Internationalized Contract; A.J. I.L. 74 (1980) 134—141

Ferid, M. / *Firsching*, K.: Internationales Erbrecht, Bde. II und VI, München, Stand: Januar 1982

Folz, H.-E.: Die Geltungskraft fremder Hoheitsäußerungen, Baden-Baden 1975

Fox, H.: State Immunity: The House of Lords' Decision in I Congreso del Partido; L.Q.R. 98 (1982) 94—108

Friedman, V. S. / *Blau*, L. A.: Formulating a Commercial Exception to the Act of State Doctrine: Alfred Dunhill of London, Inc. v. Republic of Cuba; St. John's L. Rev. 50 (1976) 666—687

Geck, W. K.: Der Anspruch des Staatsbürgers auf Schutz gegenüber dem Ausland nach deutschem Recht; ZaöRV 17 (1956/57) 476—545

Geimer, R.: Anmerkung zum Urteil des OLG Oldenburg vom 14. 11. 1975 — 6 U 74/75 —; WM 1976, 1289—1291

Gill, D. G.: Two Cheers for Timberlane; Revue suisse du droit international de la concurrence 10 (1980) 3—23

Gilmore, G. / *Black*, C. L. Jr.: The Law of Admiralty, 2d ed., Mineola, New York, 1975

Gmür, E. A.: Gerichtsbarkeit über fremde Staaten — Ein dogmengeschichtlicher und dogmenkritischer Beitrag, Zürich 1948

Golbert, A. S. / *Bradford*, G.: The Act of State Doctrine: Dunhill and other Sabbatino Progeny; Sw. U.L.R. 9 (1977) 1—45

Gordon, D.: The Origin and Development of the Act of State Doctrine; Rut. Cam. L.J. 8 (1977) 595—616

Gordon, E.: Extraterritorial Application of United States Economic Laws: Britain Draws the Line; Int. Law. 14 (1980) 151—166

Gramlich, L.: Staatliche Immunität für Zentralbanken? RabelsZ 45 (1981) 545—603

Habscheid, W. J.: Die Immunität ausländischer Staaten nach deutschem Zivilprozeßrecht; BerDGesVR 8 (1968) 159—281

Hackworth, G. H.: Digest of International Law, vol. II, Washington 1941

Hardy, M.: Modern Diplomatic Law, Manchester 1968

Hay, P.: International Versus Interstate Conflicts Law in the United States; RabelsZ 35 (1971) 429—495

Heldrich, A.: Internationale Zuständigkeit und anwendbares Recht, Berlin und Tübingen 1969

Heller, J. R.: Litigation of Sovereign Immunity Questions; Proc. Am. Soc'y Int'l L. 70 (1976) 42—48

Henkin, L. / *Pugh*, R. C. / *Schachter*, O. / *Smit*, H.: International Law, St. Paul, Minn., 1980

Higgins, R.: Recent Developments in the Law of Sovereign Immunity in the United Kingdom; A.J.I.L. 71 (1977) 423—437

— Execution of State Property: United Kingdom Practice; N.Y.I.L. 10 (1979) 35—54

— The Death Throes of Absolute Immunity: The Government of Uganda Before the English Courts; A.J.I.L. 73 (1979) 465—470

Hill, T. H.: Sovereign Immunity and the Act of State Doctrine — Theory and Policy in the United States Law; RabelsZ 46 (1982) 118—164

House of Representatives, Congressional Committee Report On the Jurisdiction of United States Courts in Suits against Foreign States; U.S. Congress, House of Representatives (94th Congress, 2d Session), Report No. 94—1487, p. 1—34 = ILM 15 (1976) 1398—1416

Houser, R. C. / *Rigler*, D. V.: Antitrust and the Foreign Government Trader: The Impact of Pfizer Inc. v. Government of India; L. & Pol'y Int'l Bus. 10 (1978) 719—767

Huntley, A. K.: The Protection of Trading Interests Act 1980: Some Jurisdictional Aspects of Enforcement of Antitrust Laws; ICLQ 30 (1981) 213—233

Isenstein, J. / *Migdal*, B.: Urteilsanmerkung zu den Entscheidungen Yessenin-Volpin v. Novosti Press Agency und Edlow Int'l Co. v. Nuklearna Elektrarna Krsko; Brooklyn J. Int'l L. 5 (1979) 191—206

Jacobs, S. / *King*, R. H. / *Rodriguez*, S. III: The Act of State Doctrine: A History of Judicial Limitations and Exceptions; Harv. Int. L.J. 18 (1977) 677—697

Jacobsen, R. A. Jr. / *Snyder*, F. E.: The Impact of S. 566 on the Law of Sovereign Immunity; L. & Pol'y Int'l Bus. 6 (1974) 179—205

Jaenicke, G.: Die Frage der Immunität in der Rechtsprechung zum spanischen Bürgerkrieg; ZaöRV 9 (1939/40) 354—382

James, F. / *Hazard*, G. C.: Civil Procedure, 2d ed., Boston 1977

Jessup, P. C.: Has the Supreme Court Abdicated One of Its Functions? A.J.I.L. 40 (1946) 168—172

Jiménez de Aréchaga, E.: State Responsibility for the Nationalization of Foreign Owned Property; N.Y.U.J. Int'l L. & Pol. 11 (1978) 179—195

Kahale, G.: Arbitration and Choice-of-Law Clauses As Waivers of Jurisdictional Immunity; N.Y.U.J. Int'l L. & Pol. 14 (1981) 29—63

Kahale, G. / *Vega*, M. A.: Immunity and Jurisdiction: Toward a Uniform Body of Law in Actions Against Foreign States; Colum. J. Transnat'l L. 18 (1979) 211—258

Katzarov, K.: Hat der Bürger ein Recht auf diplomatischen Schutz? ÖZöR 8 (1957/58) 434—448

Kerr, Sir M.: Modern Trends in Commercial Law and Practice; M.L.R. 41 (1978) 1—24 *de Kieffer*, D. E.: The Foreign Sovereign Immunities Act and Antitrust: A Hollow Promise; Syr. J. Int'l L. & Com. 7 (1979) 37—52

Kincaid, P. J.: Sovereign Immunity of Foreign State-Owned Corporations; J. World Trade Law 10 (1976) 110—128

Kindred, H. M.: Foreign Governments before the Courts; Can. Bar Rev. 58 (1980) 602—629

Klein, A. R.: Foreign Sovereign Immunities Act of 1976 — Judicial Predominance; Brooklyn J. Int'l L. 4 (1977) 146—154

Knierim, K. P.: Sovereign Immunity from Judicial Enforcement: The Impact of the European Convention on State Immunity; Colum. J. Transnat'l L. 12 (1973) 130—154

Krafft, *C.-M.*: La convention européenne sur l'immunité des états et son protocole additionnel; Ann. suisse 31 (1975) 11—30

Krane, S. C.: Rehabilitation and Exoneration of the Act of State Doctrine; N.Y.U.J. Int'l & Pol. 12 (1980) 599—651

Lagod, M. L.: Sovereign Immunity — Jurisdictional Problems Involving the Foreign Sovereign Immunities Act and Extraterritorial Application of United States Antitrust Laws; Vand. J. Transnat'l L. 13 (1980) 835—855

Lalive, J.-F.: L'immunité de juridiction des états et des organisations internationales; Recueil 84 (1953 III) 204—396

— Un grand arbitrage pétrolier entre un Gouvernement et deux sociétés privées étrangères; Clunet 104 (1977) 320—349

Langan, P. S. J.: (Maxwell on) The Interpretation of Statutes, 12th ed., London 1969

Lasok, K. P. E.: Government Intervention and State Trading; M.L.R. 44 (1981) 249—269

Lauterpacht, H.: The Problem of Jurisdictional Immunities of Foreign States; B.Y.I.L. 28 (1951) 220—272

Leflar, R. A.: American Conflicts Law, 3rd ed., 1977

Leigh, M.: Sovereign Immunity — The Case of the „Imias"; A.J.I.L. 68 (1974) 280—289

— New Departures in the Law of Sovereign Immunity; Proc. Am. Soc'y Int'l L. 63 (1969) 187—193

— Diskussionsbeitrag auf dem 74. Annual Meeting der American Society of International Law; Proc. Am. Soc'y Int'l L. 74 (1980) 70—74

Leigh, M. / *Atkeson*, T.: Due Process in the Emerging Foreign Relations Law of the United States; Bus. Law 22 (1966) 3—28

Leigh, M. / *Sandler*, M. D.: Dunhill: Toward a Reconsideration of Sabbatino; Virginia J. Int. L. 16 (1975/76) 685—718

Lewis, C.: The State Immunity Act, LMCLQ 1980, 1—13

— State and Diplomatic Immunity, London 1980 [Immunity]

Lowe, A. V.: Blocking Extraterritorial Jurisdiction: The British Protection of Trading Interests Act, 1980; A.J.I.L. 75 (1981) 257—282

Lowenfeld, A. F.: Claims against Foreign States — A Proposal for Reform of United States Law; N.Y.U.L. Rev. 44 (1969) 901—938

— Litigating a Sovereign Immunity Claim — The Haiti Case; N.Y.U.L. Rev. 49 (1974) 377—436

— In Search of the Intangible: A Comment on Shaffer v. Heitner; N.Y.U.L. Rev. 53 (1978) 102—124

— Public Law in the International Arena: Conflict of Laws, International Law, and Some Suggestions for Their Interaction; Recueil 163 (1979 II) 311—445

Maier, H. G.: The Proposed Sovereign Immunities Act: Its Effect on Judicial Deference; Proc. Am. Soc'y Int'l L. 70 (1976) 48—52

Malina, M.: Die völkerrechtliche Immunität ausländischer Staaten im zivilrechtlichen Erkenntnisverfahren, Diss. Marburg 1978

Mann, F. A.: Immunity of Sovereign States; M.L.R. 2 (1938) 57—62

— The Doctrine of Jurisdiction in International Law; Recueil 111 (1964 I) 1—162

— State Contracts and International Arbitration; B.Y.I.L. 42 (1967) 1—37

— New Developments in the Law of Sovereign Immunity; M.L.R. 36 (1973) 18—24

— The State Immunity Act 1978; B.Y.I.L. 50 (1979) 43—62

— Der konfiszierende Staat als Gesamtrechtsnachfolger; Festschrift für K. Zweigert, Tübingen 1981, S. 275—286

— The Legal Aspect of Money, 4th ed., Oxford 1982 [Legal Aspect]

Markesinis, B. S.: The Changing Law of Sovereign Immunity; Camb. L.J. 36 (1977) 211—216

Marston, G.: Sovereign Immunity for Commercial Transactions: The Trendtex Case; J. World Trade Law 11 (1977) 280—283

— State Immunity — Recent United Kingdom Developments; J. World Trade Law 13 (1979) 349—355

— The United Kingdom Protection of Trading Interests Act 1980; J. World Trade Law 14 (1980) 461—465

Martin, J. N.: Sovereign Immunity — Limits of Judicial Control — The Foreign Sovereign Immunities Act of 1976, Pub. L. No. 94—583, 90 Stat. 2891; Harv.Int.L.J. 18 (1977) 429—456

Mathias, C. McC.: Restructuring the Act of State Doctrine: A Blueprint for Legislative Reform; L. & Pol. Int'l Bus. 12 (1980) 369—414

Meal, D. H. / *Trachtman*, J. P.: Defenses to Actions Against Foreign States Under the United States Antitrust Laws; Harv. Int. L.J. 20 (1979) 583—661

Meessen, K. M.: Völkerrechtliche Grundsätze des internationalen Kartellrechts, Baden-Baden 1975

von Mehren, R. B.: The Foreign Sovereign Immunities Act of 1976; Colum. J. Transnat'l L. 17 (1978) 33—66

von Mehren, R. B. / *Kourides*, P. N.: International Arbitration Between States and Foreign Private Parties: The Libyan Nationalization Cases; A.J.I.L. 75 (1981) 476—552

Meng, W.: Neuere Entwicklungen im Streit um die Jurisdiktionshoheit der Staaten im Bereich der Wettbewerbsbeschränkungen; ZaöRV 41 (1981) 469—513

Mesch, F.: Jurisdictional Immunities of Foreign States; De Paul L.R. 23 (1974) 1225—1246

Metzger, S. D.: Immunity of Foreign State Property from Attachment or Execution in the USA; N.Y.I.L. 10 (1979) 131—141

Meuser, R. L.: Dumping from ‚Controlled Economy' Countries: The Polish Golf Car Case; L. & Pol'y Int'l Bus. 11 (1979) 777—803

Miller, A. R.: Service of Process on State, Local and Foreign Governments Under Rule 4, Federal Rules of Civil Procedure — Some Unfinished Business for the Rulemakers; 46 F.R.D. 101—140 (1969)

Nakamura, C. H.: Antitrust: Australian Restrictions on Enforcement of Foreign Judgments; Harv. Int. L.J. 20 (1979) 663—667

Neuhaus, P. H.: Internationales Zivilprozeßrecht und Internationales Privatrecht; RabelsZ 20 (1955) 201—269

— Die Grundbegriffe des Internationalen Privatrechts, 2. Aufl., Tübingen 1976 [Grundbegriffe]

Norton, J. J.: Extraterritorial Jurisdiction of U.S. Antitrust and Securities Laws; ICLQ 28 (1979) 575—597

Note (unsigniert): The Relationship Between Executive and Judiciary: The State Department as the Supreme Court of International Law; Minn. L.R. 53 (1968) 389—413

Note (unsigniert): Proposed Draft Legislation on the Sovereign Immunity of Foreign Governments: An Attempt to Revest the Courts With a Judicial Function; Nw. U.L.R. 69 (1974) 302—330

Note (unsigniert): Suits by Foreigners Against Foreign States in United States Courts: A Selective Expansion of Jurisdiction; Yale L.J. 90 (1981) 1861—1879

Nwogugu, E. D.: Immunity of State Property — the Central Bank of Nigeria in Foreign Courts; N.Y.I.L. 10 (1979) 179—196

O'Connell, D. P.: International Law, 2 vol., 2d ed., London 1972

O'Neil, S. J.: Extraterritorial Jurisdiction over Foreign States: The „Direct Effect" Provision of the Foreign Sovereign Immunities Act of 1976 — Carey v. National Oil Corporation; J. Int'l L. & Econ. 13 (1979) 633—649

Ongman, J. W.: „Be No Longer a Chaos": Constructing a Normative Theory of the Sherman Act's Extraterritorial Jurisdictional Scope; Nw. U.L.R. 71 (1977) 733—766

Oppenheim, L. / *Lauterpacht*, Sir H.: International Law, vol. 1, 8th ed., London 1955; vol. 2, 7th ed., London 1952

Pagenstecher, M.: Buchbesprechung von: R. Neuner, Internationale Zuständigkeit, 1929; RabelsZ 4 (1930) 713—723

— Gerichtsbarkeit und internationale Zuständigkeit als selbständige Prozeßvoraussetzungen; RabelsZ 11 (1937) 337—483

Panhuys, H. F. van: In the Borderland between the Act of State Doctrine and Questions of Jurisdictional Immunities; ICLQ 13 (1964) 1193—1213

Paugh, J.: Antitrust Principles and U.S. Trade Laws: A Review of Current Areas of Conflict; L. & Pol'y Int'l Bus. 12 (1980) 545—611

Pavlis, P. A.: International Arbitration and the Inapplicability of the Act of State Doctrine; N.Y.U.J. Int'l L. & Pol. 14 (1981) 65—153

Pell, T. J.: The Foreign Sovereign Immunities Act of 1976: Direct Effects and Minimum Contacts; Cornell Int'l L.J. 14 (1981) 97—115

Peterson, T. A. / *Hoyt*, H. W.: Foreign Sovereign Immunity — Communist and Socialist Organizations — Effect of State's System of Property Ownership on Determination of Agency or Instrumentality Status Under the Foreign Sovereign Immunities Act of 1976; Ga. J. Int'l & Comp. L. 9 (1979) 111—122

Prosser, W. R.: The Law of Torts, 4th ed., St. Paul (Minn.) 1971

Raape, L. / *Sturm*, F.: Internationales Privatrecht, Bd. I: Allgemeine Lehren, 6. Aufl., München 1977

Rahl, J. A. (Hrsg.): Common Market and American Antitrust — Overlap and Conflict, New York u. a. 1970

— Foreign Commerce Jurisdiction of the American Antitrust Laws; Antitrust L.J. 43 (1974) 521—529

Ress, G.: Entwicklungstendenzen der Immunität ausländischer Staaten; ZaöRV 40 (1980) 217—275

Restatement of the Law Second: Foreign Relations Law of the United States As Adopted and Promulgated by the American Law Institute, St. Paul, Minn., 1965

Rich, F. C,: Act of State and Foreign Sovereign Immunity; Virginia Int'l L. 19 (1979) 679—689

Richard, E. L.: Sovereign Immunity — Proposed Statutory Elimination of State Department Role — Attachment, Service of Process, and Execution — Senate Bill 566, 93d Congress, 1st Session (1973); Harv. Int. L.J. 15 (1974) 157—172

Riedinger, T.: Staatenimmunität gegenüber Zwangsgewalt; RabelsZ 45 (1981) 448—458

Riezler, E.: Internationales Zivilprozeßrecht und prozessuales Fremdenrecht, Berlin und Tübingen 1949

Rogers, J. S.: Enforcement of Maritime Liens and Mortgages; Tul. L.R. 47 (1973) 767—785

Rudolf, W.: Völkerrecht und deutsches Recht, Tübingen 1967

Sandler / Vagts / Ristau: Sovereign Immunity Decisions of the Department of State, in: Boyd, J. A., Digest of United States Practice in International Law 1977, Washington 1979, S. 1017—1089 (Appendix)

Schanze, E.: Relativierung der Immunität ausländischen Staatsvermögens in England: Variante der Nigeria-Zementfälle vor dem Court of Appeal; Die AG 1977, 81—84

Schaumann, W.: Die Immunität ausländischer Staaten nach Völkerrecht; BerDGesVR 8 (1968) 1—157

Schlosser, P.: Das völkerrechtswidrige Urteil nach deutschem Prozeßrecht; ZZP 79 (1966) 164—198

Schofield, L. G.: Effects Jurisdiction Under the Foreign Sovereign Immunities Act and the Due Process Clause; N.Y.U.L. Rev. 55 (1980) 474—516

Schreuer, C.: Some Recent Developments in the Law of State Immunity; Comp. L. Yb. 2 (1978) 215—236

— Neue Entwicklungen zur Immunität ausländischer Staaten vor englischen Gerichten; RIW/AWD 1979, 156—160

Schröder, J.: Internationale Zuständigkeit — Entwurf eines Systems von Zuständigkeitsinteressen im zwischenstaatlichen Privatverfahrensrecht aufgrund rechtshistorischer, rechtsvergleichender und rechtspolitischer Betrachtungen, Opladen 1971

Schwimann, M.: Internationales Zivilverfahrensrecht, Wien 1979

Seidl-Hohenveldern, I.: Neue Entwicklungen im Recht der Staatenimmunität, Festschrift für G. Beitzke, Berlin/New York 1979, S. 1081—1101

— Völkerrecht, 4. Aufl., Köln u. a. 1980

Shaw, M.: Sovereign Immunity Revisited; N.L.J. 128 (1978) 983—986

— The State Immunity Act 1978; N.L.J. 128 (1978) 1136—1138

Silberman, L. J.: Shaffer v. Heitner: The End of an Era; N.Y.U.L. Rev. 53 (1978) 33—101

Simmons, K. P.: The Foreign Sovereign Immunity Act of 1976: Giving the Plaintiff His Day in Court; Ford. L.R. 46 (1977) 543—572

— Admiralty Practice Under the Foreign Sovereign Immunities Act — A Trap for the Unwary; J. Mar. L. & Comm. 12 (1980) 109—121

Simson, G. J.: The Return of American Banana: A Contemporary Perspective on American Antitrust Abroad; J. Int'l L. & Econ. 9 (1974) 233—265

Sinclair, Sir I.: The European Convention on State Immunity; ICLQ 22 (1973) 254—283

— The Law of Sovereign Immunity, Recent Developments; Recueil 167 (1980 II) 113—284

Singer, M.: The Act of State Doctrine of the United Kingdom: An Analysis, with Comparisons to United States Practice; A.J.I.L. 75 (1981) 283—323

Sklaver, H. M.: Sovereign Immunity in the United States; Int. Law. 8 (1974) 408—429

Smit, H.: The Importance of Shaffer v. Heitner: Seminal or Minimal; Brooklyn L.R. 45 (1979) 519—532

— The Foreign Sovereign Immunities Act of 1976: A Plea For Drastic Surgery; Proc. Am. Soc'y Int'l L. 74 (1980) 49—70

Sonnenberger, H.-J.: Inländische Gerichtsbarkeit über ausländische Staaten und sonstige öffentlich-rechtliche Rechtsträger; AcP 162 (1963) 485—510

Staehelin, J. C. A.: Die gewohnheitsrechtliche Regelung der Gerichtsbarkeit über fremde Staaten im Völkerrecht — Versuch einer Reinterpretation der Praxis, Bern 1969

Stanford, J. S.: The Application of the Sherman Act to Conduct outside the United States: A View from Abroad; Cornell Int'l L.J. 11 (1978) 195—214

Steinberger, H.: Cristina-Fall, in: Strupp/Schlochauer, Wörterbuch des Völkerrechts, Bd. I, Berlin 1960, S. 302—303

Stoll, J.: Vereinbarungen zwischen Staat und ausländischem Investor, Berlin u. a. 1982

Strebel, H.: Staatenimmunität — Die Europaratskonvention und die neuen Gesetze der Vereinigten Staaten und Großbritanniens; RabelsZ 44 (1980) 66—98

Street, H.: The Law of Torts, 6th ed., London 1976

Sucharitkul, S.: State Immunities and Trading Activities in International Law, London 1959 [Immunities]

— Immunities of Foreign States before National Authorities; Recueil 149 (1976 I) 87—216

Thomas, D. R.: Maritime Liens, London 1980

Thompson, J. G.: Foreign Sovereign Immunity — The Status of Legal Entities in Socialist Countries as Defendants Under the Foreign Sovereign Immunities Act of 1976; Vand.J. Transnat'l L. 12 (1979) 165—184

Timberg, S.: Sovereign Immunity, State Trading, Socialism and Self-Deception; Nw. U.L.R. 56 (1961) 109—128

— Sovereign Immunity and Act of State Defences: Transnational Boycotts and Economic Coercion; Texas L.R. 55 (1976) 1—37, nur geringfügig überarbeitete Fassung auch in Revue suisse du droit international de la concurrence 6 (1979) 1—39

Vallée, C.: A propos de la Convention européenne sur l'immunité des Etats; Rev. trim. droit Europ. 9 (1973) 205—241

Veltins, M. A.: Neueste Entwicklungen der extraterritorialen Anwendung des US Antitrust-Rechts; RIW/AWD 1982, 157—161

Victor, A. P.: Multinational Corporations: Antitrust Extraterritoriality and the Prospect of Immunity; J. Int'l L. & Econ. 8 (1973) 11—29

Walchshöfer, A.: Die deutsche internationale Zuständigkeit in der streitigen Gerichtsbarkeit; ZZP 80 (1967) 165—229

Weber, F. A.: The Foreign Sovereign Immunities Act of 1976: Its Origin, Meaning and Effect; Yale St. W.P.O. 3 (1976) 1—121

Weintraub, R. J.: Commentary on the Conflict of Laws, 2d ed., New York 1980

Weiss, A.: Compétence ou Incompétence des tribunaux à l'égard des Etats étrangers; Recueil 1 (1923) 520—551

Wengler, W.: Völkerrecht, 2 Bde., Berlin u. a. 1964

Wheeler, P. D.: Direct Effect Jurisdiction Under the Foreign Sovereign Immunities Act of 1976; N.Y.U.J. Int'l L. & Pol. 13 (1981) 571—615

White, G.: The State Immunity Act 1978; J. Bus. Law 1979, 105—114

White, R. C. A.: State Immunity and International Law in English Courts; ICLQ 26 (1977) 674—680

— The State Immunity Act 1978: M.L.R. 42 (1979) 72—79

— Exploration of the Libyan Oil Concessions — Two Conflicting International Arbitrations; ICLQ 30 (1981) 1—19

Whiteman, M. M.: Digest of International Law, vol. 6, Washington 1968

Wiederkehr, M.-O.: La Convention européenne sur l'immunité des Etats du 16 mai 1972; Ann. franc. 20 (1974) 924—943

Williams, J. S.: The Act of State Doctrine: Alfred Dunhill of London, Inc. v. Republic of Cuba; Vand. J. Transnat'l L. 9 (1976) 735—770

Winfield / Jolowicz, J. A.: Tort, 11th ed. by W. V. H. Rogers, London 1979

Wolfe, S. G.: Rationalizing the Federal Act of State Doctrine and Evolving Judicial Exceptions; Fordh. L.R. 46 (1977) 295—321

Wolff, M.: Private International law, 2d ed., Oxford 1950

Wright, W. B.: The Federal Tort Claims Act Analyzed and Annotated, New York 1957

Zehetner, F.: Staatliche Außenvertretungsbefugnis im Völkerrecht; ZaöRV 37 (1977) 244—275

Zilber, N. A.: International Law — Sovereign Imunity — Seizure of Property Under Restrictive Immunity Doctrine; Mich. L.R. 54 (1956) 1008—1011

APPENDIX A

USA: Foreign Sovereign Immunities Act*

Public Law 94-583
94th Congress

An Act

To define the jurisdiction of United States courts in suits against foreign states, the circumstances in which foreign states are immune from suit and in which execution may not be levied on their property, and for other purposes.

Be it enacted by the Senate and House of Representatives of the United States of America in Congress assembled, That this Act may be cited as the "Foreign Sovereign Immunities Act of 1976."

SEC. 2. (a) That chapter 85 of title 28, United States Code, is amended by inserting immediately before section 1331 the following new section:

"§1330. Actions against foreign states

"(a) The district courts shall have original jurisdiction without regard to amount in controversy of any nonjury civil action against a foreign state as defined in section 1603(a) of this title as to any claim for relief in personam with respect to which the foreign state is not entitled to immunity either under sections 1605–1607 of this title or under any applicable international agreement.

"(b) Personal jurisdiction over a foreign state shall exist as to every claim for relief over which the district courts have jurisdiction under subsection (a) where service has been made under section 1608 of this title.

"(c) For purposes of subsection (b), an appearance by a foreign state does not confer personal jurisdiction with respect to any claim for relief not arising out of any transaction or occurrence enumerated in sections 1605–1607 of this title."

(b) By inserting in the chapter analysis of that chapter before—
"1331. Federal question; amount in controversy; costs."
the following new item:
"1330. Action against foreign states."

SEC. 3. That section 1332 of title 28, United States Code, is amended by striking subsections (a) (2) and (3) and substituting in their place the following:

"(2) citizens of a State and citizens or subjects of a foreign state;

"(3) citizens of different States and in which citizens or subjects of a foreign state are additional parties; and

"(4) a foreign state, defined in section 1603(a) of this title, as plaintiff and citizens of a State or of different States."

SEC. 4. (a) That title 28, United States Code, is amended by inserting after chapter 95 the following new chapter:

---

* *Quelle:* American Journal of International Law 71 (1977) 595 ff.

"Chapter 97.—Jurisdictional Immunities of Foreign States

"§1602. Findings and declaration of purpose

"The Congress finds that the determination by United States courts of the claims of foreign states to immunity from the jurisdiction of such courts would serve the interests of justice and would protect the rights of both foreign states and litigants in United States courts. Under international law, states are not immune from the jurisdiction of foreign courts insofar as their commercial activities are concerned, and their commercial property may be levied upon for the satisfaction of judgments rendered against them in connection with their commercial activities. Claims of foreign states to immunity should henceforth be decided by courts of the United States and of the States in conformity with the principles set forth in this chapter.

"§1603. Definitions

"For purposes of this chapter—

"(a) A 'foreign state,' except as used in section 1608 of this title, includes a political subdivision of a foreign state or an agency or instrumentality of a foreign state as defined in subsection (b).

"(b) An 'agency or instrumentality of a foreign state' means any entity—

"(1) which is a separate legal person, corporate or otherwise, and

"(2) which is an organ of a foreign state or political subdivision thereof, or a majority of whose shares or other ownership interest is owned by a foreign state or political subdivision thereof, and

"(3) which is neither a citizen of a State of the United States as defined in section 1332 (c) and (d) of this title, nor created under the laws of any third country.

"(c) The 'United States' includes all territory and waters, continental or insular, subject to the jurisdiction of the United States.

"(d) A 'commercial activity' means either a regular course of commerical conduct or a particular commercial transaction or act. The commercial character of an activity shall be determined by reference to the nature of the course of conduct or particular transaction or act, rather than by reference to its purpose.

"(e) A 'commercial activity carried on in the United States by a foreign state' means commercial activity carried on by such state and having substantial contact with the United States.

"§1604. Immunity of a foreign state from jurisdiction

"Subject to existing international agreements to which the United States is a party at the time of enactment of this Act a foreign state shall be immune from the jurisdiction of the courts of the United States and of the States except as provided in sections 1605 to 1607 of this chapter.

"§1605. General exceptions to the jurisdictional immunity of a foreign state

"(a) A foreign state shall not be immune from the jurisdiction of courts of the United States or of the States in any case—

"(1) in which the foreign state has waived its immunity either explicitly or by implication, notwithstanding any withdrawal of the waiver which the foreign state may purport to effect except in accordance with the terms of the waiver;

"(2) in which the action is based upon a commercial activity carried on in the United States by the foreign state; or upon an act performed in the United States in connection with a commercial activity of the foreign state elsewhere; or upon an act outside the territory of the United States in connection with a commercial activity of the foreign state elsewhere and that act causes a direct effect in the United States;

"(3) in which rights in property taken in violation of international law are in issue and that property or any property exchanged for such property is present in the United States in connection with a commercial activity carried on in the United States by the foreign state; or that property or any property exchanged for such property is owned or operated by an agency or instrumentality of the foreign state and that agency or instrumentality is engaged in a commercial activity in the United States;

"(4) in which rights in property in the United States acquired by succession or gift or rights in immovable property situated in the United States are in issue; or

"(5) not otherwise encompassed in paragraph (2) above, in which money damages are sought against a foreign state for personal injury or death, or damage to or loss of property, occurring in the United States and caused by the tortious act or omission of that foreign state or of any official or employee of that foreign state while acting within the scope of his office or employment; except this paragraph shall not apply to—

"(A) any claim based upon the exercise or performance or the failure to exercise or perform a discretionary function regardless of whether the discretion be abused, or

"(B) any claim arising out of malicious prosecution, abuse of process, libel, slander, misrepresentation, deceit, or interference with contract rights.

"(b) A foreign state shall not be immune from the jurisdiction of the courts of the United States in any case in which a suit in admiralty is brought to enforce a maritime lien against a vessel or cargo of the foreign state, which maritime lien is based upon a commercial activity of the foreign state: *Provided*, That—

"(1) notice of the suit is given by delivery of a copy of the summons and of the complaint to the person, or his agent, having possession of the vessel or cargo against which the maritime lien is asserted; but such notice shall not be deemed to have been delivered, nor may it thereafter be delivered, if the vessel or cargo is arrested pursuant to process obtained on behalf of the party bringing the suit—unless the party was unaware that the vessel or cargo of a foreign state was involved, in which event the service of process of arrest shall be deemed to constitute valid delivery of such notices; and

"(2) notice to the foreign state of the commencement of suit as provided in section 1608 of this title is initiated within ten days either of the delivery of notice as provided in subsection (b)(1) of this section or, in the case of a party who was unaware that the vessel or cargo of a foreign state was involved, of the date such party determined the existence of the foreign state's interest.

Whenever notice is delivered under subsection (b)(1) of this section, the maritime lien shall thereafter be deemed to be an in personam claim against the foreign state which at that time owns the vessel or cargo involved: *Provided*, That a court may not award judgment against the foreign state in an amount greater than the value of the vessel or cargo upon which the maritime lien arose, such value to be determined as of the time notice is served under subsection (b)(1) of this section.

"§1606. Extent of liability

"As to any claim for relief with respect to which a foreign state is not entitled to immunity under section 1605 or 1607 of this chapter, the foreign state shall be liable in the same manner and to the same extent as a private individual under like circumstances; but a foreign state except for an agency or instrumentality therof shall not be liable for punitive damages; if, however, in any case wherein death was caused, the law of the place where the action or omission occurred provides, or has been construed to provide, for damages only punitive in nature, the foreign state shall be liable for actual or compensatory damages measured by the pecuniary injuries resulting from such death which were incurred by the persons for whose benefit the action was brought.

"§1607. Counterclaims

"In any action brought by a foreign state, or in which a foreign state intervenes, in a court of the United States or of a State, the foreign state shall not be accorded immunity with respect to any counterclaim—

"(a) for which a foreign state would not be entitled to immunity under section 1605 of this chapter had such claim been brought in a separate action against the foreign state; or

"(b) arising out of the transaction or occurrence that is the subject matter of the claim of the foreign state; or

"(c) to the extent that the counterclaim does not seek relief exceeding in amount or differing in kind from that sought by the foreign state.

"§1608. Service; time to answer; default

"(a) Service in the courts of the United States and of the States shall be made upon a foreign state or political subdivision of a foreign state:

"(1) by delivery of a copy of the summons and complaint in accordance with any special arrangement for service between the plaintiff and the foreign state or political subdivision; or

"(2) if no special arrangement exists, by delivery of a copy of the summons and complaint in accordance with an applicable international convention on service of judicial documents; or

"(3) if service cannot be made under paragraphs (1) or (2), by sending a copy of the summons and complaint and a notice of suit, together with a translation of each into the official language of the foreign state, by any form of mail requiring a signed receipt, to be addressed and dispatched by the clerk of the court to the head of the ministry of foreign affairs of the foreign state concerned, or

"(4) if service cannot be made within 30 days under paragraph (3), by sending two copies of the summons and complaint and a notice of suit, together with a translation of each into the official language of the foreign state, by any form of mail requiring a signed receipt, to be addressed and dispatched by the clerk of the court to the Secretary of State in Washington, District of Columbia, to the attention of the Director of Special Consular Services—and the Secretary shall transmit one copy of the papers through diplomatic channels to the foreign state and shall send to the clerk of the court a certified copy of the diplomatic note indicating when the papers were transmitted.

As used in this subsection, a 'notice of suit' shall mean a notice addressed to a foreign state and in a form prescribed by the Secretary of State by regulation.

"(b) Service in the courts of the United States and of the States shall be made upon an agency or instrumentality of a foreign state:

"(1) by delivery of a copy of the summons and complaint in accordance with any special arrangement for service between the plaintiff and the agency or instrumentality; or

"(2) if no special arrangment exists, by delivery of a copy of the summons and complaint either to an officer, a managing or general agent, or to any other agent authorized by appointment or by law to receive service of process in the United States; or in accordance with an applicable international convention on service of judicial documents; or

"(3) if service cannot be made under paragraphs (1) or (2), and if reasonably calculated to give actual notice, by delivery of a copy of the summons and complaint, together with a translation of each into the official language of the foreign state—

"(A) as directed by an authority of the foreign state or political subdivision in response to a letter rogatory or request or

"(B) by any form of mail requiring a signed receipt, to be addressed and dispatched by the clerk of the court to the agency or instrumentality to be served, or

"(C) as directed by order of the court consistent with the law of the place where service is to be made.

"(c) Service shall be deemed to have been made—

"(1) in the case of service under subsection (a)(4), as of the date of transmittal indicated in the certified copy of the diplomatic note; and

"(2) in any other case under this section, as of the date of receipt indicated in the certification, signed and returned postal receipt, or other proof of service applicable to the method of service employed.

"(d) In any action brought in a court of the United States or of a State, a foreign state, a political subdivision thereof, or an agency or instrumentality of a foreign state shall serve an answer or other responsive pleading to the complaint within sixty days after service has been made under this section.

"(e) No judgment by default shall be entered by a court of the United States or of a State against a foreign state, a political subdivision thereof, or an agency or instrumentality of a foreign state, unless the claimant establishes his claim or right to relief by evidence satisfactory to the court. A copy of any such default judgment shall be sent to the foreign state or political subdivision in the manner prescribed for service in this section.

"§1609. Immunity from attachment and execution of property of a foreign state

"Subject to existing international agreements to which the United States is a party at the time of enactment of this Act the property in the United States of a foreign state shall be immune from attachment arrest and execution except as provided in sections 1610 and 1611 of this chapter.

"§1610. Exceptions to the immunity from attachment or execution

"(a) The property in the United States of a foreign state, as defined in section 1603(a) of this chapter, used for a commercial activity in the United States, shall not be immune from attachment in aid of execution, or from execution, upon a judgment entered by a court of the United States or of a State after the effective date of this Act, if—

"(1) the foreign state has waived its immunity from attachment in aid of execution or from execution either explicitly or by implication, notwithstanding any withdrawal of the waiver the foreign state may purport to effect except in accordance with the terms of the waiver, or

"(2) the property is or was used for the commercial activity upon which the claim is based, or

"(3) the execution relates to a judgment establishing rights in property which has been taken in violation of international law or which has been exchanged for property taken in violation of international law, or

"(4) the execution relates to a judgment establishing rights in property—

"(A) which is acquired by succession or gift, or

"(B) which is immovable and situated in the United States: *Provided*, That such property is not used for purposes of maintaining a diplomatic or consular mission or the residence of the Chief of such mission, or

"(5) the property consists of any contractual obligation or any proceeds from such a contractual obligation to indemnify or hold harmless the foreign state or its employees under a policy of automobile or other liability or casualty insurance covering the claim which merged into the judgment.

"(b) In addition to subsection (a), any property in the United States of an agency or instrumentality of a foreign state engaged in commercial activity in the United States shall not be immune from attachment in aid of execution, or from execution, upon a judgment entered by a court of the United States or of a State after the effective date of this Act, if—

"(1) the agency or instrumentality has waived its immunity from attachment in aid of execution or from execution either explicitly or implicity, notwithstanding any withdrawal of the waiver the agency or instrumentality may purport to effect except in accordance with the terms of the waiver, or

"(2) the judgment relates to a claim for which the agency or instrumentality is not immune by virtue of section 1605(a) (2), (3), or (5), or 1605(b) of this chapter, regardless of whether the property is or was used for the activity upon which the claim is based.

"(c) No attachment or execution referred to in subsections (a) and (b) of this section shall be permitted until the court has ordered such attachment and execution after having determined that a reasonable period of time has elapsed following the entry of judgment and the giving of any notice required under section 1608(e) of this chapter.

"(d) The property of a foreign state, as defined in section 1603(a) of this chapter, used for a commercial activity in the United States, shall not be immune from attachment prior to the entry of judgment in any action brought in a court of the United States or of a State, or prior to the elapse of the period of time provided in subsection (c) of this section, if—

"(1) the foreign state has explicitly waived its immunity from attachment prior to judgment, notwithstanding any withdrawal of the waiver the foreign state may purport to effect except in accordance with the terms of the waiver, and

"(2) the purpose of the attachment is to secure satisfaction of a judgment that has been or may ultimately be entered against the foreign state, and not to obtain jurisdiction.

"§1611. Certain types of property immune from execution

"(a) Notwithstanding the provisions of section 1610 of this chapter, the property of those organizations designated by the President as being entitled to enjoy the privileges, exemptions, and immunities provided by the International Organizations Immunities Act shall not be subject to attachment or any other judicial process impeding the disbursement of funds to, or on the order of, a foreign state as the result of an action brought in the courts of the United States or of the States.

"(b) Notwithstanding the provisions of section 1610 of this chapter, the property of a foreign state shall be immune from attachment and from execution, if—

"(1) the property is that of a foreign central bank or monetary authority held for its own account, unless such bank or authority, or its parent foreign government, has explicitly waived its immunity from attachment in aid of execution, or from execution, notwithstanding any withdrawal of the waiver which the bank, authority or government may purport to effect except in accordance with the terms of the waiver; or

"(2) the property is, or is intended to be, used in connection with a military activity and

"(A) is of a military character, or

"(B) is under the control of a military authority or defense agency."

(b) That the analysis of "Part IV.—Jurisdiction and Venue" of title 28, United States Code, is amended by inserting after—

"95. Customs Court.",

the following new item:

"97. Jurisdictional Immunities of Foreign States."

Sec. 5. That section 1391 of title 28, United States Code, is amended by adding at the end thereof the following new subsection:

"(f) A civil action against a foreign state as defined in section 1603(a) of this title may be brought—

"(1) in any judicial district in which a substantial part of the events or omissions giving rise to the claim occurred, or a substantial part of property that is the subject of the action is situated;

"(2) in any judicial district in which the vessel or cargo of a foreign state is situated, if the claim is asserted under section 1605(b) of this title;

"(3) in any judicial district in which the agency or instrumentality is licensed to do business or is doing business, if the action is brought against an agency or instrumentality of a foreign state as defined in section 1603(b) of this title; or

"(4) in the United States District Court for the District of Columbia if the action is brought against a foreign state or political subdivision thereof."

Sec. 6. That section 1441 of title 28, United States Code, is amended by adding at the end thereof the following new subsection:

"(d) Any civil action brought in a State court against a foreign state as defined in section 1603(a) of this title may be removed by the foreign state to the district court of the United States for the district and division embracing the place where such action is pending. Upon removal the action shall be tried by the court without jury. Where removal is based upon this subsection, the time limitations of section 1446(b) of this chapter may be enlarged at any time for cause shown."

Sec. 7. If any provision of this Act or the application thereof to any foreign state is held invalid, the invalidity does not affect other provisions or applications of the Act which can be given effect without the invalid provision or application, and to this end the provisions of this Act are severable.

Sec. 8. This Act shall take effect ninety days after the date of its enactment.

Approved October 21, 1976.

APPENDIX B

Großbritannien: State Immunity Act 1978*

1978 CHAPTER 33

An Act to make new provision with respect to proceedings in the United Kingdom by or against other States; to provide for the effect of judgments given against the United Kingdom in the courts of States parties to the European Convention on State Immunity; to make new provision with respect to the immunities and privileges of heads of State; and for connected purposes.
[20th July 1978]

BE IT ENACTED by the Queen's most Excellent Majesty, by and with the advice and consent of the Lords Spiritual and Temporal, and Commons, in this present Parliament assembled, and by the authority of the same, as follows:—

PART I

PROCEEDINGS IN UNITED KINGDOM BY OR AGAINST OTHER STATES

Immunity from jurisdiction

General immunity from jurisdiction.

1.—(1) A State is immune from the jurisdiction of the courts of the United Kingdom except as provided in the following provisions of this Part of this Act.

(2) A court shall give effect to the immunity conferred by this section even though the State does not appear in the proceedings in question.

Exceptions from immunity

Submission to jurisdiction.

2.—(1) A State is not immune as respects proceedings in respect of which it has submitted to the jurisdiction of the courts of the United Kingdom.

* *Quelle:* The Public General Acts and General Synod Measures 1978, London, Her Majesty's Stationery Office.

PART I

(2) A State may submit after the dispute giving rise to the proceedings has arisen or by a prior written agreement; but a provision in any agreement that it is to be governed by the law of the United Kingdom is not to be regarded as a submission.

(3) A State is deemed to have submitted—

(*a*) if it has instituted the proceedings; or

(*b*) subject to subsections (4) and (5) below, if it has intervened or taken any step in the proceedings.

(4) Subsection (3)(*b*) above does not apply to intervention or any step taken for the purpose only of—

(*a*) claiming immunity; or

(*b*) asserting an interest in property in circumstances such that the State would have been entitled to immunity if the proceedings had been brought against it.

(5) Subsection (3)(*b*) above does not apply to any step taken by the State in ignorance of facts entitling it to immunity if those facts could not reasonably have been ascertained and immunity is claimed as soon as reasonably practicable.

(6) A submission in respect of any proceedings extends to any appeal but not to any counter-claim unless it arises out of the same legal relationship or facts as the claim.

(7) The head of a State's diplomatic mission in the United Kingdom, or the person for the time being performing his functions, shall be deemed to have authority to submit on behalf of the State in respect of any proceedings; and any person who has entered into a contract on behalf of and with the authority of a State shall be deemed to have authority to submit on its behalf in respect of proceedings arising out of the contract.

Commercial transactions and contracts to be performed in United Kingdom.

3.—(1) A State is not immune as respects proceedings relating to—

(*a*) a commercial transaction entered into by the State; or

(*b*) an obligation of the State which by virtue of a contract (whether a commercial transaction or not) falls to be performed wholly or partly in the United Kingdom.

(2) This section does not apply if the parties to the dispute are States or have otherwise agreed in writing; and subsection (1)(*b*) above does not apply if the contract (not being a commercial transaction) was made in the territory of the State concerned and the obligation in question is governed by its administrative law.

(3) In this section " commercial transaction " means—

(*a*) any contract for the supply of goods or services;

(*b*) any loan or other transaction for the provision of finance and any guarantee or indemnity in respect of any such transaction or of any other financial obligation; and PART I

(*c*) any other transaction or activity (whether of a commercial, industrial, financial, professional or other similar character) into which a State enters or in which it engages otherwise than in the exercise of sovereign authority;

but neither paragraph of subsection (1) above applies to a contract of employment between a State and an individual.

Contracts of employment.

4.—(1) A State is not immune as respects proceedings relating to a contract of employment between the State and an individual where the contract was made in the United Kingdom or the work is to be wholly or partly performed there.

(2) Subject to subsections (3) and (4) below, this section does not apply if—

(*a*) at the time when the proceedings are brought the individual is a national of the State concerned; or

(*b*) at the time when the contract was made the individual was neither a national of the United Kingdom nor habitually resident there; or

(*c*) the parties to the contract have otherwise agreed in writing.

(3) Where the work is for an office, agency or establishment maintained by the State in the United Kingdom for commercial purposes, subsection (2)(*a*) and (*b*) above do not exclude the application of this section unless the individual was, at the time when the contract was made, habitually resident in that State.

(4) Subsection (2)(*c*) above does not exclude the application of this section where the law of the United Kingdom requires the proceedings to be brought before a court of the United Kingdom.

(5) In subsection (2)(*b*) above "national of the United Kingdom" means a citizen of the United Kingdom and Colonies, a person who is a British subject by virtue of section 2, 13 or 16 of the British Nationality Act 1948 or by virtue of the British Nationality Act 1965, a British protected person within the meaning of the said Act of 1948 or a citizen of Southern Rhodesia.

1948 c. 56.
1965 c. 34.

(6) In this section "proceedings relating to a contract of employment" includes proceedings between the parties to such a contract in respect of any statutory rights or duties to which they are entitled or subject as employer or employee.

PART I

Personal injuries and damage to property.

5. A State is not immune as respects proceedings in respect of—

(*a*) death or personal injury; or

(*b*) damage to or loss of tangible property,

caused by an act or omission in the United Kingdom.

Ownership, possession and use of property.

6.—(1) A State is not immune as respects proceedings relating to—

(*a*) any interest of the State in, or its possession or use of, immovable property in the United Kingdom; or

(*b*) any obligation of the State arising out of its interest in, or its possession or use of, any such property.

(2) A State is not immune as respects proceedings relating to any interest of the State in movable or immovable property, being an interest arising by way of succession, gift or bona vacantia.

(3) The fact that a State has or claims an interest in any property shall not preclude any court from exercising in respect of it any jurisdiction relating to the estates of deceased persons or persons of unsound mind or to insolvency, the winding up of companies or the administration of trusts.

(4) A court may entertain proceedings against a person other than a State notwithstanding that the proceedings relate to property—

(*a*) which is in the possession or control of a State; or

(*b*) in which a State claims an interest,

if the State would not have been immune had the proceedings been brought against it or, in a case within paragraph (*b*) above, if the claim is neither admitted nor supported by prima facie evidence.

Patents, trade-marks etc.

7. A State is not immune as respects proceedings relating to—

(*a*) any patent, trade-mark, design or plant breeders' rights belonging to the State and registered or protected in the United Kingdom or for which the State has applied in the United Kingdom;

(*b*) an alleged infringement by the State in the United Kingdom of any patent, trade-mark, design, plant breeders' rights or copyright; or

(*c*) the right to use a trade or business name in the United Kingdom.

Membership of bodies corporate etc.

8.—(1) A State is not immune as respects proceedings relating to its membership of a body corporate, an unincorporated body or a partnership which—

(*a*) has members other than States; and

(*b*) is incorporated or constituted under the law of the United Kingdom or is controlled from or has its principal place of business in the United Kingdom,

being proceedings arising between the State and the body or its other members or, as the case may be, between the State and the other partners.

(2) This section does not apply if provision to the contrary has been made by an agreement in writing between the parties to the dispute or by the constitution or other instrument establishing or regulating the body or partnership in question.

Arbitrations.

9.—(1) Where a State has agreed in writing to submit a dispute which has arisen, or may arise, to arbitration, the State is not immune as respects proceedings in the courts of the United Kingdom which relate to the arbitration.

(2) This section has effect subject to any contrary provision in the arbitration agreement and does not apply to any arbitration agreement beween States.

Ships used for commercial purposes.

10.—(1) This section applies to—

(*a*) Admiralty proceedings; and

(*b*) proceedings on any claim which could be made the subject of Admiralty proceedings.

(2) A State is not immune as respects—

(*a*) an action in rem against a ship belonging to that State; or

(*b*) an action in personam for enforcing a claim in connection with such a ship,

if, at the time when the cause of action arose, the ship was in use or intended for use for commercial purposes.

(3) Where an action in rem is brought against a ship belonging to a State for enforcing a claim in connection with another ship belonging to that State, subsection (2)(*a*) above does not apply as respects the first-mentioned ship unless, at the time when the cause of action relating to the other ship arose, both ships were in use or intended for use for commercial purposes.

(4) A State is not immune as respects—

(*a*) an action in rem against a cargo belonging to that State if both the cargo and the ship carrying it were, at the time when the cause of action arose, in use or intended for use for commercial purposes; or (*b*) an action in personam for enforcing a claim in connection with such a cargo if the ship carrying it was then in use or intended for use as aforesaid.

(5) In the foregoing provisions references to a ship or cargo belonging to a State include references to a ship or cargo in its possession or control or in which it claims an interest; and, subject to subsection (4) above, subsection (2) above applies to property other than a ship as it applies to a ship.

(6) Sections 3 to 5 above do not apply to proceedings of the kind described in subsection (1) above if the State in question is a party to the Brussels Convention and the claim relates to the operation of a ship owned or operated by that State, the carriage of cargo or passengers on any such ship or the carriage of cargo owned by that State on any other ship.

Value added tax, customs duties etc.

11. A State is not immune as respects proceedings relating to its liability for—

(*a*) value added tax, any duty of customs or excise or any agricultural levy; or

(*b*) rates in respect of premises occupied by it for commercial purposes.

Procedure

Service of process and judgments in default of appearance.

12.—(1) Any writ or other document required to be served for instituting proceedings against a State shall be served by being transmitted through the Foreign and Commonwealth Office to the Ministry of Foreign Affairs of the State and service shall be deemed to have been effected when the writ or document is received at the Ministry.

(2) Any time for entering an appearance (whether prescribed by rules of court or otherwise) shall begin to run two months after the date on which the writ or document is received as aforesaid.

(3) A State which appears in proceedings cannot thereafter object that subsection (1) above has not been complied with in the case of those proceedings.

(4) No judgment in default of appearance shall be given against a State except on proof that subsection (1) above has been complied with and that the time for entering an appearance as extended by subsection (2) above has expired.

(5) A copy of any judgment given against a State in default of appearance shall be transmitted through the Foreign and Commonwealth Office to the Ministry of Foreign Affairs of that State and any time for applying to have the judgment set aside (whether prescribed by rules of court or otherwise) shall begin

to run two months after the date on which the copy of the judgment is received at the Ministry. PART I

(6) Subsection (1) above does not prevent the service of a writ or other document in any manner to which the State has agreed and subsections (2) and (4) above do not apply where service is effected in any such manner.

(7) This section shall not be construed as applying to proceedings against a State by way of counter-claim or to an action in rem; and subsection (1) above shall not be construed as affecting any rules of court whereby leave is required for the service of process outside the jurisdiction.

Other procedural privileges.

13.—(1) No penalty by way of committal or fine shall be imposed in respect of any failure or refusal by or on behalf of a State to disclose or produce any document or other information for the purposes of proceedings to which it is a party.

(2) Subject to subsections (3) and (4) below—

(*a*) relief shall not be given against a State by way of injunction or order for specific performance or for the recovery of land or other property; and

(*b*) the property of a State shall not be subject to any process for the enforcement of a judgment or arbitration award or, in an action in rem, for its arrest, detention or sale.

(3) Subsection (2) above does not prevent the giving of any relief or the issue of any process with the written consent of the State concerned; and any such consent (which may be contained in a prior agreement) may be expressed so as to apply to a limited extent or generally; but a provision merely submitting to the jurisdiction of the courts is not to be regarded as a consent for the purposes of this subsection.

(4) Subsection (2)(*b*) above does not prevent the issue of any process in respect of property which is for the time being in use or intended for use for commercial purposes; but, in a case not falling within section 10 above, this subsection applies to property of a State party to the European Convention on State Immunity only if—

(*a*) the process is for enforcing a judgment which is final within the meaning of section 18(1)(*b*) below and the State has made a declaration under Article 24 of the Convention; or

(*b*) the process is for enforcing an arbitration award.

(5) The head of a State's diplomatic mission in the United Kingdom, or the person for the time being performing his functions, shall be deemed to have authority to give on behalf of the State any such consent as is mentioned in subsection (3) above

PART I and, for the purposes of subsection (4) above, his certificate to the effect that any property is not in use or intended for use by or on behalf of the State for commercial purposes shall be accepted as sufficient evidence of that fact unless the contrary is proved.

(6) In the application of this section to Scotland—

(*a*) the reference to " injunction " shall be construed as a reference to " interdict ";

(*b*) for paragraph (*b*) of subsection (2) above there shall be substituted the following paragraph—

" (*b*) the property of a State shall not be subject to any diligence for enforcing a judgment or order of a court or a decree arbitral or, in an action in rem, to arrestment or sale."; and

(*c*) any reference to " process " shall be construed as a reference to " diligence ", any reference to " the issue of any process " as a reference to " the doing of diligence " and the reference in subsection (4)(*b*) above to " an arbitration award " as a reference to " a decree arbitral ".

Supplementary provisions

States entitled to immunities and privileges.

14.—(1) The immunities and privileges conferred by this Part of this Act apply to any foreign or commonwealth State other than the United Kingdom; and references to a State include references to—

(*a*) the sovereign or other head of that State in his public capacity;

(*b*) the government of that State; and

(*c*) any department of that government,

but not to any entity (hereafter referred to as a " separate entity ") which is distinct from the executive organs of the government of the State and capable of suing or being sued.

(2) A separate entity is immune from the jurisdiction of the courts of the United Kingdom if, and only if—

(*a*) the proceedings relate to anything done by it in the exercise of sovereign authority; and

(*b*) the circumstances are such that a State (or, in the case of proceedings to which section 10 above applies, a State which is not a party to the Brussels Convention) would have been so immune.

(3) If a separate entity (not being a State's central bank or other monetary authority) submits to the jurisdiction in respect of procedings in the case of which it is entitled to immunity by virtue of subsection (2) above, subsections (1) to (4) of section 13 above shall apply to it in respect of those proceedings as if references to a State were references to that entity.

PART I

(4) Property of a State's central bank or other monetary authority shall not be regarded for the purposes of subsection (4) of section 13 above as in use or intended for use for commercial purposes; and where any such bank or authority is a separate entity subsections (1) to (3) of that section shall apply to it as if references to a State were references to the bank or authority.

(5) Section 12 above applies to proceedings against the constitutent territories of a federal State; and Her Majesty may by Order in Council provide for the other provisions of this Part of this Act to apply to any such constituent territory specified in the Order as they apply to a State.

(6) Where the provisions of this Part of this Act do not apply to a constituent territory by virtue of any such Order subsections (2) and (3) above shall apply to it as if it were a separate entity.

Restriction and extension of immunities and privileges.

15.—(1) If it appears to Her Majesty that the immunities and privileges conferred by this Part of this Act in relation to any State—

(*a*) exceed those accorded by the law of that State in relation to the United Kingdom; or

(*b*) are less than those required by any treaty, convention or other international agreement to which that State and the United Kingdom are parties,

Her Majesty may by Order in Council provide for restricting or, as the case may be, extending those immunities and privileges to such extent as appears to Her Majesty to be appropriate.

(2) Any statutory instrument containing an Order under this section shall be subject to annulment in pursuance of a resolution of either House of Parliament.

Excluded matters.

16.—(1) This Part of this Act does not affect any immunity or privilege conferred by the Diplomatic Privileges Act 1964 or the Consular Relations Act 1968; and— 1964 c. 81.

(*a*) section 4 above does not apply to proceedings concerning the employment of the members of a mission within the meaning of the Convention scheduled to the said Act of 1964 or of the members of a consular post within the meaning of the Convention scheduled to the said Act of 1968; 1968 c. 18.

(*b*) section 6(1) above does not apply to proceedings concerning a State's title to or its possession of property used for the purposes of a diplomatic mission.

(2) This Part of this Act does not apply to proceedings relating to anything done by or in relation to the armed forces of a State while present in the United Kingdom and, in particular, has effect subject to the Visiting Forces Act 1952. 1952 c. 67.

PART I

1965 c. 57.

(3) This Part of this Act does not apply to proceedings to which section 17(6) of the Nuclear Installations Act 1965 applies.

(4) This Part of this Act does not apply to criminal proceedings.

(5) This Part of this Act does not apply to any proceedings relating to taxation other than those mentioned in section 11 above.

Interpretation of Part I.

17.—(1) In this Part of this Act—

" the Brussels Convention " means the International Convention for the Unification of Certain Rules Concerning the Immunity of State-owned Ships signed in Brussels on 10th April 1926;

" commercial purposes " means purposes of such transactions or activities as are mentioned in section 3(3) above;

" ship " includes hovercraft.

(2) In sections 2(2) and 13(3) above references to an agreement include references to a treaty, convention or other international agreement.

(3) For the purposes of sections 3 to 8 above the territory of the United Kingdom shall be deemed to include any dependent territory in respect of which the United Kingdom is a party to the European Convention on State Immunity.

(4) In sections 3(1), 4(1), 5 and 16(2) above references to the United Kingdom include references to its territorial waters and any area designated under section 1(7) of the Continental Shelf Act 1964.

1964 c. 29.

(5) In relation to Scotland in this Part of this Act " action in rem " means such an action only in relation to Admiralty proceedings.

PART II

JUDGMENTS AGAINST UNITED KINGDOM IN CONVENTION STATES

Recognition of judgments against United Kingdom.

18.—(1) This section applies to any judgment given against the United Kingdom by a court in another State party to the European Convention on State Immunity, being a judgment—

(*a*) given in proceedings in which the United Kingdom was not entitled to immunity by virtue of provisions corresponding to those of sections 2 to 11 above; and

(*b*) which is final, that is to say, which is not or is no longer subject to appeal or, if given in default of appearance, liable to be set aside.

(2) Subject to section 19 below, a judgment to which this section applies shall be recognised in any court in the United Kingdom as conclusive between the parties thereto in all proceedings founded on the same cause of action and may be relied on by way of defence or counter-claim in such proceedings. PART II

(3) Subsection (2) above (but not section 19 below) shall have effect also in relation to any settlement entered into by the United Kingdom before a court in another State party to the Convention which under the law of that State is treated as equivalent to a judgment.

(4) In this section references to a court in a State party to the Convention include references to a court in any territory in respect of which it is a party.

19.—(1) A court need not give effect to section 18 above in the case of a judgment— Exceptions to recognition.

(*a*) if to do so would be manifestly contrary to public policy or if any party to the proceedings in which the judgment was given had no adequate opportunity to present his case ; or

(*b*) if the judgment was given without provisions corresponding to those of section 12 above having been complied with and the United Kingdom has not entered an appearance or applied to have the judgment set aside.

(2) A court need not give effect to section 18 above in the case of a judgment—

(*a*) if proceedings between the same parties, based on the same facts and having the same purpose—

(i) are pending before a court in the United Kingdom and were the first to be instituted ; or

(ii) are pending before a court in another State party to the Convention, were the first to be instituted and may result in a judgment to which that section will apply ; or

(*b*) if the result of the judgment is inconsistent with the result of another judgment given in proceedings between the same parties and—

(i) the other judgment is by a court in the United Kingdom and either those proceedings were the first to be instituted or the judgment of that court was given before the first-mentioned judgment became final within the meaning of subsection (1)(*b*) of section 18 above ; or

(ii) the other judgment is by a court in another State party to the Convention and that section has already become applicable to it.

PART II

(3) Where the judgment was given against the United Kingdom in proceedings in respect of which the United Kingdom was not entitled to immunity by virtue of a provision corresponding to section 6(2) above, a court need not give effect to section 18 above in respect of the judgment if the court that gave the judgment—

(*a*) would not have had jurisdiction in the matter if it had applied rules of jurisdiction corresponding to those applicable to such matters in the United Kingdom; or

(*b*) applied a law other than that indicated by the United Kingdom rules of private international law and would have reached a different conclusion if it had applied the law so indicated.

(4) In subsection (2) above references to a court in the United Kingdom include references to a court in any dependent territory in respect of which the United Kingdom is a party to the Convention, and references to a court in another State party to the Convention include references to a court in any territory in respect of which it is a party.

PART III

MISCELLANEOUS AND SUPPLEMENTARY

Heads of State.
1964 c. 81.

20.—(1) Subject to the provisions of this section and to any necessary modifications, the Diplomatic Privileges Act 1964 shall apply to—

(*a*) a sovereign or other head of State;

(*b*) members of his family forming part of his household; and

(*c*) his private servants,

as it applies to the head of a diplomatic mission, to members of his family forming part of his household and to his private servants.

(2) The immunities and privileges conferred by virtue of subsection (1)(*a*) and (*b*) above shall not be subject to the restrictions by reference to nationality or residence mentioned in Article 37(1) or 38 in Schedule 1 to the said Act of 1964.

(3) Subject to any direction to the contrary by the Secretary of State, a person on whom immunities and privileges are conferred by virtue of subsection (1) above shall be entitled to the
1971 c. 77. exemption conferred by section 8(3) of the Immigration Act 1971.

(4) Except as respects value added tax and duties of customs or excise, this section does not affect any question whether a person is exempt from, or immune as respects proceedings relating to, taxation.

(5) This section applies to the sovereign or other head of any State on which immunities and privileges are conferred by Part I of this Act and is without prejudice to the application of that Part to any such sovereign or head of State in his public capacity.

Evidence by certificate.

21. A certificate by or on behalf of the Secretary of State shall be conclusive evidence on any question—

(*a*) whether any country is a State for the purposes of Part I of this Act, whether any territory is a constituent territory of a federal State for those purposes or as to the person or persons to be regarded for those purposes as the head or government of a State;

(*b*) whether a State is a party to the Brussels Convention mentioned in Part I of this Act;

(*c*) whether a State is a party to the European Convention on State Immunity, whether it has made a declaration under Article 24 of that Convention or as to the territories in respect of which the United Kingdom or any other State is a party;

(*d*) whether, and if so when, a document has been served or received as mentioned in section 12(1) or (5) above.

General interpretation.

22.—(1) In this Act "court" includes any tribunal or body exercising judicial functions; and references to the courts or law of the United Kingdom include references to the courts or law of any part of the United Kingdom.

(2) In this Act references to entry of appearance and judgments in default of appearance include references to any corresponding procedures.

(3) In this Act "the European Convention on State Immunity" means the Convention of that name signed in Basle on 16th May 1972.

(4) In this Act "dependent territory" means—

(*a*) any of the Channel Islands;

(*b*) the Isle of Man;

(*c*) any colony other than one for whose external relations a country other than the United Kingdom is responsible; or

(*d*) any country or territory outside Her Majesty's dominions in which Her Majesty has jurisdiction in right of the government of the United Kingdom.

(5) Any power conferred by this Act to make an Order in Council includes power to vary or revoke a previous Order.

PART III
Short title, repeals, commencement and extent.
1938 c. 63.
1940 c. 42.

23.—(1) This Act may be cited as the State Immunity Act 1978.

(2) Section 13 of the Administration of Justice (Miscellaneous Provisions) Act 1938 and section 7 of the Law Reform (Miscellaneous Provisions) (Scotland) Act 1940 (which become unnecessary in consequence of Part I of this Act) are hereby repealed.

(3) Subject to subsection (4) below, Parts I and II of this Act do not apply to proceedings in respect of matters that occurred before the date of the coming into force of this Act and, in particular—

(*a*) sections 2(2) and 13(3) do not apply to any prior agreement, and

(*b*) sections 3, 4 and 9 do not apply to any transaction, contract or arbitration agreement,

entered into before that date.

(4) Section 12 above applies to any proceedings instituted after the coming into force of this Act.

(5) This Act shall come into force on such date as may be specified by an order made by the Lord Chancellor by statutory instrument.

(6) This Act extends to Northern Ireland.

(7) Her Majesty may by Order in Council extend any of the provisions of this Act, with or without modification, to any dependent territory.

FSC
www.fsc.org
MIX
Papier | Fördert gute Waldnutzung
FSC® C083411

Kolibri 360 GmbH
Ferdinand-Jühlke-Straße 7
99095 Erfurt, Deutschland
produktsicherheit@kolibri360.de

Druck:
CPI Druckdienstleistungen GmbH
im Auftrag der
Kolibri 360 GmbH
Ferdinand-Jühlke-Str. 7
99095 Erfurt